Gianni Barbacetto

Una storia italiana

chiarelettere

Sommario

UNA STORIA ITALIANA

UNA STORIA ITALIANA

Quando uno ha una barca, non può preoccuparsi di quanto gli costa l'equipaggio.

Silvio Berlusconi

Questo libro

Silvio Berlusconi torna periodicamente sulla scena pubblica italiana, dopo cicliche fasi di oblio, a riproporsi come salvatore della patria. E ogni volta il suo passato è dimenticato, la memoria sulle puntate precedenti azzerata. Di lui è stato detto e scritto così tanto che il rumore di fondo copre ogni cosa, lasciando risaltare soltanto la cronaca del momento e la sua propaganda.

Del resto, su Berlusconi crediamo di sapere già tutto. Abbiamo visto tutto, letto tutto. Ma è proprio vero?

Sappiamo che è un uomo geniale, che ha creato un impero finanziario e ha accumulato un'immensa ricchezza, ha inventato la tv commerciale in Italia, ha costruito in pochi mesi un partito che ha subito vinto le elezioni. Ha fatto l'immobiliarista, il *tycoon* televisivo, il politico di governo e d'opposizione.

Certo, lo abbiamo sentito mille volte in tv, in rete, perfino su TikTok, lo abbiamo visto parlare, sorridere, raccontare barzellette, cantare canzoni francesi, difendere i Puffi oscurati dai pretori d'assalto, annunciare un nuovo miracolo italiano, promettere un milione di posti di lavoro, firmare in uno studio televisivo un contratto con gli italiani, esultare per un trionfo elettorale, minimizzare una sconfitta, insultare i magistrati da cui deve essere giudicato, fare le corna nelle foto ufficiali, promulgare l'editto bulgaro per cacciare dalla tv pubblica Enzo Biagi, Michele Santoro e Daniele Luttazzi, far aspettare una spazientita Angela Merkel a un vertice internazionale, mimare un'esecuzione con il mitra a una giornalista russa che fa una domanda sgradita a Vladimir

Putin, candidarsi presidente della Repubblica, uscire barcollante e spaesato dalla cabina dove si votava il presidente del Senato.

La sua è una vita tutta vissuta in pubblico, amplificata dai giornali, rifratta infinite volte dal prisma magico della tv e dei media. Sulla scena internazionale, lo abbiamo visto sbeffeggiato da Angela Merkel e da Nicolas Sarkozy e trattato con sufficienza da Barack Obama e perfino dalla regina Elisabetta (ma sempre accolto con amicizia da Putin). In casa, perfino le sue vicende più private, intime e scabrose sono diventate consumo pubblico, titolo di giornale, album fotografico, notizia che fa il giro del mondo. Il divorzio con Veronica Lario, le «vergini che si offrono al drago», le feste in Sardegna, le cene eleganti di Arcore, le notti del bunga-bunga, i processi in cui hanno sfilato decine di escort, il non-matrimonio di Villa Gernetto.

Sappiamo tutto. Abbiamo visto tutto. Ma non ricordiamo quasi nulla. E non ci stupiamo più di niente.

Ma poi, davvero sappiamo tutto?

In verità, dietro la storia gloriosa e di successo di uno degli uomini più ricchi d'Italia, di un personaggio potente, del nostro connazionale forse più noto al mondo, di un politico amato e odiato come mai altri prima di lui (a eccezione di Benito Mussolini), c'è un'inesauribile teoria di buchi neri, di questioni controverse, di domande poste mille volte ma spesso lasciate senza risposta. Da dove vengono i suoi primi milioni? Che rapporti ha instaurato con gli uomini di Cosa nostra? Perché è «sceso in campo»? Com'è nata Forza Italia? Come ha fatto cadere nel 2008 il governo Prodi? Quante leggi *ad personam* ha fatto varare dal Parlamento quando era presidente del Consiglio? Come ha fatto a uscire (quasi) indenne da decine di processi? Come ha venduto il Milan? Davvero quelle di Arcore erano «cene eleganti»? Molte domande, troppe risposte, ma anche tanti silenzi e innumerevoli bugie.

Su Berlusconi sono state scritte molte decine di libri. Eppure questo mancava. Racconta una storia italiana. Così si intitolava l'opuscolo illustrato che celebrava la sua vita e che è stato distribuito in milioni di copie a tutte le famiglie d'Italia prima delle elezioni del 2001. La sua avventura – umana, imprenditoriale, politica – è davvero una storia italiana. Silvio è un personaggio che è entrato anche nella storia del nostro costume e l'ha modificato e forgiato a sua immagine e somiglianza.

In lui tutto è amplificato, moltiplicato, esagerato, fatto in grande. I successi e i fallimenti, i vizi e le virtù, gli slanci e gli inciampi. Perfino nel Covid vuole avere il primato: «Pensate che al San Raffaele hanno fatto non so quante migliaia di esami e io sono uscito fra i primi cinque come forza del virus». Un po' *bauscia*, come dicono a Milano, e un incorreggibile bugiardo. Indro Montanelli, che l'ha conosciuto bene, ha scritto: «È il bugiardo più sincero che ci sia, è il primo a credere alle proprie menzogne. È questo che lo rende così pericoloso. Non ha alcun pudore. Berlusconi non delude mai: quando ti aspetti che dica una scempiaggine, la dice. Ha l'allergia alla verità, una voluttuaria e voluttuosa propensione alle menzogne. "Chiagne e fotte" dicono a Napoli dei tipi come lui».

Giuliano Ferrara, che ne ha cantato a lungo le virtù, gli accredita una «immensa immodestia», una «vanità gigantesca», un «ego da manicomio».

Arci-italiano con i suoi meriti e con i suoi vizi. Pienamente dentro la storia di questo paese nei suoi tratti visibili e in quelli sotterranei e invisibili, se è vero che è riuscito a sfiorare – lo dicono i fatti – i tre sistemi illegali che innervano da decenni la storia italiana: il sistema della corruzione politico-imprenditoriale che fu chiamato Tangentopoli (lo dimostrano inchieste e sentenze); il sistema dell'eversione (lo conferma la sua tessera della loggia massonica segreta P2); il sistema mafioso (lo provano i suoi contatti con Cosa nostra, mediati dal braccio destro Marcello Dell'Utri).

È necessario far tacere il rumore di fondo e tornare ad allineare i fatti, noti o dimenticati, sottovalutati o sconosciuti. Qui raccontiamo, per esempio, la storia della tangente nascosta, quella che – se fosse stata scoperta nel 1993 da Mani pulite – avrebbe cambiato il destino di Berlusconi e del nostro paese. Ma, prima ancora, Berlusconi è la storia della televisione, dunque del sentire del paese, è *Drive In* e i quiz, *Beautiful* e *I Puffi*. È un uomo che ha fatto innamorare di sé una parte dell'Italia. L'ha conquistata dicendo che «bisogna avere il sole in tasca e saperlo donare col sorriso».

Ha mostrato il suo successo e la sua ricchezza come promessa di successo e di ricchezza per tutti. Ha esibito il suo corpo come mai nessun politico prima. Come un grande giocatore di poker, ha rischiato molto e ha vinto moltissimo, negli affari e in politica. Talune volte ha perso e quando è scoccata l'ora del lento declino, inesorabile per tutti non foss'altro che per ragioni biologiche, ha sempre tentato il rilancio, candidandosi al Quirinale, o al ruolo di padre nobile. Non ha allevato eredi politici, ma è riuscito a restare leader, a mantenere un suo posto nella politica, cercando di assicurarsi un posto nella storia.

Ad aiutarlo, a ogni ansa difficile della sua avventura, sono spesso gli alleati più inaspettati, spesso proprio coloro che ritengono di essere i suoi avversari, disposti ogni volta a credergli, ad accoglierlo comunque dentro commissioni bicamerali per riscrivere la Costituzione, pasticciate alleanze politiche, governissimi di larghe e larghissime intese, in un'Italia sopraffatta dal rumore di fondo e dalla scarsa memoria, che si scopre essere diventata più berlusconiana di quanto non creda.

Il costruttore di città

> Procedé in ogni sua cosa impetuosamente, e trovò tanto e' tempi e le cose conforme a quello suo modo di procedere che sempre sortì felice fine.
>
> *Niccolò Machiavelli*

Il ragazzo prodigio nasce il 29 settembre 1936 in un palazzo piccoloborghese al numero 34 di via Volturno, a Milano, nel quartiere Isola, allora popolare e operaio. Negli anni Sessanta, proprio di fronte a casa sorgerà la sede del Partito comunista italiano, federazione di Milano: ma Silvio non vedrà sventolare la bandiera rossa con la falce e martello, perché ormai aveva spiccato il volo verso il suo destino.

Gli anni della guerra erano stati duri anche per la famiglia Berlusconi, sfollata nel Varesotto, a Saronno, poi a Lomazzo. La situazione era migliorata nel dopoguerra, con la mamma di Silvio, Rosa Bossi detta «Rosella», segretaria alla Pirelli e il padre Luigi impiegato di banca. Fa carriera, Luigi: diventa funzionario e infine direttore della Banca Rasini, un piccolo istituto di credito milanese di cui dovremo riparlare. Dopo Silvio, a casa Berlusconi nascono la sorella Maria Antonietta (nel 1943) e il fratello Paolo (nel 1949).

Ritratto del leader da giovane

Frequenta la scuola elementare pubblica vicino a casa, ma a dodici anni Silvio viene affidato ai padri salesiani e frequenta le medie e il liceo nel vecchio convitto milanese di via Copernico. A diciannove anni ottiene la maturità classica. «Intraprendente, a volte cocciuto, comunque carismatico: in classe e in oratorio è il capo» scrive il suo anonimo biografo ufficiale in *Una storia italiana*, la pubblicazione curata da Sandro Bondi (ex sindaco comunista di Fivizzano, politico e un po' poeta, diventato grande tifoso di Berlusconi). «E dimostra anche un preciso senso pratico: sbriga i compiti prima degli altri, poi aiuta i compagni più lenti o meno studiosi. In cambio di qualche spicciolo.»

Dopo il liceo, si iscrive alla facoltà di Giurisprudenza dell'Università Statale di Milano. Per guadagnare qualche soldo fa «lavoretti», trova piccole occupazioni temporanee, vende aspirapolveri Folletto porta a porta, canta alle feste studentesche con un complesso musicale che chiama «I quattro doctores». D'estate si imbarca sulle navi da crociera della compagnia Costa dove, durante le traversate nel Mediterraneo, fa l'animatore di bordo, l'intrattenitore, racconta barzellette, recita sketch, canta canzoni. Con lui, l'amico Fedele Confalonieri, che lo accompagna al pianoforte. «Improvvisavo canzoni sulle belle ragazze in sala» racconterà.

Nel 1961, a venticinque anni, Berlusconi si laurea con una tesi dal titolo *Il contratto di pubblicità per inserzione*, relatore il professor Remo Franceschelli, voto 110 e lode. La sua tesi vince un premio di 500.000 lire messo in palio dalla concessionaria pubblicitaria Manzoni di Milano.

Subito dopo, il giovane neolaureato evita il servizio militare, che allora era obbligatorio. Non vuole perdere tempo: è brillante e ambizioso, vuole fare soldi e carriera. Già al terzo anno di studi universitari aveva cominciato a fare un lavoro vero: era andato da un costruttore, Pietro Canali, buon cliente della Banca Rasini dove lavorava il padre, e si era offerto come venditore. Aveva cominciato a piazzare appartamenti e sul suo primo biglietto da visita aveva scritto: Silvio Berlusconi, direttore commerciale.

Silvio ha fretta di «arrivare», di avere successo e fare soldi. Non è tipo da restare a lungo sotto padrone. Un bel giorno va dal suo datore di lavoro e gli propone di diventare soci. Ha un affare per le mani: ha messo gli occhi su un terreno edificabile in via Alciati, periferia di Milano. Riesce a ottenere i permessi comunali per costruire, e questo è il suo contributo alla società; per il resto, l'esperienza la mette Canali, i soldi arrivano dalla Banca Rasini.

L'imprenditore accetta: nasce così, con i due soci al 50 per cento, la Cantieri Riuniti Milanesi (la prima di una serie di società che avranno questo nome), la cui unica attività è l'edificazione del palazzo in via Alciati, rivestito di piastrelle blu. I primi passi, lui li racconta così: «Lavoravo in cantiere anche il sabato. In canottiera e con il pennello in mano».

La famiglia

Intanto mette su famiglia. Nel marzo del 1965 sposa in chiesa Carla Elvira Lucia Dall'Oglio, nata a La Spezia nel 1940. Dalla loro unione nascono due figli, ai quali sono imposti, come secondo nome, quelli dei genitori: Maria Elvira detta «Marina» nasce nel 1966 e Pier Silvio detto «Dudi» nel 1969.

Nel 1980, al teatro Manzoni di Milano, che già era entrato a far parte delle sue proprietà, Berlusconi assiste alla prima del *Magnifico cornuto*, una commedia brillante di Fernand Crommelynck recitata dall'attore Enrico Maria Salerno. È molto colpito dalla protagonista femminile della *pièce*, un'attrice bolognese di ventiquattro anni di nome Miriam Bartolini, in arte Veronica Lario, che in una scena compariva a seno nudo. Inizia con lei una relazione. Per alcuni anni ha due famiglie: la moglie Carla e i figli Marina e Pier Silvio vivono a Villa San Martino, ad Arcore; Veronica viene sistemata a Villa Borletti, in via Rovani a Milano, che era diventata la sede operativa della Fininvest. Nel 1984 Veronica dà alla luce Barbara. L'anno seguente Silvio si separa dalla signora Dall'Oglio e il 15 dicembre 1990 – dopo l'arrivo di altri due figli, Eleonora nel 1986 e Luigi nel 1988 – sposa Veronica con rito civile. Testimoni di nozze: Bettino Craxi, sua moglie Anna Maria Moncini, Fedele Confalonieri e Gianni Letta.

Divenuta la seconda moglie di Silvio Berlusconi, Veronica va a vivere con i bambini nella settecentesca Villa Visconti di Modrone, a Macherio, mentre ad Arcore restano i due figli nati dal primo matrimonio.

L'imprenditore con la pistola

Messo a segno il primo colpo, con la nascita dei Cantieri Riuniti Milanesi, Berlusconi non si ferma più. Si mette in proprio e tra il 1964 e il 1969 costruisce un intero quartiere residenziale a Brugherio, nell'hinterland milanese. Tra il 1969 e il 1979 edifica Milano 2, una «città satellite» nel comune di Segrate. Pubblicizza gli appartamenti in vendita con lo slogan «Il silenzio non ha prezzo», che considerando le sue amicizie siciliane poi farà sorridere, o inquietare. Tra il 1979 e il 1990 realizza, a Basiglio, Milano 3, costruisce a Lacchiarella il grande centro commerciale Il Girasole e progetta il villaggio residenziale Costa Turchese, a sud di Olbia, in Sardegna. È ormai un immobiliarista di successo, un grande costruttore.

È bravo? Bravissimo. Ottiene in pochi anni risultati straordinari. Alla base del suo successo ci sono due capacità: quella di ottenere rapidamente i permessi pubblici per poter costruire e quella di trovare i soldi per finanziare i suoi progetti.

Negli anni Settanta, Berlusconi gira per Milano con una Maserati Bora e due auto di scorta. E si fa fotografare con la pistola sulla scrivania. Giorgio Bocca scrive: «Ma di cosa ha paura questo palazzinaro sconosciuto?».

Camilla Cederna lo descrive così sull'«Espresso»:

> In un ambiente di lusso, saloni uno via l'altro, [...] continua a parlare un uomo non tanto alto, con un faccino tondo da bambino coi baffi, nemmeno una ruga, e un nasetto da bambola. Completo da grande sarto, leggero profumo maschio al limone. Mentre il suo aspetto curato, i suoi modini gentili, la sua continua esplosione di idee piacerebbero a un organizzatore di festini e congressi, il suo nome sarebbe piaciuto molto a Carlo Emilio Gadda. Si chiama infatti Silvio Berlusconi.

Della sua prima abilità – quella di saper ottenere in fretta le licenze per costruire – parlerà molti anni dopo, il 9 maggio 2003, diventato presidente del Consiglio, durante un intervento a braccio a un forum sulla pubblica amministrazione. «Giravo gli uffici comunali con l'assegno in bocca» dice con enfasi davanti a una platea di imprenditori a cui, evidentemente, voleva piacere a tal punto da mostrarsi simile a loro. Sono stato anch'io come voi – voleva dire – quando per ottenere un appalto o una commessa siete costretti a girare gli uffici pubblici «con l'assegno in bocca». Il giorno dopo, naturalmente, Berlusconi corregge il tiro e dichiara di essere stato frainteso. Ma quella «confessione», seppur poi ritirata, forse spiega qualcosa del «metodo Berlusconi».

Della seconda abilità – quella di saper trovare un mucchio di soldi per sovvenzionare i suoi progetti imprenditoriali – si è discusso e scritto e indagato per anni, e non si è ancora finito. Quello che è certo è che i flussi di denaro che alimentano le sue imprese sono difficilmente tracciabili ed è impossibile individuare i reali finanziatori. Tra il 1967 e il 1975, per esempio, nelle casse di un paio di società berlusconiane (Edilnord e Sogeat) arrivano almeno 4 miliardi di lire di provenienza sconosciuta. Ed è ancor più impressionante che la sua struttura societaria sia per anni poco chiara, poco trasparente, zeppa di prestanome e di misteriose società svizzere.

Qualche esempio? Il villaggio di Brugherio è realizzato dalla Edilnord Sas di Silvio Berlusconi e C., in cui Silvio figura, insieme ad altri, come socio d'opera o accomandatario, mentre soci accomandanti, cioè i veri proprietari, sono il banchiere Carlo Rasini e un avvocato d'affari svizzero di nome Renzo Rezzonico, che rappresenta una finanziaria di Lugano dal nome impronunciabile, Finanzierungsgesellschaft für Residenzen Ag. I soldi, dunque, arrivano dalla Svizzera, grazie ai rapporti di Rasini, ma gli investitori restano protetti dall'impenetrabile schermo di una finanziaria elvetica.

Milano 2

E Milano 2, il quartiere modello costruito con le case nel verde? Viene edificato su terreni che appartenevano al conte Leonardo

Bonzi, acquistati da Berlusconi per 3 miliardi di lire. L'area era edificabile solo in parte e per di più era occupata da cinque palazzi abitati da cittadini che non avevano alcuna intenzione di abbandonarli. Si arrenderanno, un po' alla volta, anche a causa di pressioni, minacce e piccoli attentati (lo raccontano Leo Sisti e Peter Gomez in un libro dal titolo *L'Intoccabile. Berlusconi e Cosa nostra*).

Quanto alle licenze edilizie necessarie per costruire, il Comune di Segrate le concede a partire dal 1969 e nel 1973 Berlusconi ottiene perfino che siano deviate le rotte degli aerei che, decollando dal vicino aeroporto di Linate, avrebbero disturbato gli abitanti del nuovo quartiere. Per far spostare le rotte, Berlusconi ha un'idea eccezionale: si accorda con un vulcanico (e discusso) prete milanese, don Luigi Verzé, a cui fa costruire accanto a Milano 2 il suo gioiello, l'ospedale San Raffaele. Volete che gli aerei passino sopra un ospedale? No di certo. Così le rotte sono spostate e le palazzine nel verde di Milano 2 sono lasciate tranquille.

Per realizzare Milano 2, il 29 settembre 1968 (giorno del suo trentaduesimo compleanno) Silvio Berlusconi fonda una seconda Edilnord, la società Edilnord Centri Residenziali Sas di Lidia Borsani e C. Ma, anche questa volta, Berlusconi non compare. Chi è Lidia Borsani? È una giovane cugina di Silvio che diventa socia accomandataria; accomandante, cioè vera proprietaria, anche in questo caso è una finanziaria svizzera, l'Aktiengesellschaft für Immobilienanlagen in Residenzzentren Ag di Lugano, che fornisce il capitale ed è sempre rappresentata dall'avvocato Rezzonico.

È a capitale svizzero anche la società di costruzioni Italcantieri Srl, fondata nel 1973 da due fiduciarie ticinesi, la Cofigen Sa (rappresentata da un giovane praticante notaio dietro cui c'è il finanziere svizzero Tito Tettamanti) e la Eti Ag Holding (rappresentata da una casalinga di nome Elda Brovelli). La Italcantieri viene comprata da Berlusconi in due tranche, nel luglio del 1975 e nel novembre del 1976. Suo amministratore unico è Luigi Foscale, padre di Giancarlo Foscale e zio di Berlusconi.

Dobbiamo avere pazienza, se vogliamo capire la girandola di società e di prestanome che caratterizza la scalata imprenditoriale di Berlusconi. Una terza Edilnord Sas nasce nel 1970. Silvio non si vede, sulle carte appare come socia accomandataria non più la cuginetta Lidia Borsani, ma la zia Maria Bossi. Poi nasce la quarta Edilnord, nel dicembre del 1977, ma questa volta i parenti sono sostituiti, nel ruolo di socio accomandatario, da un professionista, Umberto Previti, commercialista calabrese con studio a Roma, padre dell'avvocato e futuro ministro Cesare. Questa Edilnord sarà liquidata dopo tre sole settimane di vita, il 1° gennaio 1978.

Nasce la Fininvest

Intanto però, a Roma e non a Milano, era nata la Finanziaria d'Investimento Srl, cioè la Fininvest, destinata a diventare la capogruppo delle ormai numerose società di Berlusconi. Nasce il 21 marzo 1975, data alla luce da due fiduciarie della Banca nazionale del lavoro, Servizio Italia (90 per cento) e Saf (10 per cento), entrambe operanti su mandato del cugino di Berlusconi, Giancarlo Foscale. Qualche mese dopo, a novembre, la Fininvest Srl si trasforma in Fininvest Spa e trasferisce la sede sociale da Roma a Milano. Foscale compare come amministratore unico, mentre del collegio sindacale fanno parte Umberto Previti, suo figlio Cesare e Giovanni Angela, un funzionario della Banca nazionale del lavoro.

La Fininvest nasce per riorganizzare e razionalizzare il gran guazzabuglio delle aziende di Berlusconi. È la holding di controllo da cui dipendono tutte le società operative. La riorganizzazione dura alcuni anni, dal 1975 al 1979, ed è il periodo più complesso e difficile da decifrare della complicata storia finanziaria di Berlusconi. In questo lasso di tempo la società capogruppo (la Fininvest) si fa in tre, rimbalzando tra Roma e Milano.

La seconda Fininvest (Fininvest Roma Srl) nasce l'8 giugno 1978, fondata anch'essa dalle fiduciarie della Bnl Servizio Italia e

Saf, ma questa volta con quote del 50 per cento ciascuna. Amministratore unico è Umberto Previti. Un anno dopo, il 7 maggio 1979, la Fininvest Roma Srl si fonde con la Fininvest Spa milanese e la incorpora. Il 28 giugno, cambia nome (torna a chiamarsi Fininvest Srl) e sede (torna a Milano). E – magia – compare finalmente Silvio Berlusconi, come presidente di un consiglio d'amministrazione formato dal fratello Paolo e dal cugino Giancarlo Foscale.

Per undici anni (dalla nascita della seconda Edilnord nel 1968 fino alla terza Fininvest del 1979) Berlusconi si era servito di una schiera di parenti, teste di legno, in un gioco opaco e complicatissimo di società con capitali di provenienza ignota, di cui si sa soltanto che arrivano dalla Svizzera (o meglio: la Svizzera è l'ultimo passaggio di un percorso di cui, a ritroso, si perdono le tracce). A partire dal 1979, invece, gli amministratori reali della Fininvest sono finalmente visibili e Berlusconi mostra il suo volto alla guida dell'azienda. Ma l'opacità si trasferisce a monte: sopra la Fininvest compaiono ventitré società (ma diventeranno trentotto per poi ridursi a ventidue e infine a venti) chiamate Holding Italiana Prima, Seconda, Terza, Quarta, Quinta e così via, che controllano la Fininvest, la quale a sua volta controlla le società operative.

Come evitare i controlli

Perché costruire un'architettura societaria così complicata e bizantina? Risposta certa non c'è. Di sicuro si sa che in questi anni nelle casse di Berlusconi entrano moltissimi soldi. Il capitale sociale della Fininvest lievita fino a 52 miliardi di lire.

È un po' complicato, ma possiamo cercare di capire che cosa succede. Le tre Fininvest cambiano nome, si trasformano da Spa (società per azioni) in Srl (società a responsabilità limitata), passano da Milano a Roma e infine si fondono, perché così Berlusconi può fare un grosso aumento di capitale senza l'autorizzazione del ministero del Tesoro, che se coinvolto chiederebbe alla Banca d'Italia di svolgere la sua istruttoria, pretendendo informazioni precise sulla società, sui soci, sui soldi che arrivano: le Srl possono invece fare aumenti di capitale senza autorizzazioni ministeriali.

Tra il 6 aprile 1977 e il maggio del 1979 la Fininvest, saltabeccando più volte da Roma a Milano, passa da un capitale di 20 milioni a uno di 20 miliardi di lire. Senza dover spiegare nulla a Bankitalia. A questo punto partono tre operazioni finanziarie – «Padana» da 6 miliardi di lire, «Ponte» da 11, «Palina» da 15 – che portano dentro la Fininvest complessivamente 32 miliardi. Aggiunti ai 20 precedenti, ecco che il capitale sociale arriva a 52 miliardi.

Quante operazioni finanziarie indecifrabili, negli affari di Berlusconi. Il 2 dicembre 1977 l'assemblea Fininvest, in previsione di un aumento di capitale, delibera un prestito obbligazionario di 500 milioni di lire e un «finanziamento soci» di 16,43 miliardi (oggi sarebbero almeno 100 milioni di euro). Il finanziamento arriva in venticinque piccole tranche, in un periodo di diciassette mesi, dal 28 febbraio 1977 al 2 agosto 1978. Provenienza: ignota. Nessuna carta spiega l'origine delle somme.

Poi però Fininvest decide di non fare più l'aumento di capitale e di restituire sia il prestito obbligazionario sia il finanziamento soci: quest'ultimo attraverso assegni della Banca popolare di Abbiategrasso firmati da Giancarlo Foscale, girati in bianco da Servizio Italia e consegnati nelle mani di Giovanni Dal Santo, un uomo che compare in tanti passaggi importanti della storia finanziaria di Silvio Berlusconi.

Il rebus delle holding

Tali operazioni permettono da un lato di portare il capitale Fininvest a 52 miliardi di lire, dall'altro di creare la serie di società che controllano dall'alto quel capitale: le già menzionate Holding Italiana Prima, Seconda, Terza e così via fino alla Ventitreesima. Le holding, a dispetto del nome altisonante, sono semplici società a responsabilità limitata: così, come ormai sappiamo, gli aumenti di capitale si possono fare in casa, senza intrusi che vogliano guardare le carte, senza i vagli delle autorità di vigilanza.

Sono fondate il 19 giugno 1978 a Milano da Nicla Crocitto, un'anziana casalinga abitante a Milano 2, che detiene il 90 per cento delle quote e viene nominata amministratore unico delle società, mentre il restante 10 per cento è intestato al marito, il commercialista Armando Minna, già sindaco della Banca Rasini e poi consulente di Berlusconi. Capitale sociale: il minimo, 20 milioni per holding.

Tra il 4 e il 5 dicembre 1978, escono di scena i due prestanome iniziali, Crocitto e Minna, e arrivano, al loro posto, due fiduciarie: Saf (90 per cento) e Parmafid (10 per cento). Alla fine, i 52 miliardi di capitale sociale della Fininvest sono controllati dalle ventitré holding (per 49,98 miliardi), tranne una piccola quota (2,02 miliardi) detenuta direttamente da Silvio Berlusconi.

Di chi sono le holding? La situazione si chiarisce solo tanti anni dopo, nel 2003: Fininvest risulta controllata da Silvio Berlusconi per l'84,7 per cento (2 per cento direttamente, 82,7 per cento attraverso diciotto holding); il resto è nelle mani dei figli Marina (7,65 per cento attraverso la Holding Italiana Quarta) e Pier Silvio (7,65 per cento attraverso la Holding Italiana Quinta). Le holding si riducono, poiché scompaiono la sesta e la settima.

Abbiate pazienza: la storia è intricata. In seguito, l'architettura cambia ancora per far entrare anche i figli del secondo matrimonio. La Fininvest risulta posseduta al 61 per cento da Silvio Berlusconi e la quota restante è divisa tra i cinque figli: 7,65 per cento a testa a Marina e Pier Silvio; e 7,143 per cento a testa a Barbara, Eleonora e Luigi. Fininvest, a sua volta, controlla il 38 per cento di Mediaset (la società televisiva), il 50 per cento di Mondadori (la casa editrice) e il 35 per cento di Mediolanum (la banca di casa).

Ma prima di arrivare a questa situazione, la storia delle holding è un rebus. Anche perché alla domanda su chi controllasse la Fininvest, Berlusconi ha dato nel tempo risposte diverse. Nei primi anni Novanta ha dichiarato al garante dell'editoria di controllarne il 50,3 per cento, lasciando dunque aperta la possibilità che il restante 49,7 fosse attribuibile ad altri misteriosi soci. In seguito ha dichiarato invece che l'intera Fininvest fosse sua e della sua famiglia.

Non ha però mai spiegato in maniera del tutto convincente il perché di una struttura societaria tanto arzigogolata, che sembra fatta apposta per far perdere le tracce dei passaggi di denaro. Accanto alle holding (che nel tempo sono state, in tutto, trentotto), operavano anche cinque società denominate Holdifin, più una Holding Elite. Insomma: Berlusconi controllava il suo impero attraverso una struttura societaria complicatissima, una «costruzione gotico-castrense», come la chiama Giuseppe Fiori nella sua biografia dell'imprenditore, *Il venditore*, pubblicata nel 1995.

Perché? Per pagare meno tasse, hanno spiegato a Paolo Madron (nel libro del 1994 *Le gesta del Cavaliere*, subito introvabile) due manager come Franco Tatò e Salvatore Sciascia, che hanno conosciuto dall'interno l'impresa di Berlusconi. Ma la moltiplicazione delle Srl chiamate Holding serve anche, come abbiamo visto, per poter fare operazioni finanziarie e aumenti di capitale senza che il ministero del Tesoro e la Banca d'Italia si mettano a curiosare nelle faccende del gruppo, perché il capitale reale è disseminato (a seconda delle epoche) in ventidue, ventitré, trentotto o venti piccole quote.

Tra il 1978 e il 1985 nelle holding entrano 93,93 miliardi di lire (oggi sarebbero oltre 340 milioni di euro). Da dove arrivano? Non si sa, perché i passaggi di denaro avvengono in contanti, oppure «franco valuta» (cioè senza lasciare tracce nei libri contabili). Ne sono protagonisti alcuni personaggi come Enrico Porrà, un invalido di settantacinque anni colpito da ictus, che risulta titolare della società Ponte e di altre sei o sette società, tra cui la Palina Srl, fondata il 19 ottobre 1979 da lui e da Adriana Maranelli, una colf emiliana. Altri prestanome. Come Riccardo Maltempo, un meccanico che lavorava in un'officina ma risultava il gestore di tre fiduciarie. Porrà, quando c'erano documenti da firmare, andava dal notaio su una carrozzella spinta dai consulenti di Berlusconi.

L'odore dei soldi

Nelle sue società arrivano tanti soldi, negli anni, attraverso operazioni così complesse e opache che è impossibile individuarne la provenienza. I primi capitali, quelli per realizzare i palazzi blu di via Alciati, arrivano certamente dalla Banca Rasini. Poi le fonti di finanziamento si fanno più oscure, ma certamente passano per la Svizzera, come dimostrano le società di diritto elvetico accomandanti (che cioè mettono i soldi) delle prime società per accomandita di Berlusconi.

Una spiegazione del canale elvetico è contenuta nel già citato libro di Madron, *Le gesta del Cavaliere*. Una biografia autorizzata, che può essere ritenuta in qualche modo almeno semiufficiale. Vi si legge:

> Le città giardino di Berlusconi sono servite [...] per far rientrare le valigie di soldi a suo tempo depositate nella vicina Svizzera. Alla fine degli anni Sessanta le vie che portano al paese degli gnomi sono intasate di spalloni che vanno a mettere al sicuro il denaro della ricca borghesia terrorizzata dai sequestri (ci provano anche con il padre di Berlusconi). [...] Il Cavaliere va da Rasini e gli chiede di appoggiarlo su quei suoi amici, clienti o meno della banca, che hanno portato fuori tanti soldi.

I primi palazzi di Berlusconi sarebbero dunque costruiti con i capitali nascosti all'estero dalla ricca borghesia lombarda che, con la garanzia del banchiere Carlo Rasini, accetta di affidarli a un giovane e promettente imprenditore che li fa fruttare, con soddisfazione degli anonimi investitori. È una spiegazione semplice, lasciata filtrare in una biografia di fatto autorizzata, anche se mai ammessa apertamente, perché getterebbe comunque sui primi passi dell'imprenditore Berlusconi l'ombra di pesanti violazioni di leggi valutarie e societarie.

Se la «pista svizzera» può spiegare i soldi dei primi affari, più complicato è fare luce sui massicci finanziamenti che piovono sulla Fininvest e sulle holding che la controllano dopo il 1977. Una prima possibilità è che siano profitti realizzati da Berlusconi in nero, un gigantesco fiume extracontabile alimentato dalle vendite di immobili e, in seguito, dalla pubblicità televisiva. È una tesi che presuppone comportamenti illegali, perché il falso in bilancio, le false scritture contabili, l'esportazione di capitali erano, all'epoca, reati gravi.

Chissà poi se davvero il «nero» può spiegare l'intero afflusso di capitali che hanno generosamente nutrito, nei primi anni, le società berlusconiane, nonostante i periodi di crisi che ciclicamente bloccavano il mercato degli immobili. I magistrati delle Procure di Palermo, di Caltanissetta e di Firenze hanno provato a battere anche un'altra pista, quella «siciliana», ipotizzando che nelle casse di Berlusconi possano essere arrivati capitali mafiosi, i soldi di Cosa nostra. Hanno trovato qualche indizio, ma non hanno messo insieme prove sufficienti. Così hanno dovuto archiviare le loro prime indagini per riciclaggio. Ancora in corso invece un'inchiesta della Procura di Firenze.

In passato, è stato sottolineato il ruolo di alcuni personaggi come Luigi Aldrighetti, nato a Palermo nel 1935, amministratore della Compagnia fiduciaria nazionale Spa, che in almeno due occasioni conferisce denaro alle società di Berlusconi e interviene in alcuni affari dello stesso in Sardegna. La Dia (Direzione investigativa antimafia) di Palermo in un rapporto segnala che la sua Compagnia fiduciaria nazionale, con sede a Milano in galleria De Cristoforis, avrebbe avuto rapporti finanziari «spregiudicati».

Un altro siciliano che ha ruoli importanti nelle società berlusconiane in momenti cruciali è Giovanni Dal Santo, nato a Caltanissetta nel 1920: è negli organigrammi della Milano 3 Srl quando acquista i Cantieri Riuniti Milanesi dalla fiduciaria Palina realizzando una miracolosa plusvalenza; dell'Immobiliare Idra quando compra Villa San Martino; dell'Istifi (di fatto la banca interna del gruppo Fininvest) è stato il primo presidente e amministratore delegato, dal 1976 al gennaio del 1978.

Ha rapporti con la Sicilia la Parmafid, la fiduciaria milanese che all'inizio controlla una parte delle holding, dunque dell'impero berlusconiano. Parmafid ha soci visibili, i commercialisti Roberto Massimo Filippa e Michela Patrizia Natalini, dietro cui si muovono però personaggi di ben altro peso: sono clienti della fiduciaria, infatti, Joe Monti e Antonio Virgilio, arrestati come «colletti bianchi» della mafia a Milano nel blitz di San Valentino, il 14 febbraio 1983. Per la Procura di Palermo, sono loro i veri padroni di Parmafid. Virgilio, sempre secondo la Procura di Palermo, è affiliato «di Pippo e Alfredo Bono della famiglia mafiosa di Bolognetta» e «attraverso la Parmafid controllava tutto il suo gruppo imprenditoriale».

Monti e Virgilio furono condannati in primo e secondo grado anche per associazione a delinquere di stampo mafioso. Ma nel 1989 la sentenza d'appello fu annullata dalla prima sezione della Corte di cassazione, presieduta da Corrado Carnevale, con la curiosa motivazione che i «rapporti d'affari» con i boss di Cosa nostra «non possono essere utilizzati come prove dell'organizzazione criminale, né dell'appartenenza a essa».

Ha molti clienti siciliani anche la Banca Rasini, attraverso cui Berlusconi fa i suoi primi affari. La Rasini, come abbiamo detto, è un piccolo istituto privato di credito con un unico sportello, nella centralissima piazza dei Mercanti, a un passo dal Duomo. A Milano godeva di una doppia fama: era considerata una banca efficiente, rapida e flessibile, ma anche assai spregiudicata. Il bancarottiere Michele Sindona, al giornalista e scrittore americano Nick Tosches, che nel libro del 1985 *Il mistero Sindona* gli chiedeva quali fossero le banche della mafia, rispondeva: «In Sicilia il Banco di Sicilia, a volte. A Milano una piccola banca di piazza dei Mercanti».

Ma la risposta del bancarottiere era stata più chiara, come si legge nell'edizione completa e non censurata pubblicata solo nel 2009 da Alet, in cui Sindona dice chiaramente a Tosches che «la banca della mafia» in Italia non è la sua Banca Privata, bensì la Banca Rasini che finanziò anche i primi passi di Silvio Berlusconi. Sindona, che aveva certamente rapporti con Cosa nostra, non può comunque essere assunto come testimone sempre attendibile, soprattutto quando cerca di gettare su altri i sospetti che pendevano su di lui.

Certamente cliente della «piccola banca di piazza dei Mercanti» era il boss mafioso Robertino Enea. E per la Rasini facevano passare i loro soldi anche Joe Monti e Antonio Virgilio. Coinvolto direttamente nelle indagini sulla mafia dei colletti bianchi è poi Antonio Vecchione, il successore del padre di Berlusconi alla direzione della banca. Ma intanto l'istituto di credito era passato di mano e Berlusconi aveva imboccato altre strade.

La Milano dei sequestri

Per capire come si muove Berlusconi all'inizio della sua carriera imprenditoriale, bisogna capire che cosa succede, sottotraccia, a Milano negli anni Sessanta e Settanta. Silvio è solo uno dei tanti imprenditori del Nord che vengono inquadrati nel mirino dai mafiosi arrivati dal Sud e particolarmente interessati agli uomini diventati ricchi nel periodo del boom economico.

Nella capitale lombarda si insedia una potente colonia di mafiosi siciliani, i cui affari miliardari sono descritti in alcuni rapporti stilati in quegli anni dalla Criminalpol (la polizia criminale, che si stava per la prima volta specializzando in indagini sulla criminalità organizzata). Stabili sulla piazza milanese operano i fratelli Alfredo e Pippo Bono, Ugo Martello, Robertino Enea, oltre ai già citati Monti e Virgilio. Si trasferiscono al Nord dalla Sicilia boss come Gaetano Carollo, Giuseppe Ciulla, Gaetano Fidanzati, Vittorio Mangano. A Milano arrivano in «missione d'affari» Joe Adonis, Stefano Bontate (in quegli anni il numero uno di Cosa nostra),

Tommaso Buscetta (che a Milano apre una società di import-export). E sono ben 372 i mafiosi che nel decennio tra il 1961 e il 1972 vengono inviati al soggiorno obbligato in Lombardia, dove costruiscono la prima stabile rete d'affari al Nord delle organizzazioni criminali.

Fino alla metà degli anni Settanta non è ancora la droga il business prevalente di Cosa nostra, ma i sequestri di persona, le rapine, il contrabbando di tabacchi. I capitali provenienti dai riscatti e dagli altri illeciti sono poi reinvestiti in attività imprenditoriali. I boss si trasformano in imprenditori. Ma non solo: stabiliscono una rete di rapporti con gli imprenditori «puliti». Racconta il collaboratore di giustizia Gaspare Mutolo:

> Il pericolo dei sequestri, allora molto frequenti, portava gli industriali a entrare in contatto con gli uomini d'onore, anzi a desiderarne la protezione. Chiaramente, una volta entrato in contatto con Cosa nostra, l'imprenditore non poteva e non può più allontanarsene e deve consentire alle varie richieste che possono venire dagli uomini d'onore con cui è in contatto. Tra queste, indubbiamente, c'è anche il reimpiego di capitali d'illecita provenienza.

Anche Berlusconi, dopo i primi successi imprenditoriali, teme un sequestro per sé e i suoi familiari: possibili obiettivi di rapimento sono anche il padre Luigi, dirigente di banca, e il figlio Pier Silvio. Ne parla apertamente in un'intervista al «Corriere della Sera», nel 1994. «Rapporti con la mafia ne ho avuti una volta sola, quando tentarono di rapire mio figlio Pier Silvio, che allora aveva cinque anni: portai la mia famiglia in Spagna e lì vissero molti mesi.» Pier Silvio compie cinque anni il 28 aprile 1974, perciò almeno a quell'epoca vanno fatti risalire il timore dei sequestri e le prime contromosse. Proprio in quel periodo, Berlusconi si ricorda di un giovane palermitano di cinque anni più giovane di lui conosciuto nel periodo dell'università (quindi oltre dieci anni prima): si chiama Marcello Dell'Utri. Lo assume come assistente, facendolo trasferire da Palermo a Milano.

Dell'Utri gli presenta un amico, Vittorio Mangano, che fa assumere come fattore presso la villa di Arcore. Mangano è un affiliato a Cosa nostra, uomo d'onore della potente cosca palermitana di Porta Nuova. Da fattore, responsabile della gestione agricola della villa, va a vivere con la sua famiglia, moglie, due figlie e suocera, sotto lo stesso tetto di Berlusconi.

Nei primi anni Settanta Berlusconi sembra assediato dai siciliani sbarcati in Lombardia. Villa San Martino subisce alcuni furti, come ammette lo stesso Dell'Utri: «Effettivamente, nel 1974, quando Mangano stava già ad Arcore, furono rubati quadri e altri oggetti». La notte di Sant'Ambrogio, il 7 dicembre, un gruppo di siciliani tenta addirittura (senza successo) di sequestrare un ospite appena uscito dalla villa, Luigi D'Angerio. Gli uffici milanesi di Berlusconi subiscono alcuni piccoli attentati, una bomba esplode il 26 giugno 1975 nella palazzina di via Rovani, a Milano, dove Berlusconi aveva posto la sede delle sue società.

I progetti di rapimento sono stati raccontati anche da alcuni dei siciliani coinvolti. Gaspare Mutolo ricorda che Berlusconi fu pedinato per settimane da Nino Grado, uomo d'onore palermitano; ma che poi arrivò il contrordine: Gaetano Fidanzati e Pippo Bono bloccarono l'operazione, annunciando che «Berlusconi è una persona intoccabile». Giuseppe Marchese, ex autista di Totò Riina, sostiene che due killer delle famiglie catanesi gli confidarono di aver progettato il sequestro di Pier Silvio, ma di essere stati fermati dai palermitani. «Noi avevamo l'intenzione di sequestrare il figlio di Berlusconi, però poi c'è stato l'intervento dei paesani vostri, i quali hanno detto che Berlusconi *interessava*», cioè «Cosa nostra palermitana era in rapporti tali con Berlusconi per cui costui non doveva essere in alcun modo disturbato».

Lo stesso Dell'Utri ammette il pressing, confermando l'arrivo di una lettera anonima ad Arcore nei primi giorni del 1975. «Rammento solo che si trattava di una richiesta di denaro. Se Silvio non avesse pagato, suo figlio sarebbe stato rapito e ucciso. [...] Arrivarono anche delle telefonate anonime. Berlusconi allora si allarmò. Eravamo ormai nel periodo estivo e così lui decise di andare all'estero con tutta la famiglia. Gli organizzai un viaggio in Spagna.»

Nelle dichiarazioni di Berlusconi e di Dell'Utri gli anni non corrispondono perfettamente: Berlusconi, nell'intervista al «Corriere», colloca le minacce e la «fuga» in Spagna quando Pier Silvio aveva cinque anni, quindi nel 1974; Dell'Utri nel 1975. In ogni caso, entrambi confermano che nella prima metà degli anni Settanta la famiglia Berlusconi era sotto il tiro della mafia. Ed entrambi ammettono che non furono denunciati né le minacce, né gli attentati. Nel caso della bomba di via Rovani, addirittura, l'indagine di polizia viene depistata, poiché Berlusconi non informa che la palazzina è di sua proprietà, ma lascia credere che appartenga – così è scritto in un rapporto della Direzione centrale della polizia criminale – alla «Società Generale Attrezzature gestita da Walter Donati» (la Sogeat vendeva gli immobili di Milano 2 e Donati non è che uno dei tanti manager-prestanome di Berlusconi).

È legittimo dunque almeno ipotizzare che, poiché i problemi c'erano, furono risolti in altro modo: magari attraverso contatti diretti con i siciliani.

Dell'Utri e gli amici siciliani

È certo, invece, che Dell'Utri manteneva rapporti con i boss: è costretto egli stesso ad ammettere di aver partecipato, per esempio, alla festa per il compleanno di Antonino Calderone, il 24 ottobre 1976, al ristorante milanese Alla Collina Pistoiese, con presenti, oltre a Vittorio Mangano, i fratelli Nino e Tanino Grado: proprio quel Nino Grado che, secondo Mutolo, aveva pedinato Berlusconi in vista di un sequestro.

Ormai oltrepassata la metà degli anni Settanta, Cosa nostra è entrata alla grande nel business della droga e proprio i fratelli Grado sono protagonisti di un traffico d'eroina che dalla Turchia passa per Palermo e Milano, per essere poi indirizzata verso l'immenso mercato americano, facendo diventare Cosa nostra la mafia più ricca del mondo. Dell'Utri ha rapporti anche con Ilario Legnaro, capofila di una cordata di mafiosi catanesi che, in competizione questa volta con i palermitani, dà l'assalto (a suon di tangenti pagate ai politici democristiani e socialisti) ai casinò del Nord Italia. Il contatto emerge per una sfortunata coincidenza: Dell'Utri è nell'abitazione di Legnaro l'11 novembre 1983, quando la polizia vi irrompe a sorpresa e arresta il padrone di casa per associazione mafiosa, identificando anche i suoi ospiti, tra cui, appunto, Dell'Utri.

Il collaboratore di Berlusconi ammette di aver sempre mantenuto un buon rapporto anche con Mangano. Gaspare Mutolo, a questo proposito, riferisce: «Mentre eravamo in carcere assieme, Vittorio Mangano mi disse che alcune somme provenienti da Pippo Calò, Salvatore Riina, Ugo Martello e Pippo Bono erano state investite a Milano da parte di Dell'Utri, che veniva considerato una persona seria, cioè affidabile ai fini della nostra organizzazione. Sempre Mangano mi disse che in passato Dell'Utri era stato vicino a Stefano Bontate e Gaetano Badalamenti». I due capi di Cosa nostra prima di Totò Riina.

Dunque il collaboratore più vicino a Berlusconi, colui che più lo ha spinto a scendere in politica fondando Forza Italia, è un uomo con molte relazioni pericolose a Palermo. Di certo conosce bene il boss Vittorio Mangano, con il quale mantiene, per sua stessa ammissione, buoni rapporti fino alla sua morte, avvenuta il 23 luglio 2000. Ma Dell'Utri conosce e frequenta anche altri boss: tra gli altri, Gaetano Cinà, Giuseppe Mandalari, Nino Papalia; partecipa al matrimonio, a Londra, di Girolamo Maria Fauci, detto «Jimmy», un trafficante di droga palermitano trasferitosi in Inghilterra; frequenta Salvatore Aragona, boss arrestato nel 2003 nell'ambito dell'inchiesta sul medico mafioso Giuseppe Guttadauro.

Tutto ciò resta per decenni sottotraccia, un rumore di fondo nella storia di successo di Berlusconi. A partire già dal 1994 Marcello Dell'Utri viene indagato dalla Procura di Palermo per i suoi rapporti con la mafia. Viene poi processato e condannato. Il 9 maggio 2014, la Cassazione conferma e rende definitiva la condanna a sette anni di reclusione per concorso esterno in associazione mafiosa: Marcello Dell'Utri è stato il mediatore tra Cosa nostra e Silvio Berlusconi, almeno fino al 1992. È lui che fa assumere il boss palermitano Vittorio Mangano come «stalliere» nella villa di Arcore, che gli assicura protezione contro i sequestri di persona, che fa da intermediario con i capi di Cosa nostra come Stefano Bontate.

L'incontro con il boss dei boss

Già negli anni Ottanta erano emerse informazioni, allora non verificate, sui contatti tra Berlusconi e i boss palermitani. Alcune testimonianze cominciano a sostenere che abbia addirittura incontrato personalmente Bontate, il capo dei capi di Cosa nostra, il predecessore di Riina.

Filippo Alberto Rapisarda, un discusso finanziere proveniente dalla Sicilia che fin dagli anni Sessanta è nel giro dei siciliani attivi a Milano, lo racconta già nel 1987 al giudice istruttore di Milano Giorgio Della Lucia:

> Tra il dicembre del 1978 e il gennaio del 1979, mentre stavo tornando dallo studio del notaio Sessa, incontrai, non lontano dalla sede dell'Edilnord, Stefano Bontate e Mimmo Teresi, i quali mi invitarono a prendere un caffè con loro in un bar di piazza Castello. Teresi e Bontate mi dissero che dovevano andare da Marcello Dell'Utri, il quale aveva loro proposto di entrare nella società televisiva che di lì a poco Silvio Berlusconi avrebbe costituito. Teresi mi disse che occorrevano 10 miliardi e, tra il serio e lo scherzoso, mi domandò se per me quello era un buon affare. Io ci rimasi male, anche se non feci trasparire nulla. Dell'Utri in quel periodo lavorava formalmente solo per me. Nel 1977, con lui al mio fianco, avevo

aperto Milano Tele Nord, la prima tv privata della città, e avevo anche firmato un contratto con due consulenti che ci avevano insegnato tutto sul sistema pubblicitario... Il discorso di Teresi mi diede dunque la prova di quello che già sospettavo: Dell'Utri faceva la spia per Berlusconi.

Di certo in quegli anni Dell'Utri fa la spola tra Rapisarda e Berlusconi: dopo aver lavorato per il primo, va dal secondo come assistente; torna tra il 1978 e il 1979 da Rapisarda, per poi passare definitivamente a Berlusconi. Rapisarda detta a verbale a Della Lucia:

> Marcello Dell'Utri mi disse che la sua conoscenza con tutti questi personaggi mafiosi era dovuta al fatto che si era dovuto interessare per mediare fra coloro che avevano fatto estorsioni e minacce a Berlusconi e il Berlusconi stesso. Mi precisò Dell'Utri Marcello che, a seguito di tali minacce estorsive, il Berlusconi aveva fatto andare all'estero la moglie e i figli. Dell'Utri mi disse anche che la sua attività di mediazione era servita a ridurre le pretese di denaro dei mafiosi.

Rapisarda ha ripetuto i suoi racconti, con dovizia di particolari, anche a chi scrive. «Ho visto con i miei occhi i soldi dei palermitani consegnati a Marcello.» Dell'Utri aveva allora un ufficio nel grande palazzo antico al centro di Milano, in via Chiaravalle, dove Rapisarda ha abitato fino alla sua morte. «Un giorno sono entrato all'improvviso, senza bussare, nella stanza di quello che allora era un mio dipendente» racconta Rapisarda. «Ho visto Bontate in persona che rovesciava borse piene di soldi sulla scrivania di Marcello. Investimenti per le tv.»

Una almeno parziale conferma alle parole di Rapisarda arriva dal collaboratore di giustizia Antonino Giuffré, braccio destro dell'ultimo capo storico di Cosa nostra, Bernardo Provenzano: «Con la scusa di andare a trovare Mangano» racconta Giuffré nell'udienza del 7 gennaio 2003 del processo Dell'Utri, «Stefano

Bontate si era spostato da Palermo a Milano per incontrare, ad Arcore, l'imprenditore emergente Silvio Berlusconi».

La prima inchiesta

Tutto ciò resta sottotraccia per anni. Sulla scena pubblica, Silvio Berlusconi è semplicemente un imprenditore geniale e di grande successo. Le sue amicizie pericolose e le prime indagini giudiziarie restano invisibili. Quando entrerà in politica, nei primi anni Novanta, dirà che le inchieste dei magistrati erano arrivate come una specie di ritorsione, dopo la sua discesa in campo. Ma in verità la prima indagine penale su di lui è del 1983. E riguarda i suoi possibili rapporti con la criminalità organizzata. In un'inchiesta su droga e riciclaggio di soldi sporchi, gli vengono posti sotto controllo i telefoni. In un rapporto della guardia di finanza dell'epoca si legge: «È stato segnalato che il noto Berlusconi Silvio, interessato all'emittente televisiva privata Canale 5, finanzierebbe un intenso traffico di sostanze stupefacenti dalla Sicilia. Il predetto sarebbe al centro di grosse speculazioni edilizie e opererebbe nella Costa Smeralda».

L'istruttoria è condotta a Milano dal giudice Giorgio Della Lucia che poi però sarà imputato per corruzione insieme al finanziere Rapisarda e comunque non trovò alcun elemento penalmente rilevante, tanto che nel 1991 la sua inchiesta fu archiviata. Resta però accertato che davvero Berlusconi, attraverso Dell'Utri, dagli anni Settanta aveva contatti con ambienti di Cosa nostra e che negli anni Ottanta aveva intrattenuto rapporti d'affari con il faccendiere sardo Flavio Carboni, a sua volta in contatto con ambienti della criminalità organizzata romana, più volte arrestato e infine condannato per il crac del Banco Ambrosiano.

Certo è anche che alle minacce di sequestro degli anni Settanta Berlusconi reagisce con una risposta «privata»: invece di chiamare i carabinieri, si rivolge a Dell'Utri e assume Mangano come assicurazione sulla vita. E avvia il pagamento annuale a Cosa nostra di una somma (200 milioni di lire) che sembra non tanto il frutto di un'estorsione, quanto un amichevole «regalo» ai boss, l'esito di un patto in forza del quale viene garantita anche la sicurezza delle antenne televisive di Berlusconi nell'isola.

Ma, con ciò, siamo passati dalle attività immobiliari, primo business di Berlusconi, alla sua nuova, grande idea: la televisione commerciale.

Il genio della tv (e non solo)

> Le finestre erano fonti inesauribili di nuovi divertimenti. Le altre tre procurarono alla fanciulla, la prima il piacere della commedia italiana, la seconda quella della visione delle Tuileries, dove si danno convegno le persone più distinte e le creature dei due sessi più avvenenti d'Europa. L'ultima non era la meno piacevole: le forniva un modo sicuro di conoscere tutto ciò che avveniva del mondo.
>
> *Madame de Villeneuve*

Ci hanno provato in tanti, negli anni Ottanta, a fare la tv in Italia. Ci è riuscito soltanto lui. Tutto è cominciato quasi per caso. Milano 2, la città satellite, il quartiere modello realizzato da Berlusconi, oltre a viali alberati, laghetti e piste ciclabili, ha, fin dal 1974, anche una televisione via cavo, che trasmette i due canali Rai allora esistenti e tre canali esteri. Poiché la banda a disposizione ha sei canali, sul sesto vengono trasmessi programmi a circuito chiuso, notizie e servizi per i residenti.

È, all'inizio, una tv condominiale, un servizio in più offerto agli abitanti, ma senza grandi ambizioni di programmazione. Nel giro di qualche anno, però, Berlusconi ci prende gusto e soprattutto annusa un nuovo, grande affare: quello della pubblicità, a cui aveva dedicato la sua tesi di laurea. Quel primo assaggio di tv privata sperimentato a Milano 2 è destinato a crescere, a uscire dai confini della città giardino e a diventare, via etere, la nuova televisione italiana e il nuovo *core business* del palazzinaro Berlusconi.

Viva le tv libere

La rivoluzione si avvia negli anni Settanta: l'Italia diventa il paese più «televisivo» del mondo. Fino ad allora c'era soltanto la Rai, la radiotelevisione pubblica, controllata dal governo e poi lottizzata dai partiti. Nel giro di pochi anni, l'etere si affolla di piccole radio e tv locali, centinaia di antenne d'emissione spuntano in tutte le regioni. È un fenomeno inedito, impensabile fino a pochi anni prima, dunque senza alcuna legge che lo regoli.

Il mercato viene aperto da una sentenza della Corte costituzionale che il 28 luglio 1976 consente alle radio e tv private di trasmettere via etere, ma limitandosi esclusivamente all'ambito locale: quello nazionale è riservato alla Rai. Berlusconi riesce però ad aggirare l'imposizione della Corte mettendo in pratica un'idea geniale (che viene attribuita a un suo consulente, l'avvocato Aldo Bonomo): invia cassette registrate con gli stessi programmi alle diverse emittenti locali di sua proprietà, che le mandano in onda contemporaneamente in tutta Italia. Così la forma della legge è rispettata, ma l'effetto è la trasmissione di un unico programma su tutto il territorio nazionale.

Nel 1978 le tv private in Italia sono già 434. Berlusconi non è tra i pionieri che le avevano create negli anni precedenti. Ma quell'anno, a settembre, comincia a far trasmettere dagli scantinati del Jolly Hotel di Milano 2 la sua prima tv, TeleMilano 58. Nel 1980 TeleMilano si trasforma in Canale 5.

Negli anni successivi, il business della pubblicità cresce fino a sostituire il business immobiliare. Berlusconi si espande, compra piccole tv locali che compongono la sua rete nazionale. Poi acquista le reti televisive che altri editori italiani avevano tentato di avviare, svenandosi e rischiando di fallire: nel 1982 acquista Italia 1 dall'editore Rusconi, nel 1984 Rete 4 dalla Mondadori. Così mette insieme un network di tre reti che parte all'attacco, nientemeno, che del gigante televisivo pubblico, la Rai, che dispone anch'essa di tre reti.

La tv di Berlusconi è una fabbrica di soldi, attraverso la raccolta pubblicitaria, e di sogni, attraverso la scelta dei programmi. Silvio è molto presente in entrambi i campi. Non si limita alla gestione del business, dice la sua anche sulla programmazione, la scelta dei conduttori, la grafica, le musiche. Anni dopo, il grande giornalista Enzo Biagi dirà: «Se Berlusconi avesse un puntino di tette farebbe anche l'annunciatrice».

Ha un grande intuito per i gusti del pubblico. Sa che cosa offrire agli italiani che stanno diventando grandi consumatori di televisione. Ha un'idea semplice e chiara: «Il pubblico è un bambino di undici anni, neppure tanto intelligente», così va ripetendo ai suoi collaboratori. I canali di Berlusconi impongono un nuovo modo di fare tv in Italia. I primi successi di Canale 5 arrivano nel 1980 con un gioco a premi, *I sogni nel cassetto*, condotto da Mike Bongiorno, che aveva accettato di lasciare la Rai per andare in onda nella rete del Biscione, il simbolo che compare nello stemma dei Visconti, nel Trecento signori di Milano, e che Berlusconi sceglie come marchio della Fininvest e poi dell'emittente. Nel 1981, Canale 5 strappa alla Rai anche la soap opera americana *Dallas*.

Ma Silvio, per poter trasmettere sempre nuovi spot pubblicitari, copre spazi fino ad allora ignorati dalla Rai: la fascia mattutina, con il programma *Buongiorno Italia* condotto da Marco Columbro e Antonella Vianini; quella del mezzogiorno, con il quiz *Il pranzo è servito* condotto da Corrado. Nell'autunno del 1981 va in onda il primo varietà Fininvest, *Hello Goggi*, condotto da Loretta Goggi.

Dopo Loretta, Mike Bongiorno e Corrado, arriveranno in Fininvest dalla Rai anche Sandra Mondaini e Raimondo Vianello (con il varietà *Attenti a noi due*), e poi Raffaella Carrà, Johnny Dorelli, Lino Banfi, Pippo Baudo, Lorella Cuccarini. Nel 1982 prende avvio il *Maurizio Costanzo Show*, uno dei programmi più longevi della televisione. Dopo qualche anno *Forum*, condotto prima da Catherine Spaak e in seguito da Rita dalla Chiesa. *La Corrida*, condotta da Corrado. I telefilm *Dynasty*, *Uccelli di rovo*, *Love Boat*, *I Jefferson*. I cartoni animati dei *Puffi* e dei *Simpson*. I quiz *Ok, il prezzo è giusto!*, condotto da Gigi Sabani e poi da Iva Zanicchi, *Tra moglie e marito*, con Marco Columbro, *Telemike* e *La ruota della fortuna*, con protagonista Mike Bongiorno. Gli show *Drive In*, il telegiornale satirico *Striscia la notizia*, il programma di Gianni Boncompagni *Non è la Rai*, affidato ad Ambra Angiolini. Nel 1988 nasce *Casa Vianello*, la sitcom italiana che andrà in onda per diciannove anni. Nel 1992 debutta il Tg5 di Enrico Mentana.

Nel paese di Carosello

Berlusconi riesce dove tutti gli altri avevano fallito, o comunque rende nazionale un'avventura che era locale. Lo fa raccogliendo un fiume di soldi dalla pubblicità. Nel 1979 fa nascere Publitalia 80, la concessionaria che raccoglie, sotto la guida di Marcello Dell'Utri, la pubblicità per alimentare le tv. Questa è la vera trovata geniale di Berlusconi, che inventa un nuovo mercato e cambia la mappa del business in Italia. Fino a quel punto, la Rai aveva il monopolio televisivo e vendeva spazi pubblicitari limitati e a prezzi altissimi. Arriva Berlusconi e offre alle aziende spazi pubblicitari a basso costo. Apre un mercato bloccato in cui potevano entrare soltanto le grandi aziende disposte a spendere un mucchio di soldi. Berlusconi fa saltare il blocco.

Nel paese di *Carosello*, moltiplica incredibilmente gli spazi pubblicitari (realizzando affollamenti mai visti prima) e offre passaggi televisivi a prezzi stracciati. Da grande venditore qual è, inventa formule che attirano anche piccoli imprenditori, alcuni dei quali grazie agli spot moltiplicano le vendite dei loro prodotti. Nasce quello che gli addetti ai lavori chiamano «il suk televisivo», con listini scritti che sono però gestiti dagli agguerriti venditori di Publitalia con sconti «da mercato dei tappeti» e, a volte, pagamenti in merce.

Per far decollare in Italia il nuovo mercato della tv commerciale, Berlusconi deve però affrontare due problemi: raggiungere alti ascolti, per attirare gli investitori pubblicitari; e superare i vincoli di una legislazione antica e monopolista che permette l'esistenza della sola tv pubblica. Come abbiamo visto, il primo problema viene risolto, con grande azzardo imprenditoriale, da un lato comprando frequenze televisive in tutta Italia, per raggiungere e «illuminare» con le antenne del Biscione gran parte del paese; dall'altro ingaggiando personaggi strappati alla Rai (come Mike Bongiorno) e acquistando programmi e film americani, capaci di erodere audience alle reti pubbliche. Per accaparrarsi frequenze, artisti e programmi servono tanti soldi. E la Fininvest compra, compra, come se avesse risorse inesauribili.

Il secondo problema – abbattere il monopolio Rai – viene risolto con una inedita pressione sulla politica. Fininvest inizia, fin dai primi anni Ottanta, un'azione di lobbying che la fa diventare quasi un partito, con i suoi uomini in Parlamento e nei governi. Negli anni, le leggi cambiano e smantellano via via il monopolio della tv pubblica. E la Fininvest riesce a proteggere i propri interessi, imponendo di fatto la sua posizione dominante nel settore della tv commerciale, ma anche impedendo la nascita in Italia di un mercato televisivo aperto, libero e pluralista.

Il Far West dell'etere

Berlusconi tenta di fare televisione anche in altri paesi d'Europa. In Spagna riesce a impiantare nel 1989 Telecinco, che attraversa una grave crisi nel 1993 ma si consolida infine nel 2002, grazie a una legge varata dal governo di centrodestra guidato da José María Aznar, che cambia le regole e consente a società straniere (in questo caso l'italiana Mediaset) il controllo della maggioranza assoluta o anche della totalità di un canale televisivo spagnolo.

Sponde politiche a sinistra invece in Francia, dove il presidente della Repubblica, il socialista François Mitterrand, amico di Bettino Craxi, nel 1985, alla vigilia delle elezioni, concede due nuove licenze a due emittenti televisive private: una di queste è La Cinq di Berlusconi. Ma alle elezioni del 1986 i socialisti sono sconfitti e torna al governo la destra di Jacques Chirac, che chiede la revisione delle due licenze televisive. Nel 1987 Berlusconi lascia l'emittente all'editore Robert Hersant.

In Germania apre Tele 5 nel 1988, che però nel 1991 entra in crisi e chiude i battenti l'anno seguente.

In Italia Berlusconi ha rapporti ben più solidi e duraturi con la politica e le sue tv si consolidano e crescono ininterrottamente per anni. Già nel 1984 Publitalia è leader di mercato, con il 30 per cento della raccolta pubblicitaria nazionale. Sipra, un tempo potentissima concessionaria del monopolista Rai, è ridotta al 20 per cento. Per un decennio la Fininvest continua a crescere a tassi altissimi in audience e raccolta pubblicitaria, in una situazione che viene chiamata di «Far West dell'etere», cioè senza alcuna regolazione: vale soltanto la legge del più forte. E il più forte è Berlusconi. Perché è il più bravo a fare una tv che piaccia alla gran massa degli spettatori. E perché ha conquistato i santi giusti nel paradiso della politica, pronti a difendere gli interessi della Fininvest.

La telefonata di Capodanno

La notte del 31 dicembre 1986, alle ore 20.52, Marcello Dell'Utri, il capo di Publitalia, telefona al numero 039.613868 di Arcore. Parla prima con Fedele Confalonieri, poi con Silvio Berlusconi. Mancano poche ore alla mezzanotte e a Villa San Martino è in corso una festa di Capodanno. Il bunga-bunga è lontano, ma Berlusconi dice subito a Marcello che sta per iniziare male l'anno, perché due ragazze di *Drive In*, notissimo programma televisivo di quegli anni sulle reti Fininvest, «hanno fatto il bidone» e uno degli ospiti della festa, Bettino Craxi, è indispettito, anzi, «fuori dalla grazia di Dio». Perché si sa: «Chi non scopa a Capodanno...».

Ma Marcello sembra interessato solo al lavoro. E sposta il dialogo sugli affari, sullo stilista Nicola Trussardi, sul politico Ciriaco De Mita, su Odeon Tv di Calisto Tanzi (il patron della Parmalat, sostenuto da De Mita). E sul Meter, l'apparecchio impiantato nelle case di un campione di italiani che in quegli anni rilevava i dati d'ascolto. Ne esce un impareggiabile spaccato dei profondi anni Ottanta. Questa telefonata, intercettata nel corso di lunghe indagini su Silvio Berlusconi condotte dalla Procura di Milano e chiuse nel 1991 con un'archiviazione, è diventata pubblica molti anni dopo, quando è stata depositata, insieme a tante altre, al processo palermitano nei confronti di Marcello Dell'Utri, imputato di concorso esterno in associazione mafiosa. Vale la pena di leggerne un brano.

Berlusconi: Iniziamo male, l'anno!
Dell'Utri: Perché male?
Berlusconi: Perché dovevano venire due di *Drive In* e ci hanno fatto il bidone! E anche Craxi è fuori dalla grazia di Dio!
Dell'Utri: Ah! Ma che te ne frega di *Drive In*?
Berlusconi: Che me ne frega? Poi finisce che non scopiamo più! Se non comincia così l'anno, non si scopa più!
Dell'Utri: Va bene, insomma, che vada a scopare in un altro posto!
Berlusconi: Senti, dice Fedele che devi sacrificarti.
Dell'Utri: Sì?
Berlusconi: Abbiamo qui [*incomprensibile per voci sovrapposte*] e devi venire qui!
Dell'Utri: No figurati!
Berlusconi: Peccato! Purché le tette siano tette! Truccate soprattutto bene le tette!
Dell'Utri: Benissimo! Senti, ti ho chiamato per farti tanti auguri.
Berlusconi: E io ti ringrazio moltissimo.
[...]
Berlusconi: [...] Senti un po' una cosa, senti un po' una cosa, sono molto angosciato per questa roba di Rete 4. Secondo me Trussardi ce la mette nel culo, e facciamo definitivamente la guerra con De Mita.
Dell'Utri: Sì, ma voglio dire, è una cosa che dobbiamo fare la pace, mi sembra assurdo che si trasformi in una guerra.
Berlusconi: Lo so, è per quello che io sono molto angosciato. Perché questo Tanzi è un furbo, in più stupido.
Dell'Utri: Sì, quindi pericoloso.

Berlusconi: Sì, quindi pericoloso, secondo me. Come andare a fare l'assalto alla diligenza con dei non professionisti. Ecco, per esempio, la cosa che mi sembra assurda è che lui possa tacere a uno come De Mita il fatto che la società resta a noi. Ma come fa, scusa? Perché lui esiste solo se c'è De Mita!

Dell'Utri: Esatto, sì!

Berlusconi: Come fa a non raccontare a De Mita questa roba qua?

Dell'Utri: Sì, sì. Questo è assurdo!

Berlusconi: Puoi pensare che lui non la racconti? Cioè non lo fai uno incosciente così!

[...]

Dell'Utri: Ma guarda, scusa, francamente che cosa c'è, io non l'ho saputo neppure! Perché se questa cosa la decide il palinsesto, che vanno già unificati, si presume che sia una decisione editoriale.

Berlusconi: Ma una decisione editoriale per niente! A me non mi passa nemmeno per le palle, di fare una cosa del genere, una cazzata del genere!

Dell'Utri: Scusa, tra l'altro poteva essere logica quando non c'era il Meter.

Berlusconi: Ma certo! Allora si risparmiava, per una sera!

Dell'Utri: Esatto, ma con il Meter è...

Berlusconi: Ma con il Meter, ma come fai a fare il palinsesto a reti unificate?

Dell'Utri: È assurdo!

Berlusconi: Prenderemo una di quelle sberle, stasera!

Dell'Utri: Per forza! Perché avremo l'ascolto di una rete e basta! Non avremo l'ascolto di tre reti! Quindi...

Berlusconi: Sì, sì, perché è una rete.

Dell'Utri: Quindi oggi varremo uno! Siamo in tre in campo, e giochiamo uno! Questa è la verità!

Berlusconi: Va bene!

Dell'Utri: Va bene, comunque dal punto di vista pubblicitario non perdiamo niente, ecco, questo è che ti volevo assicurare.

Berlusconi: Sì, comunque è una cosa allucinante.

Dell'Utri: Be', è sbagliato.

Berlusconi: Allucinante! Oggi mi sono fatto una giornata terribile, su questo aspetto qua, che stasera ci pigliamo venti punti di meno.
Dell'Utri: Sì, tranquillo.
Berlusconi: Per forza!
Dell'Utri: Comunque niente, passerà anche quest'anno, guarda. Tutto sommato, che l'anno prossimo sia come questo!
Berlusconi: Che sia come questo? Va bene, ciao Marcello!
Dell'Utri: La salute è la prima cosa, la tua! Prima viene la tua, poi viene la nostra e di tutti gli altri non ci interessa!
Berlusconi: Grazie, ciao Marcellino.
Dell'Utri: Un abbraccio, anche a Veronica. Ciao!
Berlusconi: Anche a te e tua moglie, ciao!

Arriva la legge (su misura)

Il Far West dell'etere va avanti fino all'agosto del 1990, quando finalmente arriva una legge di sistema sulla tv. È la legge Mammì. Ma questa si limita a fotografare e santificare la situazione di fatto, cioè sancisce il duopolio Rai-Fininvest, permettendo a Berlusconi di possedere ben tre reti (caso allora unico in Europa) e quindi impedendo la nascita di altri forti poli televisivi. Anche perché la Mammì non impone significativi tetti antitrust alla raccolta pubblicitaria e all'affollamento degli spot sulle reti private. Vieta, è vero, la proprietà incrociata di tv e quotidiani, ma questa norma viene aggirata da Berlusconi, che era diventato proprietario del «Giornale», cedendolo al fratello Paolo. Tutto in famiglia.

Nell'autunno del 1990 la Fininvest ottiene anche la concessione governativa per altri tre canali di tv a pagamento: le pay tv Tele+1, Tele+2 e Tele+3. Secondo quanto imposto dalla legge Mammì, Berlusconi dovrebbe controllarne solo il 10 per cento, ma in realtà, dalla documentazione raccolta dai magistrati milanesi, si evince che le Tele+ sono tutte controllate da Berlusconi attraverso prestanome e società lussemburghesi.

Tredici anni dopo, nel 2003, arriva il decreto-legge Gasparri: in nome della (futura) possibilità di moltiplicare i canali nel digitale terrestre (che ancora non c'era), la nuova legge conferma la posizione dominante di Berlusconi, elimina gran parte delle già blande barriere antitrust, gli permette di espandersi ancor più nel mercato dei media e della raccolta pubblicitaria. La legge Gasparri (convertita nei primi mesi del 2004) salva anche Rete 4: ma su questo torneremo.

Il Mundialito e il decreto Berlusconi

Nella ormai lunga e avventurosa storia delle tv berlusconiane, vale la pena di ricordare almeno tre delicati passaggi. Il primo è quello del Mundialito. Nel 1981, Canale 5 ottiene i diritti televisivi europei per il campionato mondiale tra le nazionali calcistiche vincitrici della Coppa Rimet che quell'anno si gioca a Montevideo. È la prima rottura del monopolio televisivo Rai: anche perché la rete ammiraglia di Berlusconi ha il permesso, in deroga alle leggi vigenti, di trasmettere le partite – per la prima volta – in diretta e su tutto il territorio nazionale. L'operazione Mundialito è stata condotta sotto la regia del capo della loggia massonica segreta P2, Licio Gelli, che aveva grandi interessi economici in Uruguay e ottimi rapporti con la giunta golpista al potere in quel paese.

Nel governo italiano che permette la svolta erano presenti: il ministro delle Poste e Telecomunicazioni Michele Di Giesi, socialdemocratico, che obbediva al suo segretario di partito Pietro Longo (tessera P2 numero 2223); il ministro di Grazia e Giustizia Adolfo Sarti (che aveva presentato domanda d'iscrizione alla P2, accolta all'unanimità nel giugno del 1978); e il ministro del Commercio con l'estero Enrico Manca (tessera P2 numero 2148, anche se una sentenza del giudice romano Filippo Verde nel 1985 stabilisce che Manca è estraneo alla loggia).

Il secondo passaggio è quello del cosiddetto «decreto Berlusconi». Il 16 ottobre 1984 le tre reti Fininvest sono oscurate per ordine dei pretori di Torino, Roma e Pescara perché trasmettono su tutto il territorio nazionale, dunque violano la sentenza della Corte costituzionale che obbliga le tv commerciali a trasmettere solo in ambito locale. Quattro giorni dopo, Bettino Craxi, grande amico di Berlusconi e allora presidente del Consiglio, impone agli alleati di governo di varare un decreto-legge che consente di riprendere le trasmissioni.

Il decreto, per non decadere, deve essere approvato entro sessanta giorni dai due rami del Parlamento. Il 28 novembre, invece, la Camera lo boccia. Craxi ne vara subito un altro che, tra proroghe e minacce di crisi di governo, permetterà a Berlusconi di continuare a trasmettere, al di fuori di ogni regola certa e uguale per tutti.

La pax televisiva

Il terzo passaggio è la «pax televisiva». È la fine della durissima competizione di mercato tra Rai e Fininvest, che per anni si sono fatte una concorrenza spietata strappandosi artisti e investendo molti soldi per comprare o realizzare programmi capaci di ottenere più ascolti di quelli del competitor. Tutto questo finisce quando alla presidenza della Rai arriva Enrico Manca, già ministro socialista ai tempi del Mundialito, che guida la televisione pubblica dal 1986 al 1992. Nel 2001, nel corso di un processo (quello per la vendita dell'azienda alimentare pubblica Sme, su cui torneremo), emerge che Manca, mentre era presidente della Rai, manteneva stretti rapporti con Cesare Previti, diventato uno dei più importanti avvocati di Berlusconi e della Fininvest. Tanto stretti, da contemplare non solo numerosi e amichevoli incontri tra i due nel salotto di casa Previti, ma anche la strana gestione di un tesoretto: sì, Previti, avvocato del «nemico», gestiva – come fosse un banchiere privato – il conto in Svizzera (in quegli anni illegale) del presidente della Rai.

Sul tesoretto di Manca, Previti (quasi sempre attraverso l'avvocato Attilio Pacifico) fa affluire 180 milioni di lire nel 1989, 163 milioni nel 1990, 600 milioni nel 1992, 70 milioni nel 1993. Soldi personali, denaro di famiglia, giura Manca, non regali della Fininvest.

Il conto in Svizzera Previti-Manca sarà chiuso in tutta fretta il 18 marzo 1996, sei giorni dopo l'arresto di Attilio Pacifico e del giudice Renato Squillante, accusati, insieme a Previti e al giudice Filippo Verde, di aver comprato e venduto sentenze a favore della Fininvest, come racconteremo più avanti.

Per capire meglio il rapporto tra Manca e Previti – e ancor più per illuminare la storia della televisione in Italia – vale la pena di leggere le parole di Manca, interrogato dal pubblico ministero Ilda Boccassini in uno dei processi Toghe sporche, quello relativo alla vicenda Sme.

È il processo in cui Silvio Berlusconi è accusato (insieme all'avvocato Cesare Previti e ai giudici di Roma Renato Squillante e Filippo Verde) di aver corrotto i giudici romani per ottenere un atteggiamento a lui favorevole nella vicenda delle trattative per la vendita ai privati della società pubblica Sme.

Manca viene interrogato nell'udienza del 28 maggio 2001, a Milano. Durante la testimonianza, il politico socialista parla anche di alcuni cocktail – «per soli uomini» – a casa Previti, in cui dirigenti di partito e manager di Stato discutevano di politica economica. Ed evoca l'ombra di una loggia massonica segreta, la P2.

Nessun giornale o telegiornale, comunque, ha dato notizia di questo interrogatorio, né il giorno dopo, né negli anni seguenti. Per questo vale la pena di raccontarne le tre scene principali, ascoltando le voci dei diretti protagonisti.

Scena prima: Previti banchiere

Dopo aver declinato le proprie generalità e aver compiuto il giuramento di rito, il teste Enrico Manca comincia a rispondere alle domande che gli vengono poste dal pm Ilda Boccassini.

Boccassini: Senta, Lei conosce Cesare Previti? E in caso positivo, quando l'ha conosciuto e che tipo di rapporto ha instaurato con Cesare Previti nel corso conosciuto degli anni?
Manca: Allora, conosco Cesare Previti, l'ho conosciuto a metà degli anni Settanta, nel '74, '75... Si è stabilito un rapporto amichevole, tra l'altro il padre di Previti era un commercialista e... praticamente mi ha dato assistenza legale... diciamo fiscale, insomma, per le pratiche mie e della mia famiglia nel corso degli anni. A un certo momento, verso la fine degli anni Settanta – nel '77, '78, non ricordo esattamente – insomma ho chiesto anche una assistenza particolare a Previti, nel senso che mia madre, timorosa della situazione economica, inflazione e così via, desiderò aprire, trasferire in Svizzera dei soldi che erano nella sua disponibilità. Io chiesi assistenza a Previti per questo, lui mi disse che lo avrebbe potuto fare. Consegnai questi soldi – se poi devo specificare vi specifico anche quanto: insomma, circa 400 milioni. [...] Si occupò lui di trasferirli e, diciamo, della gestione di questo conto in Svizzera, come è testimoniato dalla banca e come io ho consegnato la documentazione all'ufficio del pubblico ministero. Io non ho mai gestito, diciamo così, questo conto. E avvenivano... credo si chiamino delle compensazioni, cioè nel senso che io ogni tanto chiedevo a Previti di trasferirmi alcuni soldi in Italia, cosa che lui faceva. [...] Debbo anche precisare che nell'interrogatorio con il pubblico ministero, a domanda cosa ne ricordavo, ho fatto un migliore, diciamo così, ripercorso di memoria e ho potuto constatare che esattamente un mese dopo, nel giugno, ho acquistato per mia figlia una casa a via dei Serpenti per 130 milioni. E poi ho avuto delle spese di ristrutturazione, attorno ai 60 milioni, quindi penso che l'utilizzo sia stato quello. Poi ci sono stati altri tre bonifici nel corso dell'anno 1990 e, se la memoria non mi tradisce, uno è nel maggio, uno è nel luglio e l'altro è nell'ottobre – o ottobre o dicembre, insomma – per complessivi, nel corso dell'anno, 163 milioni. Anche qua, a domanda del pubblico ministero, ho detto di non ricordare, essendo passati molti anni. Andando a rivedere le carte (che tra l'altro posso anche avere e così via) sono stati utilizzati – almeno in parte, naturalmente, perché non è che posso... non ho

il timbretto sui soldi insomma – per la ristrutturazione di una casa in Toscana, a Capalbio, che ho da moltissimi anni. L'ultimo bonifico, il quinto avvenuto tramite questo giro che poi ho verificato solo successivamente, è del '93 e sono 70 milioni: ricostruendo, in parte sono andati per un allargamento sempre della casa di Capalbio, in parte sono andati a coprire delle spese perché avevo intanto fondato una rivista, «Pol-Is Politica e Istituzioni», che appunto aveva bisogno di un qualche sostegno. Questi diciamo sono i bonifici che ho ricevuto, poi non ho mai più dato – tranne i primi di mia madre di fine '77 – non ho più trasferito tramite Previti soldi in questo conto, tranne che nel 1992. Nel 1992, a seguito della vendita di una casa avuta in eredità da mia madre nell'ottobre del '91 (e la documentazione è presentata all'ufficio del pubblico ministero), ho venduto questa casa per 830 milioni, di questi mi pare circa 600, 700 – adesso non ricordo esattamente – li ho trasferiti nel '92, nel maggio del '92, nel conto in Svizzera tramite Previti. [...] Anche là, poi, guardando sempre i conti che ho avuto dalla banca, ho visto che questi soldi che io ho consegnato, non mi ricordo se in una o due volte direttamente a Previti, poi hanno girato: una parte tramite il conto di Previti sono arrivati sul mio conto, e una parte, cinquanta e cinquanta, attraverso dei clienti di Previti di cui non conosco il nome, che sono andati nel conto. Altre, diciamo così, operazioni, non ci sono state, se non solo queste due volte, una volta nel '77, '78, una volta nel '92, e quindi a distanza di molti anni. [...]
Boccassini: Non ha interesse la pubblica accusa. Se poi la difesa intenderà chiederlo, Lei ovviamente dovrà rispondere.
Manca: Va bene, e sono stati appunto versati tenendo conto... c'è una motivazione politica, perché nell'89 si aprì un forte dissenso, il secondo forte dissenso fra il segretario del Partito socialista Craxi e me – il primo dissenso avvenne nel '79 in quello che nella storia politica è importante, non sicuramente in quest'aula, il congresso di Torino del '79, in cui ci fu lo scontro fra me e Craxi, e vinse Craxi, come è noto, e... – poi nell'89, scusate, caduto il muro di Berlino, io pensavo che fosse utile per il Partito socialista interrompere la collaborazione con il pentapartito e avviare un processo di tipo mitter-

randiano in Italia, quindi ricostruire una unità a sinistra sotto la leadership socialista, visto che la storia aveva dato largamente ragione alle posizioni socialiste. Su questo ci fu un dissidio forte, testimoniato dai libri, diciamo... di storia o se volete di cronaca: io fui l'unico membro della direzione del partito a votare contro la riedizione del governo con l'onorevole Andreotti, e si aprì una fase di tensione. Io... una fase di tensione che ebbe anche ripercussioni nel collegio elettorale... allora ero stato eletto senatore, nell'87...
Boccassini: La fermo perché queste cose non interessano al processo né in un'aula di giustizia.
Manca: Sì, sì, benissimo.
Boccassini: Lei quindi ha detto che vi erano delle rimesse che tornavano in Italia, arrivava quindi contante?
Manca: Sì.
Boccassini: Da chi le veniva consegnato e dove?
Manca: Mi veniva consegnato da Previti.
Boccassini: Personalmente da Cesare Previti?
Manca: Personalmente, sì.
Boccassini: Nel suo studio?
Manca: Nel suo studio.
Boccassini: Nel suo studio: quindi lei era preavvertito, andava da Previti e raccoglieva questi contanti. Questo valeva anche per l'inverso? Cioè quando lei ha dovuto trasferire dei fondi in Svizzera?
Manca: Due volte è avvenuto.
Boccassini: Sì.
Manca: Una volta nel...
Boccassini: Sì, le due volte...
Manca: Quelle due volte, sì...
Boccassini: Lei ha consegnato denaro contante...
Manca: ... direttamente a Previti.
Boccassini: A Previti, e poi lei se li è trovati, senta... quindi nella gestione di questo conto in Svizzera era delegato esclusivamente a operare Cesare Previti?
Manca: Assolutamente, come testimoniato dalla lettera della banca di cui lei è in possesso. Io non ho mai gestito... ho gestito nel senso

> che sono andato nel '94 per la prima volta presso la banca e ho deciso, ho guardato come era la situazione, ho visto che c'era una società che si chiamava Coraltec, ho deciso di chiudere questa società e di trasferire quello che rimaneva in un conto personale, al fine di assicurare anche una trasparenza assoluta. Perché ho fatto questo nel '94? L'ho fatto perché Previti era stato eletto deputato di Forza Italia e ministro della Difesa e mi sembrava che la sua attività prevalente fosse quella politica, non più quella – diciamo così – legale. E quindi mi sembrava giusto, per tanti motivi, separare, diciamo, questa gestione. Ho definitivamente chiuso il conto presso la banca nel '96, diciamo per queste stesse ragioni, accentuate dal fatto che nel '96 erano emerse le questioni giudiziarie di cui ora vi state occupando e quindi ritenevo utile, giusto, necessario uscire anche da quella banca per non – come dire... – creare un collegamento che comunque non aveva rapporto con le vicende, ma insomma...

Dunque Enrico Manca, politico e parlamentare della sinistra, trasferisce, come racconta egli stesso, i suoi soldi all'estero, quando questo era reato. Per farlo, li affida a un noto avvocato romano di destra, Cesare Previti, che, a quanto apprendiamo, fa il banchiere privato, il gestore di capitali, il manovratore di soldi riservati in canali (allora) illegali.

Quali soldi sposta all'estero, il compagno Manca? Risparmi della madre, spiega il teste, soldi provenienti dalla vendita di una casa romana. Mica soldi di Berlusconi. Previti? Era solo una specie di spallone, di gestore finanziario. Poiché però Enrico Manca dal 1986 al 1992 è presidente della Rai, si è venuta a creare la seguente situazione: Cesare Previti, l'avvocato della Fininvest – che è stata addirittura fondata nel suo studio romano – ha acceso e gestito per anni un tesoretto in Svizzera al presidente della Rai. Proprio in anni in cui la Rai, dopo una dura competizione di mercato con le reti di Berlusconi, decide di abbassare il livello dello scontro e di ammorbidire la concorrenza con la Fininvest. La tv pubblica (vale a dire, dei partiti) firma una sorta di armistizio con la concorrente tv privata di Berlusconi, istituzionalizzando il duopolio Rai-Fininvest e ponendo le basi per il varo di una legge sulla tv – pessima per il mercato che resta chiuso, ma ottima per Berlusconi – e cioè la legge Mammì.

Il conto Previti-Manca è stato chiuso soltanto il 18 marzo 1996, quando era già esploso lo scandalo delle «toghe sporche» e Previti era stato messo sotto accusa dalla Procura di Milano, che aveva fatto arrestare anche il giudice Renato Squillante e l'avvocato Attilio Pacifico.

Scena seconda: politica economica a casa Previti

Il pubblico ministero Ilda Boccassini continua a porre domande al teste Enrico Manca sugli incontri avuti a casa Previti con alti papaveri della politica e dell'industria di Stato. E insiste su qualche sua contraddizione, su qualche dimenticanza (è passato tanto tempo...). Perché, per esempio, ricorrere a un prestanome (il signor Marco Iannilli) per aprire conti e cassette di sicurezza in una banca? A che titolo ricevere assegni dall'avvocato della Fininvest Cesare Previti? Assegni o contanti?

Boccassini: Senta, lei conosce Giorgio Casoli?
Manca: Certo.
Boccassini: Che tipo di rapporto avevate o avete?
Manca: Allora, Giorgio Casoli l'ho conosciuto nel 1980, quando lo eleggemmo sindaco di Perugia. E, come dire, ho avuto con lui rapporti politici e anche personali, in una fase migliori, in un'altra fase più tesi. Se vuole, vado avanti a precisare e approfondire, come vuole lei...
Boccassini: No, non è interessante [...]. Senta, lei frequentava anche casa Previti?
Manca: Sì, certo.
Boccassini: Quale indirizzo?
Manca: Allora, casa... Previti ha avuto casa fino... adesso mi pare grosso modo all'87, fine 1987, a via Cicerone e poi si è trasferito a piazza Farnese. Io ho frequentato sia via Cicerone che piazza Farnese.

Boccassini: Ma cosa erano: ricevimenti, cene, colazioni, aperitivi, cocktail?
Manca: Allora, distinguiamo: io ricordo... lo ricordo perché in qualche misura sono stato io promotore di due cocktail, prima che diventassi presidente della Rai, perché ero allora responsabile per la politica economica del Partito socialista, e Previti era vicepresidente della Alenia, Alenia Spazio, e io... siccome lui aveva questa casa grande e così via, allora gli dissi se si potevano là organizzare dei cocktail per – tra l'altro per soli uomini – diciamo così, per impostare delle relazioni, insomma, e in generale erano imprenditori pubblici o privati, insomma, non so... Mi ricordo il presidente di Finmeccanica Viezzoli, mi pare Fabiani [Fabiano Fabiani, giornalista, consigliere di amministrazione Rai, manager di Finmeccanica; *nda*]... Poi c'era... alcuni miei amici tipo l'avvocato Lemme, Giannotta, che purtroppo è morto, che era il presidente dell'Italtel, alcuni parlamentari come Andò, La Ganga, De Michelis... Insomma ce ne sono stati due, quello me lo ricordo, due di questo tipo. Poi invece ci sono stati non più... che io mi ricordi, almeno con me... ricevimenti nel senso di molta gente, ci sono state delle cene o pranzi a casa Previti con... o persone di famiglia o alcune volte con Confalonieri, lo stesso Berlusconi un paio di volte o di più. Grosso modo, insomma, questo è quello che ricordo io.
Boccassini: Lei ha incontrato anche magistrati in queste occasioni a casa Previti?
Manca: Guardi, io non ricordo di avere incontrato magistrati e comunque, diciamo così, nulla che abbia potuto focalizzare la mia attenzione, insomma. Poi naturalmente non escludo che qualcuno ci sarà potuto essere qualche volta, ma insomma non...
Boccassini: Lei Renato Squillante lo conosceva?
Manca: Renato Squillante lo conoscevo, lo conosco, è... ha frequentato gli ambienti socialisti, quindi l'ho conosciuto. Non c'è stata una frequentazione né un rapporto stretto, però l'ho conosciuto. [...]
Boccassini: Senta, il denaro che le veniva consegnato da Previti, erano banconote fascettate, o appena uscite dalla banca, o malmesse? Lei ricorda l'importo: 100.000 lire, 50.000 lire, 10.000 lire?

Manca: Questo francamente...
Boccassini: Non se lo ricorda.
Manca: Mi chiede una cosa che non ricordo.
Boccassini: Senta, lei ha mai conosciuto Marco Iannilli?
Manca: Sì, Marco Iannilli era un collaboratore – era o è, non lo so bene – un collaboratore dello studio Previti e a un certo momento (non so bene collocare la data, ma è sicuramente negli anni... nella seconda metà degli anni Ottanta), insomma, una volta, cioè, Previti mi disse: «Guarda, se vuoi per, come dire, facilitarti un po' le cose, anche per una certa riservatezza», siccome c'era la Banca nazionale del lavoro che aveva la sede proprio a via Del Corso accanto alla sede del partito, «ti faccio aprire da un mio collaboratore», che poi ho visto che era Marco Iannilli, «una cassetta di sicurezza e tu hai le chiavi e, quindi, diciamo la puoi utilizzare». Cosa che è avvenuta, francamente questa cassetta non l'ho quasi mai utilizzata.
Boccassini: Fra i documenti che sono anche in vostro possesso, presidente, leggo febbraio 1987.
Manca: Eh...
Boccassini: E risulta anche che la cassetta è stata aperta, cioè è stata utilizzata.
Manca: Sì, poco...
Boccassini: È un dato documentale, voglio dire, da qua non si prescinde.
Manca: Certo, certo...
Boccassini: Senta, siamo nell'87, se non ricordo male lei è già presidente della Rai...
Manca: Sì.
Boccassini: Quindi ricopre una carica istituzionale. Sì, ma vorrei che lei spiegasse meglio, perché francamente mi sfugge, per quale motivo lei ha dovuto servirsi, utilizzare un prestanome, un'altra persona, per aprire una banalissima cassetta di sicurezza, avendo lei dei conti correnti accesi su vari istituti di credito... È vero che lei aveva conti correnti in quel periodo?
Manca: Certo, certo...
Boccassini: Allora come mai ha utilizzato una terza persona?

Manca: Allora avevo dei conti correnti anche alla Banca nazionale del lavoro.
Boccassini: Ecco, a maggior ragione: perché ha utilizzato un prestanome?
Manca: Ma, guardi, nessun... credo un motivo più che altro di... come dire, di riservatezza, di...
Boccassini: Ma la banca è di per sé riservata, perché...
Manca: Be', sa...
Boccassini: ... a meno che la magistratura non chieda, le banche sono di per sé istituti basati sul segreto bancario, quindi nessuno può...
Manca: Sì, no, ma più che altro...
Boccassini: Cioè non capisco questo tipo di riservatezza.
Manca: Ma sa, più che altro il problema probabilmente era anche legato a scendere, andare, fare... Guardi, francamente non c'è stato nessun motivo particolare, è una cosa che non... come dire, cioè, non ho dato particolare rilievo alla cosa, insomma, ecco.
Boccassini: Presidente, se lei mi consente, io mostrerei degli assegni bancari che voi già avete e che sono stati ovviamente prelevati dai conti correnti di Cesare Previti, intestati all'onorevole Manca [...]. Sono assegni che abbiamo trovato noi, dell'importo di 50, 40 milioni per l'onorevole Manca, a firma Cesare Previti, a lei girati. Si tratta delle compensazioni?
Manca: Immagino di sì, sono del 1989...
Boccassini: Ma lei non ha detto che riceveva denaro contante?
Manca: Eh, sì, eh... È l'89, sono dieci e più anni fa, sa, adesso... può essere benissimo...
Boccassini: O è altro denaro che lei in qualche modo riceveva da Cesare Previti?
Manca: No, io da Cesare Previti non ho ricevuto altro denaro che non fosse quello delle compensazioni.
Boccassini: Quindi lei non se lo ricorda?
Manca: Ma penso sicuramente che siano quelli.
Boccassini: Ma lei ha detto che i soldi le venivano consegnati sempre a mano.
Manca: E infatti così ricordo. [...] Guardi, non... non mi ricordo adesso questo, credo che...

Boccassini: Può leggere gli importi, per favore?
Manca: Sì, 40 milioni...
Boccassini: Data?
Manca: 19 ottobre 1989.
Boccassini: Poi? Vada avanti.
Manca: Poi 20 milioni, 31 dicembre 1989; 20 milioni, 22 gennaio 1990; 28 milioni e 500.000, il 21 dicembre del 1990.
Boccassini: Quindi, insomma, non è in grado di dettagliarci meglio l'origine di questi assegni?
Manca: Dieci anni fa, non... può esserci stato qualche motivo che qui non mi ricordo, non lo so, un prestito, una cosa, non lo so... non ho... Credo che siano quelli della compensazione, che probabilmente una parte saranno stati in contanti, adesso... non è così, forse una parte sarà stato... d'altra parte, voglio dire, sono cifre che...

La politica economica, dunque, si faceva a casa Previti: Enrico Manca, il responsabile della politica economica del Partito socialista, nonché per alcuni anni ministro, forse a corto di adeguate sedi istituzionali, aveva chiesto all'attivissimo e utile avvocato della Fininvest non solo di attivare un tesoretto in Svizzera e di indicare un prestanome per aprire una cassetta di sicurezza nella banca sotto casa, ma anche di mettere a disposizione la sua bella dimora romana («Hai una casa, possiamo invitare un po' di persone...»).

Così i boiardi di Stato potevano tranquillamente incontrarsi e discutere con Gianni De Michelis, Giusi La Ganga, Salvo Andò, Enrico Manca... Se fosse rimasta una registrazione di quelle conversazioni, se ne potrebbe ricavare un saggio sulla politica italiana e l'economia pubblica degli anni Ottanta, o forse anche uno splendido romanzo.

Scena terza: la P2

Un avvocato del collegio difensivo, Giorgio Perroni, pone poi altre domande al teste: emerge così dalla nebbia della storia una vecchia vicenda dimenticata, quella degli elenchi della loggia massonica segreta P2. Sul club guidato da Licio Gelli torna infine, al termine dell'interrogatorio della difesa, anche il pubblico ministero Boccassini.

Perroni: Ecco, io vorrei tornare invece un attimo sui rapporti con il senatore Giorgio Casoli che lei aveva accennato. Ce li può cortesemente dettagliare? [...].
Manca: Allora, ripercorrendo... Nell'80 Casoli viene eletto sindaco di Perugia e quindi io naturalmente lo conosco bene anche perché sostengo quella candidatura essendo io il... diciamo, il leader del Partito socialista e avendolo portato, il Partito socialista, a sindaco di Perugia nell'alleanza di sinistra in Umbria. Poi ho rapporti diciamo amichevoli con lui, nel... chiedo anche a lui un... di capire come mai, essendo notoriamente lui – del resto lo proclama apertamente, quindi non... non rivelo nulla di particolare – un esponente della massoneria, ed essendomi trovato io, diciamo così, coinvolto senza alcuna motivazione (come poi è stato ampiamente dimostrato) negli elenchi della P2, ho chiesto a Casoli di cercare di capire, di informarsi. Cosa che lui fece, e mi disse che aveva parlato con un esponente della massoneria, che era l'avvocato Massimo Della Campa, e che questi gli aveva confermato che in effetti il mio nominativo era inserito, ma non c'era nessun riscontro di nessun tipo, cosa che poi, diciamo così, si è verificata nei dati documentali. Gli ho presentato Previti, gli ho presentato Previti perché, anche proprio in rapporto a questa vicenda... perché io avevo affidato a Massimo Severo Giannini un'azione penale e un'azione civile e poi un'azione penale per l'accertamento della verità. Quindi si conoscono Casoli e Previti, in parte abbiamo avuto rapporti comuni, in parte poi loro sono rimasti amici, diciamo, per conto loro. [...]
Boccassini: Una domanda. Senta Manca, prima, accennando all'episodio liste P2 – dove lei comunque mi sembra che era... il suo nome negli elenchi – ha accennato a delle... a una presa di posizione insieme a Previti e poi di cause. Lei ha avuto anche cause penali?
Manca: Io ho avuto una causa, ho fatto una causa penale, anzi due: una alla Pretura unificata di Perugia, poi un'altra al Tribunale di

Spoleto, che però poi si è conclusa perché colui il quale aveva scritto l'articolo ha ritirato...
Boccassini: Ah, sì...
Manca: ... la cosa, poi ho avuto una causa civile al Tribunale di Roma...
Boccassini: Chi era il relatore o il presidente? Si ricorda chi erano i magistrati che si sono occupati di questa sua causa civile?
Manca: Sì, mi ricordo, perché ho letto la sentenza che era... mi ricordo il presidente, che era Verde.
Boccassini: Chi scusi?
Manca: Verde.
Boccassini: Filippo Verde?
Manca: Filippo Verde.
Boccassini: E lei lo conosceva?
Manca: No, io Filippo Verde l'ho conosciuto quando è diventato capo di gabinetto di Vassalli, l'avrò incontrato due, tre volte, là, al ministero.
Boccassini: Non ho altre domande.

Il nome di Berlusconi era nelle liste della P2, scoperte nel marzo del 1981 dai giudici istruttori di Milano Giuliano Turone e Gherardo Colombo. Tra i nomi c'era anche quello di Enrico Manca, che era uno dei tre ministri che comparivano negli elenchi, insieme a tanti altri politici, militari, funzionari dello Stato, professionisti. La loggia di Licio Gelli, nel periodo 1978-1980, era stata molto attiva nel settore dei media. Aveva di fatto acquisito il controllo del maggior gruppo editoriale del paese, la Rizzoli-Corriere della Sera. Poi aveva sferrato un attacco al monopolio televisivo della Rai. Nel 1980 aveva portato a termine con successo, come abbiamo visto, l'operazione Mundialito.

Manca (tessera P2 numero 2148) combatté una sua battaglia per dimostrare di non essere iscritto alla loggia. Intentò alcune cause per diffamazione. Nel 1985 riuscì finalmente ad avere piena soddisfazione da una sentenza: è estraneo alla P2. Suo avvocato in quella causa fu Cesare Previti, testimone determinante fu Maurizio Costanzo (tessera P2 numero 1819), il giudice che emise la sentenza fu Filippo Verde. Poi Verde, che stilò la sentenza favorevole a Manca, finì imputato insieme a Previti, il gestore del tesoretto svizzero di Manca, nel processo Toghe sporche, insieme a Silvio Berlusconi.

Il processo Sme, dopo sette altalenanti sentenze, si concluse, come vedremo, con la dichiarazione che non ci sono prove che la sentenza fosse stata comprata da Berlusconi e Previti. È dimostrato però che il giudice Renato Squillante fosse una «toga sporca», a libro paga della Fininvest, remunerato con soldi Fininvest dagli avvocati Fininvest Cesare Previti e Attilio Pacifico, che hanno dunque commesso il reato di corruzione in atti giudiziari, nel frattempo però prescritto. Il padrone della Fininvest, Berlusconi, è stato assolto: Previti e Pacifico hanno fatto, dunque, tutto di testa loro. Con i soldi di un Silvio evidentemente distratto.

Il Milan vince tutto

Non solo tv. Berlusconi vuole anche una squadra di calcio, la grande passione degli italiani. Una leggenda mai provata racconta che da ragazzo fosse interista. Ma, dopo essere diventato un imprenditore di successo, è il Milan che riuscirà a comprare. Si è così identificato con la squadra rossonera. Con lui al comando, il Milan, prima di diventare misteriosamente cinese e poi americano, ha vinto tutto. Cinque Coppe dei campioni/Champions League, cinque Supercoppe europee, due Coppe intercontinentali, una Coppa del mondo per club Fifa, oltre a otto scudetti, una Coppa Italia e sei Supercoppe italiane.

Di certo, dunque, Berlusconi ha fatto benissimo al Milan. Ma c'è anche un altro punto di vista, quello che il giornalista Massimo Fini racconta come l'inizio della fine del calcio italiano, provocato dalla maniera con cui Berlusconi ha gestito la squadra. «Il calcio europeo, e quello italiano in particolare, ha imboccato decisamente la strada dello show-business di tipo americano. È una via che lo porterà all'estinzione» scrive Fini già nel 1997.

Berlusconi, uomo nefasto ovunque metta lo zampino, una specie di Mida alla rovescia, ha dato una grossa spinta a questa razionalizzazione estrema del calcio nel senso dello show-business e della rappresentanza di motivi e di interessi che col calcio non hanno nulla a che vedere. È stato Berlusconi a dire: «Il Milan vince perché adotta la filosofia Fininvest». Da anni il Milan non è più una squadra di calcio di Milano, ma il settore pubblicitario trainante della Fininvest. Se lo cercate sull'elenco telefonico non lo trovate sotto Milan ma alla voce Fininvest (o Mediaset).

Continua Fini:

Il Cavaliere ha completato l'inquinamento mischiando calcio e politica, per cui uno non sa più se sta tifando per il Milan o per le fortune parlamentari dell'onorevole Berlusconi. Naturalmente molte altre società hanno seguito a ruota. Ma quando il tifoso si renderà conto che in campo non ci sono più il Milan, la Juve, il Parma, la Roma, la Lazio ma Mediaset, la Fiat, la Parmalat, la Cirio e i loro interessi aziendali, economici e financo politici smetterà di andare allo stadio. Il calcio si avvia a diventare uno spettacolo puramente televisivo, deprivato di tutti i suoi elementi rituali, simbolici, sentimentali, irrazionali. Continuerà ancora per un po', proprio in virtù dell'apporto della tivù, a essere un gigantesco business. Ma poi, spogliato dall'apporto del tifoso, sostituito da un telespettatore indifferenziato (donne persino), finirà per confondersi con una qualsiasi *Domenica in*. A questo punto gli apprendisti stregoni avranno ucciso la gallina dalle uova d'oro. Per intanto il calcio ha già perso la sua fondamentale funzione sociale di sport nazional-popolare, unificante, interclassista, che vedeva insieme allo stadio, gomito a gomito, l'imprenditore e il suo operaio, il borghese e il proletario. Al contrario oggi il calcio, fra politica degli abbonamenti, prezzi altissimi, confinamento del tifoso povero nelle «fosse» dietro le porte e sua degradazione a teppista, partite decrittate e pay per view, è diventato uno strumento di discriminazione classista.

All'Arena in elicottero

Berlusconi inaugurò la sua gestione del Milan, nell'estate del 1986, con una spettacolare presentazione della squadra all'Arena di Milano, dove arrivò in elicottero. «Con contorno di vallette, letterine, cantanti alla moda, saltimbanchi. Mancava la puttanona scosciata in groppa all'elefante e saremmo stati in pieno Super Bowl» annota Fini in una lettera indirizzata a «Libero» nel gennaio del 2001. Dopo pochi mesi da presidente, Berlusconi dichiara: «Non capisco perché a San Siro debbano venire anche i tifosi delle altre squadre togliendo il posto ai nostri».

«Qui c'è già tutto Berlusconi» commenta Fini. «Un bambino goloso che vuole giocare solo lui con la palla. Gli avversari, se ci sono, devono essere di pura parata a sua maggior gloria, se fanno il loro mestiere "remano contro". Un prepotente patologico. Del resto bastava vederlo giocare, come è capitato a me, sul campetto dei Salesiani di via Copernico a Milano: era alto come il nano Bagonghi, ma pretendeva di fare il centravanti e non passava mai la palla. Anche qui c'è tutto Berlusconi. Quando il Cavaliere afferma: "Bisogna fare gioco di squadra", in realtà vuol dire che si deve giocare per lui. E chi non ci sta finisce fuori».

All'inizio degli anni Novanta scoppia il «caso Lentini»: Gianluigi Lentini è il giovane asso del Torino che Berlusconi vuole al Milan a tutti i costi. Avanza un'offerta di 40 miliardi di lire. Il giocatore lo gela: dichiara pubblicamente che i soldi non sono tutto, che ci sono anche altri valori, sentimentali, affettivi, emotivi; che lui è nato a Torino, gioca nella squadra della sua città dall'età di otto anni e non vuole cambiare maglia. Berlusconi non sopporta che qualcuno gli dica di no. Rilancia a 64 miliardi e il giocatore, figlio di operai, alla fine cede. Silvio ha dimostrato al ragazzo, e a tutto il mondo del calcio, che nella vita i soldi sono tutto eccome.

Il destino si è poi incaricato di prendersi una rivincita, anzi due. Per le procedure poco ortodosse della cessione, Berlusconi viene rinviato a giudizio e mandato a processo: ha pagato in nero al

Torino una decina di miliardi. A salvarlo arriva la prescrizione, aiutata dal cambiamento della legge sul falso in bilancio che Silvio si fa confezionare su misura quando è al governo. Ma Lentini, al Milan, non ingrana. Non riesce a inserirsi nel nuovo ambiente. Si aggiunge uno stupido incidente d'auto che lo mette fuori gioco. La forzatura di Berlusconi e il pacco di miliardi pagati risultano, alla fine, inutili.

In quegli anni, Berlusconi compra giocatori dappertutto, anche sapendo che non può farli giocare. Li vuole comunque togliere alle altre squadre. Così il nazionale Nando De Napoli in due stagioni gioca sette minuti; e Dejan Savićević, che allora era forse il miglior giocatore del mondo dopo Maradona, rimane due anni a palleggiare nel parco di Arcore.

«È un uomo che non sa perdere» sentenzia ancora Fini, che porta come prova la notte di Marsiglia. Il 20 marzo 1991 nella città francese si stava disputando contro l'Olympique Marsiglia il ritorno del quarto di finale di Coppa dei campioni. Il Milan gioca male, la partita è quasi finita e sta perdendo per 1 a 0. Si spegne uno dei riflettori dello stadio. La squadra lascia il campo e non vuole riprendere il gioco neppure dopo che l'illuminazione è stata quasi del tutto ripristinata. In tribuna il commissario tecnico della Francia, Michel Platini, commenta: «Milan, che vergogna».

I tifosi milanisti, comunque, sono grati a Berlusconi perché li ha fatti vincere e sognare. Fini, tifoso del Torino, sostiene invece che Berlusconi si è servito del Milan come grande strumento pubblicitario per le sue aziende, per la sua immagine e poi per la sua carriera politica. Per qualche anno ha vinto moltissimo. Poi ha imboccato il declino, fino a una vendita della squadra che sembra una comica finale, con personaggi che arrivano dall'Oriente e poi scompaiono (come Mr. Bee), promettono soldi che poi non hanno (come Li Yonghong). E che accettano di pagare un prezzo spropositato (740 milioni di euro) per una squadra che da anni gioca campionati deludenti e non ha più giocatori di gran pregio.

Il cinese strano strano

Sulla vendita del Milan, ha voluto vederci chiaro anche la Procura di Milano. Mettendo sotto inchiesta il cinese Li Yonghong, uomo d'affari assai misterioso, che dopo l'uscita di scena del primo aspirante compratore, il thailandese Bee Taechaubol, ha acquisito la squadra di calcio dalla Fininvest, ma senza avere i soldi per pagarla: versa oltre 600 milioni, ma poi perde tutto perché non riesce a trovarne altri 32. Così i soldi girano, estero su estero, e il Milan diventa «americano»: del fondo Elliott, che ci mette i soldi che il cinese non trova. Ma presidente e amministratore delegato del Milan diventa il più berlusconiano dei manager italiani, Paolo Scaroni.

Li, imprenditore-ologramma, viene iscritto nel registro degli indagati per falso in bilancio e false comunicazioni sociali. La guardia di finanza va ad acquisire documenti – bilanci, comunicazioni societarie, contratti – dagli intermediari finanziari dell'operazione: Lazard, Rothschild, Deloitte, Ernst&Young. Tre documenti sono cruciali: una sentenza di fallimento, una nota integrativa del bilancio 2016 del Milan e un comunicato societario del 2018.

La sentenza di fallimento è quella di Jie Ande, la società cassaforte dell'uomo d'affari cinese, di cui una banca di Canton ha chiesto la liquidazione per bancarotta, senza che Li lo segnalasse. La nota integrativa al bilancio del Milan e il comunicato del 2018 sono i due documenti che configurano – almeno secondo i magistrati dell'accusa – il reato di false comunicazioni sociali. Il venditore, cioè Berlusconi, non è indagato. L'ipotesi che si sia servito dell'ologramma cinese per manovrare milioni all'estero resta soltanto un'illazione più volte ipotizzata, ma priva di riscontri. Che Li abbia però condotto l'affare in modo opaco è ormai una convinzione del procuratore aggiunto Fabio De Pasquale, che ha esaminato i comunicati in cui l'imprenditore, finito in bancarotta, ha più volte affermato invece di poter far fronte ai pesanti impegni finanziari che aveva contratto, comprando il Milan alla cifra stratosferica di 740 milioni di euro.

Di certo, la cessione del Milan da parte di Berlusconi è l'operazione finanziaria più fumosa e contorta degli ultimi anni. Prima arriva Mr. Bee. Poi negli ultimi mesi del 2017 arrivano sulla scrivania di Fabio De Pasquale le «sos», ovvero le segnalazioni di operazioni sospette, sulle stravaganti e fantasmagoriche transazioni internazionali con cui il Milan usciva dalle proprietà di Silvio Berlusconi per entrare nel portafoglio di un uomo d'affari cinese sconosciuto anche in Cina. Le sos sono i rapporti che banche, intermediari finanziari, operatori e professionisti sono obbligati a consegnare alla Uif, l'Unità di informazione finanziaria per l'Italia, quando vedono passare sotto i loro occhi operazioni non chiare. La Uif poi le trasmette alla guardia di finanza e alle Procure della Repubblica.

Tutto comincia nell'agosto del 2016, quando Yonghong Li versa alla Fininvest 100 milioni di euro, una prima caparra della cifra di 740 milioni, prezzo dichiarato per l'acquisto di una squadra che pure appariva in affanno e che negli ultimi campionati non aveva proprio brillato. I 100 milioni provengono dalla Sino Europe Sports, una società nata solo un paio di mesi prima, il 26 maggio 2016. A fine anno una seconda rata, altri 100 milioni, poi la chiusura dell'affare slitta di mese in mese perché non arrivano altri soldi. L'affare sembra sfumare.

Ma ecco che nell'aprile del 2017 entra in scena il fondo Elliott che presta oltre 320 milioni, finanziamento a diciotto mesi, interessi dell'11,5 per cento: 120 milioni al Milan, 200 a una società del Lussemburgo. Si chiude finalmente la vendita, con un giro di società estere, come nelle migliori tradizioni berlusconiane: il Milan risulta controllato da una lussemburghese controllata da un'altra lussemburghese controllata da una società di Hong Kong controllata da una holding delle Isole Vergini Britanniche.

Poi Li non riesce a onorare gli impegni contratti con il prestito ed Elliott si prende il Milan, pagandolo di fatto 320 milioni (cifra assai più ragionevole dei 740 promessi dal cinese). Per qualche tempo, sono due finanzieri napoletani, Salvatore Cerchione e Gianluca D'Avanzo, ad apparire come i padroni del Milan. Detengono il 50 per cento della società Blue Skye che detiene il 50,01 per cento della lussemburghese Project Redblack Sarl, che per il restante 49,99 per cento è in mano a Paul Elliott Singer. Poiché la Redblack controlla il Milan, i «padroni» della squadra risultano essere i due partenopei, insieme al magnate statunitense padre del fondo Elliott. Dal 3 dicembre 2020 Cerchione e D'Avanzo spariscono però dal registro ufficiale delle società lussemburghesi, secondo cui *bénéficiaire effectif* (titolare effettivo) della società resta il solo Singer: perché la Blue Skye ha sì la maggioranza, ma di azioni di classe B (4,27 per cento) e C (45,74 per cento). Quelle di classe A sono tutte di Singer, che ha il potere di nominare due dei tre membri del consiglio d'amministrazione e quindi ha il controllo. La vicenda è come al solito arzigogolata. Rimane, a monte, un mistero: da dove vengono i milioni pagati dalle strane società di Li? Restano l'oggetto misterioso di questa complicata storia di soldi e di sport.

Nell'agosto del 2022, il Milan passa da Elliott a RedBird, società rappresentata da Gerry Cardinale. Ma, secondo indiscrezioni mai confermate né smentite, è Elliott ad aver prestato a RedBird i soldi (600 milioni di euro) per comprarselo. E per questo è sempre Elliott ad aver in pegno, dentro una cassaforte lussemburghese, il 99 per cento del Milan. Le società cambiano, i soldi girano, un solo nome resta fisso: il presidente Paolo Scaroni, berlusconiano doc. Impegnato intanto in un'operazione immobiliare che, questa sì, porterebbe valore al Milan: costruire un nuovo stadio a San Siro, al posto del vecchio, glorioso Meazza, «la Scala del calcio»; facendo scattare la legge italiana sugli stadi che permette di finanziare un impianto nuovo costruendoci attorno grattacieli, uffici, centri commerciali, centro congressi, spazi per entertainment, un business da 1,3 miliardi di euro.

E Berlusconi? Ufficialmente, l'ultimo capitolo della sua saga calcistica ha per protagonista soltanto il Monza. Dopo aver mandato il Milan a veleggiare nelle confuse acque che dalla Thailandia e dalla Cina rifluiscono fino agli Stati Uniti, passando per il Lussemburgo, nel 2018 Silvio compra una squadra di serie B, l'Associazione Calcio Monza, che nel campionato 2021-2022 si guadagna l'approdo nella prima serie. «La promozione in A del Monza mi ha commosso più di una vittoria in Coppa dei campioni del mio Milan»: così dichiara Berlusconi nel giugno del 2022, al termine di un comizio nel capoluogo brianzolo dov'era arrivato a sostenere il sindaco uscente Dario Allevi, di Forza Italia, impegnato nel ballottaggio delle elezioni comunali. Successo nel calcio, ma sconfitta in politica: Allevi, che pure al primo turno era avanti di sette punti rispetto al suo sfidante di centrosinistra, Paolo Pilotto, al ballottaggio viene battuto. Ma il Monza resta in A.

Il marchio «Berlusconi»

Una vita rutilante, quella di Silvio. Tanto che «Berlusconi» diventa anche un marchio registrato. Lo si scopre nel 2022, grazie a un procedimento – non giudiziario, questa volta – aperto presso lo Euipo: la sigla significa European Union Intellectual Property Office e designa l'Ufficio dell'Unione europea per la proprietà intellettuale. Ha sede ad Alicante, in Spagna, ed è il luogo dove chiunque, anche online, può depositare un marchio per proteggerne la proprietà intellettuale in Europa. Un procedimento con beffa finale.

Silvio Berlusconi ha bussato alle porte di quell'ufficio nel 2016, quando ha attivato un grande studio milanese specializzato in marchi e brevetti, Perani & Partners. Nel 2017, i professionisti dello studio, a nome del presidente di Forza Italia, hanno chiesto a Euipo la registrazione del marchio «Berlusconi». Nome noto in Italia e nel mondo, quanto e più di «Mi consenta» e «bunga-bunga», da quell'anno è diventato anche un vero e proprio marchio protetto.

È stato registrato per molte centinaia di voci e categorie merceologiche, che possiamo qui riportare scegliendone solo alcune da un interminabile elenco: dai pettini alle lozioni per capelli, dal mascara e eyeliner alle tinture per barba, dai salvadanai ai portamonete, dagli apri-ostriche alle baionette, dai lingotti di metalli preziosi agli ornamenti in ambra nera, dalle bandane agli zerbini, dal tiro al piccione ai telai per seghe a mano. E poi bastoncini d'incenso, prodotti veterinari, apparecchi per la depilazione, rasoi. E ancora: apparecchi e denti artificiali, gonne e giarrettiere, membra artificiali, carrozzine e passeggini, squadre e compassi (possono tornare utili), pennelli e giornali a fumetti, ombrelli e ombrelloni, museruole e abbigliamento per animali domestici, fruste e cordoni, spazzolini da denti e presine da forno, minigonne e costumi da bagno, lenzuola e materassi gonfiabili, bambole e bastoni per majorette, ma anche carne, pesce e surgelati, palline antistress, bevande alcoliche e analcoliche, *cigarillos*, sigari e bocchini.

Sul sito ufficiale di Euipo si può leggere l'elenco completo, lunghissimo, meticoloso ed esilarante, dei prodotti e servizi che lo studio Perani & Partners ha stilato, evidentemente per evitare che furbi, concorrenti, pirati o avversari beffardi potessero usare il marchio «Berlusconi» per chiamare così, per esempio, una pompa gonfia palloni o un cappellino di carta per feste, un reggicalze da uomo o un reggiseno, oppure un bocchino.

L'ufficio europeo per i marchi e brevetti ha però una regola: la registrazione può decadere dopo cinque anni, se nel frattempo non si è realizzato il prodotto che si era voluto proteggere. Ne ha approfittato un personaggio misterioso, che nel febbraio del 2022 ha rivolto a Euipo una domanda di decadenza per uno solo dei mille prodotti protetti da Berlusconi, registrato alla classe merceologica 28 («Giocattoli») della classificazione europea: «Oggetti con cui si fanno scherzi» (in inglese, *practical jokes, novelties*). Poiché Berlusconi non si è opposto alla richiesta, il 29 luglio 2022 l'Ufficio europeo ha accolto la richiesta. Da quella data è dunque possibile commercializzare in Europa prodotti con il marchio «Berlusconi», purché siano oggetti con cui si fanno scherzi.

Dopo aver incassato il primo successo, però, il misterioso ricorrente è tornato alla carica e ad agosto del 2022 ha presentato una nuova domanda di decadenza: questa volta, non per una sola tipologia, ma per tutti i prodotti e servizi che erano stati protetti nel 2017. Tutti, in verità, tranne uno. Facendo un lungo lavoro di sottrazione dall'elenco presentato agli uffici Euipo, si scopre qual è l'unico prodotto che potrà restare protetto dagli uffici europei. Classe 25 («Abbigliamento»), tipologia: «mutande». Silvio resterà dunque l'unico a poter produrre e commercializzare mutande con marchio «Berlusconi».

Ma chi è il misterioso personaggio che ha fatto due volte ricorso, a febbraio del 2022 per togliere a Silvio gli oggetti con cui si fanno scherzi e in agosto tutto il resto, lasciando Berlusconi in mutande? Sappiamo soltanto che si chiama Brenno Bianchi, viene da Prato, vive a Milano. Imprenditore, studi in Giurisprudenza, passione per i libri. È lui che, nell'estate del 2022, ha liberato e liberalizzato il marchio «Berlusconi». Una silenziosa riforma liberale. Un contributo a rendere più libero il mercato: più Berlusconi per tutti.

Un milanese a Roma

> La tua robetta non sta in piedi di fronte alla vita, io sono, io, per l'ordine costituito e non mi piace la politica. E d'altronde il giorno che la patria mi chiederà di versare il sangue per lei, me mi troverà di sicuro, e mica a far flanella.
>
> *Louis-Ferdinand Céline*

Silvio Berlusconi è un uomo concreto. Non gli sono mai piaciute le fumisterie intellettuali e le astruserie della politica. Preferisce i fatti.

Eppure la politica l'ha sempre fatta. È vero: la discesa in campo, la nascita di Forza Italia e il primo trionfo elettorale, risalgono al 1994, ma lui è sempre stato, a suo modo, anche un «uomo politico». Fin dagli anni Settanta quando, imprenditore di successo, ostenta disprezzo per i politici di professione, che parlano in maniera incomprensibile e sono astratti, non sanno raggiungere quei risultati concreti a cui sanno invece puntare gli imprenditori. La politica è il regno delle parole, l'impresa è il regno del fare.

L'uomo simbolo della politica che a Berlusconi non piace è Aldo Moro.

«Ogni volta che apre bocca» dichiara «ci vuole un esercito di esegeti per interpretarlo. Questi capi storici hanno il culo per terra ma ingombrano la porta.»

Mostra di disprezzarla, la politica, e tuttavia ne è inesorabilmente attratto. Sa (fin della sua prima licenza edilizia ottenuta per la palazzina di via Alciati) che la politica serve e va usata, perché è un potere che incrocia necessariamente gli affari. E gli affari possono essere danneggiati dalla politica: quella «astrusa», da combattere. O, al contrario, possono essere aiutati dalla politica: quella utile, da sostenere, foraggiare, o addirittura fare in prima persona.

Silvio il populista

In ogni modo, Silvio è istintivamente populista, visceralmente anticomunista, tendenzialmente autoritario. I riti della democrazia gli appaiono bizantinismi, perdite di tempo. Preferisce, con mentalità aziendale, conquistare il consenso e poi comandare. Grandissimo venditore, ritiene che tutto si possa comprare.

Impara presto, da giovane imprenditore, che della politica non si può fare a meno. Allora sceglie – quando ancora c'erano i partiti della Prima Repubblica – i politici a cui si sente più vicino. Gli piacciono alcuni uomini della Democrazia cristiana, il partito che aveva la maggioranza e che era sempre al governo. Dentro la Dc, sostiene gli esponenti della destra tecnocratica del Nord. Ne fa i nomi in un'intervista concessa nel 1977 a Mario Pirani: Roberto Mazzotta, Mario Usellini, Mario Segni, Filippo Maria Pandolfi, Umberto Agnelli («un industriale che si è impegnato in politica»). Dimostra, lui così «impolitico», di conoscere invece molto bene i giochi di potere e di corrente interni alla Dc di quegli anni.

Gli piace, naturalmente, Bettino Craxi, il leader del Partito socialista italiano, di cui diventa amico personale. A presentarglielo è Silvano Larini, un architetto *bon vivant* che passava lunghi periodi sulla sua barca, in Corsica o nelle isole del Pacifico. Molto vicino a Craxi, Larini era il suo rappresentante nel mondo degli affari e (scopriranno i magistrati di Mani pulite) il suo «postino» delle tangenti. Tra Craxi e Berlusconi nasce subito un asse di ferro, fondato sull'aiuto reciproco: Silvio finanzia la politica di Bettino, che ricambia sostenendo gli affari dell'amico in Parlamento e al governo.

Berlusconi è trasversale e anticipa di qualche anno la politica italiana. Le sue simpatie e il suo sostegno vanno fin dagli inizi alla destra Dc, ma anche al Psi craxiano: s'incontreranno poi in quello che sarà chiamato Caf (l'asse Craxi-Andreotti-Forlani).

I suoi nemici sono invece da sempre dentro la sinistra Dc e dentro il Pci.

La prima discesa in campo

La sua prima discesa in campo, dunque, non è quella del 1994, quando fonderà il suo partito, Forza Italia. Avviene molto prima, nel 1977: con l'ingresso nell'azionariato del «Giornale» di Indro Montanelli. Lo dichiara apertamente nell'intervista a Mario Pirani, a cui dice di aver cominciato a sostenere il «Giornale» per un preciso impegno politico: contrastare la sinistra (che in verità vede un po' dappertutto, anche dove non c'è) e rafforzare la voce della destra.

«Sentivo l'esigenza di conservare una pluralità di voci, col "Corriere", il "Carlino" e la "Nazione" che andavano sempre più a sinistra» confida a Pirani.

Alla domanda su quali fossero i suoi punti di riferimento politici, Berlusconi risponde: «La vera alternativa è nella Dc, una Dc che si trasformi in modo da permettere al Psi di tornare al governo». Il Psi di Craxi. Poi precisa di apprezzare, appunto, gli uomini della destra democristiana, anticomunista e tecnocratica.

«Come pensa di impegnarsi a favore di queste forze?» gli chiede Pirani.

E qui la risposta è sublime: «Non certo pagando tangenti, ma mettendo a loro disposizione i mass media. In primo luogo TeleMilano, che sto riorganizzando e che diventerà un tramite fra gli uomini politici che dimostreranno di non aver divorziato dall'economia e dalla cultura e l'opinione pubblica».

Dunque: Silvio fa subito un accenno alle tangenti, che suona come una *excusatio non petita*, poi tira in ballo i mezzi di comunicazione. Ha chiaro fin dagli esordi che i mass media, e la tv in particolare, sono (anche) un'arma politica.

Pochi mesi dopo questa sua prima discesa in campo, Berlusconi entra nel club che incarna perfettamente la sua concezione della politica e della sua compenetrazione con gli affari: si affilia alla loggia massonica P2 di Licio Gelli. Numero di tessera 1816, fascicolo 625, data di iniziazione 26 gennaio 1978, codice E 19.78, gruppo 17, quello del settore editoria.

La loggia P2

Che cos'è la P2? È un luogo riservato, punto d'incontro tra poteri: quello economico, politico e militare; quello visibile e quello sommerso. La loggia segreta di Gelli nei primi anni riunisce, in maniera occulta, militari, uomini dei servizi segreti, imprenditori, politici, tutti fieramente anticomunisti. Qualcuno anche apertamente golpista: erano anni di Guerra fredda tra il blocco occidentale, filoamericano, e il blocco sovietico. E molti in Italia pensavano che bisognasse fermare l'avanzata dei comunisti a ogni costo, anche sostenendo qualcosa di molto simile a un colpo di stato militare. C'era stato in Cile e anche in Grecia comandavano i «colonnelli»; in Italia scoppiavano le bombe nere, in piazza Fontana a Milano, in piazza della Loggia a Brescia, sul treno Italicus; e qualche tentativo di colpo di Stato c'era stato, il golpe Borghese nel 1970, il golpe bianco di Edgardo Sogno nel 1974. Protagonisti: tutti uomini della P2.

Dopo il 1974, la situazione internazionale cambia, cambia la politica degli Stati Uniti nel mondo e cambia anche la P2: la nuova strategia non è più lo scontro diretto, anche armato, contro i «cattivi» (cioè i comunisti); ma l'occupazione da parte dei «buoni» (cioè gli anticomunisti) dei posti cruciali nelle istituzioni, nella politica, nell'informazione, nelle aziende. Il programma della loggia è l'occupazione sotterranea dei centri di potere del paese. Costruendo uno Stato nello Stato. E selezionando gli amici dai nemici, le persone fidate che meritano di entrare nel suo club esclusivo da quelle pronte a tradire l'Occidente trescando con i comunisti. Quando sei nel club, oltretutto, puoi anche sviluppare relazioni d'affari, unendo l'utile al dilettevole, mischiando grandi ideali planetari e concretissimi interessi personali.

Berlusconi entra nel club, quindi, nel gennaio del 1978. Un paio d'anni prima, nel 1976, aveva lasciato Arcore Vittorio Mangano, l'uomo di Cosa nostra che garantiva protezione a Silvio e alla sua famiglia. Mangano in seguito dichiara di essersene andato di sua volontà; Berlusconi in un'intervista ha invece sostenuto che era stato licenziato. Comunque sia, era diventato troppo ingombrante, con i suoi precedenti penali e con il rischio di indagini che arrivassero a lambire la villa di Arcore. Dunque Berlusconi chiude una fase della sua attività, in cui si era messo sotto la protezione di Mangano e dei suoi amici palermitani, e ne apre un'altra, in cui si mette sotto l'ombrello massonico della P2.

L'intervista del luglio 1977 a Pirani dimostra che Berlusconi in quel momento ha le idee chiare: è un imprenditore quarantenne di successo che da palazzinaro si sta trasformando in editore televisivo e ha un suo progetto più generale. Non è uno sprovveduto mosso soltanto dal desiderio di fare soldi, ha anche una sua precisa visione della politica, come luogo in cui si difende l'Occidente dal comunismo e intanto si realizzano buoni affari.

Certamente dall'adesione alla P2 Berlusconi ottiene consistenti benefici economici. È un fratello di loggia quel Ferruccio De Lorenzo (sottosegretario in un governo Andreotti e padre del futuro ministro della Sanità Francesco De Lorenzo) che da presidente dell'Ente di previdenza e assistenza dei medici italiani (Enpam) gli acquista in blocco una parte di Milano 2 in un momento difficile, in cui il mercato immobiliare si era fermato ed era diventato più difficile vendere un appartamento alla volta. È nell'ambiente della P2 che matura l'operazione Mundialito in Uruguay, che come abbiamo visto rompe per la prima volta il monopolio televisivo della Rai e concede a Canale 5 di trasmettere un evento calcistico mondiale.

Più in generale, gli uomini della P2 gli facilitano l'accesso ai finanziamenti e al credito bancario. Essere iscritto alla loggia di Gelli gli rende più facile ottenere soldi dalle banche. Lo documenta la commissione parlamentare d'inchiesta sulla P2 presieduta da Tina Anselmi, che fa riferimento a due istituti di credito. La Banca nazionale del lavoro, che alla fine degli anni Settanta è praticamente controllata dalla P2, con ben nove alti dirigenti affiliati (tra cui Gianfranco Graziadei, amministratore delegato di Servizio Italia, una delle due fiduciarie che fondano la Fininvest).

E il Monte dei Paschi di Siena, il cui direttore generale, Giovanni Cresti, era iscritto alla loggia di Gelli.

Se ne accorgono i sindaci del Montepaschi, che in una loro relazione del 1981 scrivono: «La posizione di rischio della banca verso il gruppo Berlusconi ha dimensioni e caratteristiche del tutto eccezionali. Gli ispettori che hanno esaminato la posizione (nella sua globalità) ne hanno fatto un'analisi accurata che ci consente di pervenire a conclusioni che dimostrano l'esistenza di un comportamento preferenziale accentuato». In effetti le banche italiane mettono a disposizione di Berlusconi, tra il 1974 e il 1981, fidi per poco meno di 199 miliardi di lire e fideiussioni per oltre 150 miliardi. Circa il 20 per cento di queste cifre è erogato da Mps. Conclude la commissione Anselmi: «Alcuni operatori (Genghini, Fabbri, Berlusconi e altri) trovano appoggi e finanziamenti al di là di ogni merito creditizio».

Oltre a questi benefici materiali, la P2 permette a Berlusconi, che è ancora un palazzinaro milanese, un nuovo ricco tenuto fuori dai salotti che contano, il suo primo ingresso in società: a partire dal 10 aprile 1978 (tre mesi dopo l'affiliazione alla loggia di Gelli) Silvio Berlusconi diventa, a sorpresa, nientemeno che collaboratore del «Corriere della Sera», commentatore di fatti economici. Inutile sottolineare che il «Corriere», in quegli anni, è nelle mani della P2.

Apprendista muratore

L'avventura della P2 termina nel marzo del 1981, quando i magistrati milanesi Giuliano Turone e Gherardo Colombo, che stanno indagando sul bancarottiere (piduista) Michele Sindona, scoprono gli elenchi segreti della loggia, perquisendo l'ufficio di Gelli nella sua azienda a Castiglion Fibocchi. Scoppia uno scandalo: la lista degli iscritti a quella che Licio Gelli chiama «l'Istituzione» fa pensare a uno Stato parallelo. Ci sono generali e alti funzionari, i vertici dei servizi segreti al completo, il comandante della guardia di finanza, cinquantadue ufficiali dei carabinieri, prefetti e diplomatici, quarantaquattro tra deputati e senatori, tre ministri, molti politici iscritti a Dc, Psi, Psdi, Pli, Msi, sedici magistrati. E poi giornalisti, direttori di giornali, editori, banchieri, industriali, manager.

Dopo lo scandalo, Berlusconi continua senza danni il suo cammino. Sulla sua appartenenza alla P2 rilascia nel tempo dichiarazioni contraddittorie e rischia perfino una condanna per falsa testimonianza (ma viene poi salvato dall'amnistia).

Che cosa dice della sua affiliazione?

Ammette di averla accettata per interessi d'affari: «Mi sono iscritto alla P2 nei primi mesi del 1978, su invito di Licio Gelli, che conoscevo da circa sei mesi [...]. Non ho mai versato contributi [...]. Gelli mi chiarì che, tramite la Massoneria, organizzazione internazionale, avrei potuto avere dei canali di lavoro e contatti internazionali per la mia attività» (26 ottobre 1981).

Minimizza: «Non ricordo la data esatta della mia iscrizione alla P2, ricordo comunque che è di poco anteriore allo scandalo [...]. Non ho mai pagato una quota d'iscrizione, né mai mi è stata richiesta» (27 settembre 1988).

La riduce a un fatto di vanità e a un piacere accordato a un amico: «Gelli mi riempì di complimenti dicendomi che mi considerava fra i nuovi imprenditori quello più bravo e insistette molto che io avevo un futuro importante davanti [...]. Io resistetti molto a dare la mia adesione, poi lo feci perché Roberto Gervaso insistette particolarmente [...]. Gervaso è un mio carissimo amico. Mi disse: "Fammi fare bella figura". Lui aveva bisogno di scrivere sul "Corriere della Sera". "Ma cosa ti costa, dammi questa possibilità, fammi fare bella figura", e io aderii» (3 novembre 1993).

Infine la butta in barzelletta: «La tessera me la porta la segretaria dicendo: "C'è scritto che lei, dottore, è apprendista muratore...". Ero in riunione con dodici o quattordici collaboratori: tutti scoppiamo a ridere. Ma come, dico io, sono il primo costruttore italiano di città e mi definiscono apprendista muratore? Questo non lo accetto» (6 marzo 2000).

A fargli rischiare una condanna per falsa testimonianza, evitata, come detto, grazie a una provvidenziale amnistia del 1989, è la dichiarazione del 27 settembre 1988, perché la pronuncia sotto giuramento, mentre depone davanti al Tribunale di Verona come teste-parte offesa in un processo contro due giornalisti che aveva denunciato per diffamazione (Giovanni Ruggeri e Mario Guarino, autori del mitico libro *Berlusconi. Inchiesta sul signor tv*). Nel maggio del 1990, la Corte d'appello di Venezia ritiene provato che Berlusconi abbia mentito: perché l'affiliazione era avvenuta all'inizio del 1978, quindi non poco prima, ma più di tre anni prima che Turone e Colombo scoprissero le liste degli affiliati; e perché agli atti della commissione parlamentare d'inchiesta sulla P2 vi sono le prove del pagamento dell'iscrizione.

La bugia non è innocente: non serve infatti soltanto a minimizzare l'adesione alla loggia di Gelli, ma soprattutto a tentare di nascondere che c'è stato un periodo – oltre tre anni – in cui le relazioni piduiste hanno prodotto i loro frutti. Dall'altra parte, quando Gelli parla del Berlusconi ormai entrato in politica e del suo programma, lo accusa praticamente di plagio. «Ha preso il nostro Piano di rinascita e lo ha copiato quasi tutto» dichiara nel febbraio del 1996. E nel 2003 aggiunge: «Forse sì, dovrei chiedere i diritti d'autore. La giustizia, la tv, l'ordine pubblico. Ho scritto tutto trent'anni fa».

«Mi sono fatto da solo»

Uno dei vanti più grandi di Silvio Berlusconi è quello di essersi fatto da solo. Di aver avuto successo come imprenditore, prima palazzinaro e poi *tycoon* della tv, e di essere diventato molto ricco grazie alle sue capacità. Ne deve aver avute molte davvero, visti i risultati. Ma proprio da solo non è stato, nella sua irresistibile ascesa. Lo hanno aiutato gli amministratori pubblici che gli hanno concesso i permessi edilizi per costruire; i banchieri iscritti alla P2 che gli hanno garantito «appoggi e finanziamenti al di là di ogni merito creditizio»; i misteriosi sponsor delle sue prime operazioni immobiliari; Craxi e i politici che gli hanno permesso di diventare il monopolista italiano della tv commerciale.

Nelle sue aziende, ha sempre avuto un pugno di uomini determinati, addetti a tenere i rapporti con la pubblica amministrazione e la politica. Dopo averlo fatto in prima persona (lo ha detto lui, ricordiamo: «Giravo con l'assegno in bocca»), si è affidato a collaboratori, ragazzi svegli capaci di capire al volo, cogliere le situazioni, negoziare, conquistare la controparte. Uomini che per lo più provenivano dalla politica e ne conoscevano i riti. Alcuni li prende persino dalle file del Pci.

Uno dei primi è Sergio Roncucci, geometra, comunista: consigliere comunale del Pci a Trezzano sul Naviglio, alle porte di Milano, ha il compito di trattare con le amministrazioni rosse dell'hinterland milanese.

Ezio Cartotto, invece, viene dalla Dc. Incontra Berlusconi nel 1971, su indicazione del responsabile Enti locali del suo partito, Enzo Grimaldi: «Grimaldi mi disse che Berlusconi, e come lui altri costruttori, aveva un problema... il blocco delle lottizzazioni superiori a una certa volumetria. Noi lo risolvemmo». Dopo un inizio così brillante, il rapporto continua: negli anni Ottanta Cartotto viene chiamato a formare i quadri di Publitalia e, all'inizio dei Novanta, come vedremo, studierà per conto di Dell'Utri il «partito nuovo» che dovrà sostituire il vecchio sistema politico al collasso.

A Romano Comincioli, suo ex compagno di scuola, Berlusconi affida invece il delicatissimo affare Olbia 2, un progetto di speculazione immobiliare in Sardegna in cui è coinvolto il faccendiere sardo Flavio Carboni, ma in cui compaiono anche personaggi della criminalità organizzata (cambiali con girata di Comincioli passano a uomini della banda della Magliana, il più potente gruppo criminale di Roma, per poi finire nelle mani di Pippo Calò, il rappresentante di Cosa nostra nella capitale).

La lobby del Biscione

Quando Berlusconi passa al business televisivo, la sua organizzazione si ristruttura per puntare a due obiettivi: sul fronte pubblicitario, conquistare nuovi clienti e strapparli alla concorrente Sipra per portarli a investire in Publitalia; sul fronte più propriamente politico, impedire leggi che penalizzino le sue tv e promuoverne anzi di favorevoli. Silvio raccoglie attorno a sé uomini utili a raggiungere questi obiettivi.

Il primo direttore di TeleMilano 58 è Stefano Lodi, giornalista residente a Milano 2, ma soprattutto membro della commissione ministeriale che studia le ipotesi di regolamentazione dell'emittenza privata. Studi che non porteranno a niente. A Lodi succede Marcello Di Tondo, politico democristiano e manager delle pubbliche relazioni, nonché dirigente di una piccola tv locale, Tvm 66, ma soprattutto ex segretario di Vittorino Colombo, un democristiano che occupa il ministero che più interessa a Berlusconi: quello delle Poste e Telecomunicazioni, da cui dipende l'emittenza televisiva. Di Tondo diventa il primo lobbista di rilievo della Fininvest, impegnato a tessere rapporti soprattutto con gli uomini della Dc e dei partiti minori.

Dei socialisti si occupa personalmente Berlusconi, che tra la fine degli anni Settanta e l'inizio degli Ottanta incontra spessissimo il socialdemocratico Pietro Longo, segretario del Psdi e iscritto alla loggia P2. Ma Silvio, come abbiamo visto, stringe un rapporto forte soprattutto con Bettino Craxi, il leader del Psi. Per anni, Bettino passa la notte di Capodanno con Silvio. I due diventano amici. Si frequentano a Milano, a Roma, ad Arcore e anche nella villa di Berlusconi in Engadina. «Craxi era alto, miope e distratto» racconta nel 2021 Dell'Utri «e Berlusconi invece è sempre stato preciso e attento alle apparenze. Quello gli faceva la pipì sulla tavoletta del bagno della casa di Sankt Moritz, dove poi andavano gli altri ospiti. Quindi Silvio si alzava, con discrezione, e sistemava tutto prima che se ne accorgesse qualcuno.»

I rapporti tra i due non erano facilissimi. «Silvio a volte lo subiva» continua Dell'Utri. «Amore e odio. Vede, Craxi spesso era arrogante. S'arrabbiava se leggeva qualcosa che non gli piaceva sul "Giornale". Telefonava. Gridava. Strillava cose irripetibili contro Montanelli. E Silvio ci restava malissimo, diceva: "Ma secondo te Montanelli sta a sentire me?".»

Con Ciriaco De Mita, leader della sinistra democristiana e grande oppositore della cordata Craxi-Andreotti-Forlani, Berlusconi invece non riesce proprio a legare. A metà degli anni Ottanta, nel pieno della battaglia per far passare in Parlamento il «decreto Berlusconi» – che Craxi aveva imposto per non far interrompere le trasmissioni ai canali Fininvest –, Silvio prova ad andare a trovarlo. Va nel suo studio romano, accompagnato da due democristiani lombardi che tentano la mediazione: Roberto Mazzotta e Roberto Formigoni. Entra sorridente nell'ufficio, ma De Mita, seduto impassibile alla scrivania, continua per alcuni minuti a leggere il giornale, poi finalmente alza lo sguardo e lo saluta con freddezza. Poche parole e poi Berlusconi torna a Milano a mani vuote. Mazzotta e Formigoni si ritirano in buon ordine. La spedizione è un fallimento totale.

Ben più fruttuoso è il lavoro di Gianni Letta che, lasciata la direzione del quotidiano «Il Tempo», diventa per anni il principe dei lobbisti di Berlusconi, il grande tessitore di alleanze politiche, il costruttore di rapporti con gli uomini dei partiti, il risolvitore di problemi. Tanto che Berlusconi, appena diventato capo del governo, lo premia con la poltrona di sottosegretario alla presidenza del Consiglio. Letta – esempio di lobbista vincente –, dopo aver influenzato da fuori tanti governi, diventa egli stesso regista dell'attività governativa.

Gli anni ruggenti dell'impero del Biscione sono gli Ottanta, in cui il fatturato pubblicitario, cioè i soldi incassati dalle aziende che vogliono fare spot sulle sue reti, cresce di anno in anno in maniera vertiginosa. In quegli anni cresce (e lavora) anche la lobby del Biscione, impegnata a difendere la tv di Berlusconi da leggi che potrebbero frenare o bloccare la sua prodigiosa crescita.

Dapprima, in verità, gli sforzi sono concentrati nell'impedire che sia fatta una qualsiasi legge sulle tv, perché se fossero state imposte regole uguali per tutti altri operatori avrebbero avuto le stesse possibilità di Berlusconi. Regole uguali per tutti poteva voler dire imporre dei limiti antitrust – non possedere più di una o due reti – per impedire la formazione di un monopolio e permettere a più operatori di stare nel mercato. Resta in vigore invece per un decennio la legge del più forte: e il più forte è Berlusconi, che con le sue tre reti consolida il suo potere di unico padrone della tv privata nazionale.

Verso la fine degli anni Ottanta, però, Berlusconi capisce che non è più possibile bloccare ogni regolazione. La lobby del Biscione s'impegna allora a far varare una legge che fotografi la situazione esistente: tre reti alla Rai, tre reti a Berlusconi e solo qualche blando limite per non esagerare con gli spot pubblicitari nei programmi.

Governo e Parlamento s'impegnano a preparare la legge Mammì sulla tv. Oscar Mammì è allora il ministro delle Poste e telecomunicazioni. Davide Giacalone è il suo giovane segretario ed è considerato il vero estensore del testo della legge che regolamenta l'etere. Dopo l'approvazione della Mammì, Giacalone lascia il ministero ed è premiato dalla Fininvest con un contratto di consulenza da 460 milioni di lire. Non è l'unico del settore ad avere relazioni con la Fininvest. L'azienda del Biscione tesse rapporti con molti professionisti impegnati sul fronte della comunicazione.

Antonio Pilati, per esempio, negli anni Ottanta lavora allo Iem (l'Istituto di economia dei media), che formalmente è un centro indipendente di studi, ma nei fatti è mantenuto dalle consulenze e dalle committenze Fininvest. In seguito Pilati sarà chiamato a far parte dell'Autorità di controllo sulle comunicazioni e sarà considerato il vero padre della legge Gasparri, grazie alla quale, nel 2003, non vige più alcun limite antitrust e Berlusconi non deve più rinunciare a una delle sue reti, come invece aveva stabilito la Corte costituzionale.

Comunisti, odio e amore

Berlusconi pesca i suoi collaboratori in maniera trasversale. È strano il suo rapporto con la sinistra: istintivamente anticomunista, ha però una sorta d'ammirazione per i comunisti, la loro passione, dedizione, disciplina, fedeltà, capacità organizzativa. Uno dei suoi primi uomini addetti ai rapporti con la politica è, come abbiamo visto, il comunista Sergio Roncucci. In seguito, Berlusconi stringe un buon rapporto con la corrente «migliorista» del Pci, quella più vicina ai socialisti, che la Fininvest sostiene generosamente finanziando «Il Moderno», un giornale quasi invisibile in edicola, ma molto ricco di pubblicità. È diretto da Lodovico Festa (che poi diventerà condirettore del «Foglio» di Giuliano Ferrara, altro ex comunista passato al berlusconismo).

I magistrati di Mani pulite andranno a mettere il naso nei conti del «Moderno» e manderanno sotto processo i suoi responsabili e i dirigenti dei miglioristi per false fatturazioni e finanziamento illecito al partito. La Cassazione sentenzierà: «Il finanziamento da parte della grande imprenditoria si traduceva in finanziamento illecito al Pci-Pds milanese, corrente migliorista», poiché «Il Moderno» deve essere considerato il «destinatario fittizio del finanziamento», essendo un'«articolazione politico-organizzativa del partito, con tutte le implicazioni e conseguenze che ne derivano».

Anche l'uomo simbolo del Pci sotto inchiesta per Tangentopoli, Primo Greganti, il «compagno G», ha rapporti con la Fininvest attraverso il suo omologo nell'ambiente del Biscione, Aldo Brancher. I due formano una coppia ben affiatata: lavorano spalla a spalla, discutono affari, concludono operazioni immobiliari. Brancher fornisce a Greganti anche un telefono cellulare e gli dà ospitalità nei suoi uffici romani. I due, insomma, si comportano come se fossero soci. Vite parallele, quelle del comunista Greganti e dell'ex prete Brancher: entrambi sono accusati di aver fatto da mediatori di tangenti per le loro «aziende» (il Pci-Pds per Greganti, la Fininvest per Brancher); entrambi «non parlano»; entrambi si rifiutano di coinvolgere i loro «superiori», sostenendo di aver lavorato in proprio. Un «cattocomunismo» in salsa Fininvest.

Ma anche il Pci, inteso proprio come partito, finisce per dare una mano alla Fininvest. Dopo il primo decreto Berlusconi voluto da Craxi per salvare le reti Fininvest, ne è necessario un secondo che impedisca definitivamente l'oscuramento delle tv del Biscione. Questo viene convertito in legge alla Camera il 31 gennaio 1985, con i voti, determinanti, di trentasette deputati del Movimento sociale italiano, il partito neofascista. Il più attivo in sostegno di Berlusconi tra i missini è Franco Servello, che durante la successiva campagna elettorale per le politiche, nel 1987, sarà molto presente come ospite sulle reti del Biscione.

Il decreto arriva poi al Senato venerdì 1° febbraio. È l'ultima spiaggia: se non viene approvato entro lunedì 4, il decreto decade e le tv di Berlusconi torneranno a essere oscurate. Quel giorno, il presidente del Senato, Francesco Cossiga, contingenta il tempo degli interventi per impedire l'ostruzionismo. La Sinistra indipendente, capeggiata da Giuseppe Fiori, con un escamotage procedurale tira in lungo fino alle 23.30. «Se quattro comunisti fossero intervenuti a parlare» scrive Fiori, «sarebbe passata la mezzanotte e il decreto sarebbe decaduto.» Il capogruppo del Pci Gerardo Chiaromonte fa invece rispettare un'ipocrita disciplina di partito: votare contro, ma senza ostruzionismo, permettendo così al decreto di passare. L'ordine arriva dal giovane responsabile della comunicazione del Pci: Walter Veltroni. Per ragioni politiche: Craxi ha promesso che, in cambio del via libera a Berlusconi, il Pci otterrà un riassetto della Rai che prevede anche il passaggio di Rai 3 e del Tg3 al Partito comunista. E così avverrà.

Quanto costa la legge Mammì

Con questa storia alle spalle, Berlusconi difficilmente può sostenere di essersi fatto da sé, di non dovere nulla alla politica. Eppure questa resta una convinzione largamente diffusa nella pubblica opinione, fino a oggi. Di certo c'è che nel triennio 1989-1991 – gli anni cruciali dell'approvazione della legge Mammì e del varo del Piano nazionale delle frequenze televisive – avvengono alcuni grandi movimenti sotterranei. Dai conti esteri delle società Fininvest partono almeno tre importanti operazioni finanziarie «riservate».

La prima è l'emissione di un finanziamento da 23 miliardi di lire che dalla società All Iberian – una società del sistema estero e occulto della Fininvest – passa ai conti esteri di Bettino Craxi. La seconda è l'assalto, in Spagna, a Telecinco, la tv spagnola di cui la Fininvest, attraverso le società estere All Iberian e Catwell, giunge a controllare oltre l'80 per cento, contro la legge antitrust spagnola (sì, in Spagna avevano varato una legge televisiva antitrust) che impedisce a ogni operatore di superare il 25 per cento di una sola rete.

La terza è un complicato passaggio di denaro che muove ben 91 miliardi di lire: da conti esteri arrivano alla Fiduciaria Orefici di Milano, lì vengono trasformati in certificati di credito del tesoro (Cct), sono portati in alcune banche di San Marino dove sono convertiti in denaro contante, poi sono consegnati cash nella sede della Fininvest a Milano 2 e infine trasportati, almeno in parte, in Svizzera.

Qual è il motivo di una così complessa operazione? Giovanni Manzo, procuratore della Fiduciaria Orefici, risponde all'allora pubblico ministero Francesco Greco: «Il responsabile della tesoreria Fininvest Mario Moranzoni, nel 1991, ci comunicò che dovevamo aprire un mandato fiduciario intestato a Silvio Berlusconi. Ci disse che, su tale mandato, dovevamo operare acquisti di titoli di Stato [...]. Quando gli chiesi spiegazioni, Moranzoni mi rispose sempre con frasi generiche, ma piuttosto significative, del tipo: "I politici costano molto... È in discussione la legge Mammì..."». E continua: «Un'operazione così rilevante non l'avevo mai fatta».

Conferma Gerardo Pastori, collega di Manzo alla Orefici: «Giovanni mi riferì che i Cct, secondo quanto illustratogli dal Moranzoni, erano destinati a uomini e partiti politici in occasione della discussione e dell'approvazione della legge Mammì. Moranzoni ci chiese di cercare i titoli perché il gruppo ne aveva bisogno. Li voleva materialmente. Non è facile reperire sul mercato Cct in questa quantità nella loro disponibilità fisica. Lo dico perché il nostro fu un lavoro piuttosto impegnativo, anche perché le richieste del Moranzoni erano caratterizzate dall'urgenza».

In verità la legge Mammì è già stata approvata nell'estate del 1990, ma proprio nel periodo del grande giro di soldi e Cct tra la Svizzera, San Marino e Milano 2 è definito il Piano delle frequenze, da cui dipende l'attuazione concreta della legge. Nel 1992 l'operazione legge Mammì-assegnazione delle frequenze è finalmente conclusa. Appena in tempo: parte Mani pulite e il sistema dei partiti a cui Berlusconi faceva riferimento si sfalda. Inizia il biennio più difficile: per Berlusconi e forse anche per il paese.

Forza, Italia!

> Noi abbiamo bisogno della storia, ma ne abbiamo bisogno altrimenti che il fannullone viziato nei giardini del potere.
>
> *Friedrich Nietzsche*

Nel 1992, l'Italia ha una scossa. E anche Berlusconi entra in difficoltà, su almeno tre fronti.

Uno, il fronte politico: scoppia a Milano l'indagine Mani pulite, che rivela il sistema della corruzione chiamato Tangentopoli e provoca lo sfaldamento dei partiti della Prima Repubblica. Così Silvio si ritrova privo dei suoi protettori politici (Craxi, la destra della Dc, i miglioristi del Pci), che perdono consenso e poi escono dai giochi del potere. C'è quindi il rischio che venga messa in discussione la sua posizione dominante nel mercato della tv.

Due, il fronte giudiziario: cresce attorno a lui, ai suoi uomini e alle sue aziende il pressing dei magistrati, con decine di inchieste aperte dalle Procure di Torino, Milano, Roma.

Tre, il fronte economico: finisce la fase espansiva degli anni Ottanta e il mercato della pubblicità televisiva entra per la prima volta in affanno. Non solo: emerge la gravissima situazione debitoria in cui versano le aziende del gruppo Fininvest. Cominciano a circolare indiscrezioni giornalistiche. Un commentatore di fatti economici come Giuseppe Turani scrive che la Fininvest è addirittura in situazione prefallimentare.

Dopo tante voci, nel 1993 la pubblicazione del tradizionale rapporto di Mediobanca sulle principali società italiane offre sull'argomento qualche cifra considerata attendibile. I debiti del gruppo Berlusconi, secondo il report, raggiungono nel 1992 quota 7140 miliardi: 2947 a medio e lungo termine, altri 1528 miliardi di debiti finanziari a breve e 2665 di debiti commerciali. Cifre pesanti, e destinate rapidamente a peggiorare, per gli alti tassi di interesse e per la fine della crescita della pubblicità: dopo tanti anni di boom ininterrotto, gli investimenti delle aziende in spot e annunci fanno registrare, nel primo semestre 1993, una «crescita zero».

La situazione d'allarme è immediatamente avvertita dalle banche più esposte con il gruppo Fininvest – Comit, Cariplo, Bnl, Banca di Roma, Credit – che esigono da Berlusconi il risanamento del gruppo. La sua prima risposta, di fatto imposta dalle banche, è la nomina di un manager con la fama di «duro», Franco Tatò, ad amministratore delegato della Fininvest, con pieni poteri per «mettere ordine» (testuali parole di Tatò) nella gestione e nelle finanze del Biscione. Praticamente un commissariamento.

La mano di poker

È in questo clima terribile che Berlusconi sfodera la grinta e matura le decisioni più clamorose della sua vita. Come un giocatore di poker sull'orlo del tracollo, rilancia, rischia, osa pensare l'impensabile. Invece di farsi prendere dal panico o di tentare qualche piccola reazione, punta tutta la posta, progetta le mosse che possono farlo tornare vincente.

Prepara due interventi: uno aziendale e uno politico. Nel 1993 vara il progetto Wave, cioè la trasformazione che porterà alla quotazione in Borsa del suo gruppo (a cui si era sempre detto contrario). Ma l'azzardo più grande è la decisione, dopo alcuni mesi di travaglio, di scendere direttamente in politica, di farsi partito.

Inoltre comprende già che il vecchio sistema politico è morto. Lo capisce prima dei vecchi leader dei partiti, che sembrano subire le indagini come pugili suonati, increduli che il loro mondo possa davvero crollare. Nei confronti di Mani pulite, Berlusconi mantiene un atteggiamento apparentemente contraddittorio: continua a sostenere l'amico Craxi, tanto che va a felicitarsi con lui all'Hotel Raphaël il 29 aprile, subito dopo che il Parlamento ha respinto alcune delle richieste d'autorizzazione a procedere avanzate dalle Procure di Milano e Roma; ma il suo fiuto gli dice che non può mettersi contro l'opinione pubblica, che sostiene entusiasticamente Antonio Di Pietro e Mani pulite e disprezza i vecchi partiti, ritenuti compromessi e corrotti.

La riprova di quale sia il clima nel paese arriva il 21 novembre, al primo turno delle elezioni dirette per la scelta dei sindaci. Nelle grandi città prevalgono i candidati del centrosinistra, quasi tutti espressione della società civile più che dei partiti: vincono il magistrato Adriano Sansa a Genova, il filosofo Massimo Cacciari a Venezia, l'imprenditore Riccardo Illy a Trieste; e poi Francesco Rutelli a Roma, Antonio Bassolino a Napoli. Berlusconi annusa il pericolo: alle prossime elezioni politiche potrebbe prevalere una maggioranza che metterebbe in discussione il suo impero televisivo.

Rompe gli indugi e annuncia di voler sostenere la destra: lo fa due giorni dopo le elezioni dei sindaci, inaugurando un ipermercato a Casalecchio di Reno, in Emilia-Romagna, e poi con un'intervista al quotidiano «La Stampa». «Tra Fini e Rutelli, voterei Fini» dichiara ai giornalisti, rendendo pubblico il suo sostegno all'allora leader del Movimento sociale, il partito erede dei fascisti di Salò, che si prepara al ballottaggio contro Francesco Rutelli per la conquista della capitale. Il dado, ormai, è tratto. Dopo meno di due mesi, il 26 gennaio 1994, annuncia la sua discesa in campo.

Un pianto sotto la doccia

Silvio Berlusconi, dopo un ventennio di politica indiretta, decide di fare politica in prima persona e con un partito tutto suo. Si mette alla testa di una formazione nuova di zecca, Forza Italia, e di uno schieramento che unisce la Lega Nord di Umberto Bossi e il Movimento sociale italiano di Gianfranco Fini.

La lunga marcia verso la politica diretta era iniziata, sotto traccia, già da molti mesi. La prima ipotesi presa in considerazione era stata il sostegno esterno a un uomo proveniente dalla politica, da lanciare come nuovo leader di uno schieramento alternativo al centrosinistra, ai temuti comunisti. Per qualche tempo, Berlusconi punta su Mario Segni, che aveva trionfato nei referendum del 1991-1993 contro la «vecchia politica». Ma poi si convince che l'uomo non ha le caratteristiche del vincente e soprattutto non è disposto a diventare il fantoccio nelle mani del partito della tv privata. Vince allora la linea sostenuta da Marcello Dell'Utri, che da mesi sta lavorando in maniera sotterranea per costruire un vero e proprio partito della Fininvest.

Progetto Botticelli: così Dell'Utri aveva chiamato il suo piano. Già nel maggio-giugno del 1992, alle primissime avvisaglie di crollo del vecchio sistema, Dell'Utri aveva cominciato a muoversi. Aveva assunto come consulente il democristiano milanese Ezio Cartotto, che fin dagli anni Ottanta aveva tenuto corsi di formazione per gli uomini Publitalia, e gli aveva assegnato un ufficio a Milano 2, con l'incarico segreto di studiare nuove forme d'intervento in politica.

Cartotto s'insedia all'ottavo piano di Palazzo Cellini nei primi mesi del 1993. E studia, prevede, ipotizza. Disegna scenari. Nel pomeriggio di domenica 4 aprile partecipa a una riunione cruciale, convocata nella villa di Arcore: sono presenti Berlusconi, Dell'Utri e Craxi, ormai raggiunto da dieci avvisi di garanzia per le inchieste di Mani pulite e non più segretario del Psi. «Bisogna trovare un'etichetta, un nome nuovo, un simbolo, un qualcosa che possa unire gli elettori moderati che un tempo votavano per il pentapartito» dice Craxi a Berlusconi, secondo il racconto di Cartotto. «Con l'arma che tu hai in mano delle televisioni, attraverso le quali puoi fare una propaganda martellante, ti basterà organizzare un'etichetta, un contenitore. Hai uomini sul territorio in tutta Italia, puoi riuscire a recuperare quella parte di elettorato che è sconvolta, confusa, ma anche decisa a non farsi governare dai comunisti, e salvare il salvabile.»

Se Cartotto dice il vero e ricorda bene, dunque, Craxi, il leader ferito da Mani pulite, ha già capito nell'aprile del 1993 che il Psi e l'intero pentapartito sono finiti e ormai inservibili. Spinge l'amico a creare una nuova sigla, un nuovo «contenitore» da imporre con la potente «arma» delle tv. Berlusconi invece – almeno secondo il racconto di Cartotto – appare ancora disorientato. «Sono esausto. Mi avete fatto venire il mal di testa. Confalonieri e Letta mi dicono che è una pazzia entrare in politica e che mi distruggeranno, che faranno di tutto, andranno a frugare tutte le carte. E diranno che sono un mafioso. Che cosa devo fare? A volte mi capita perfino di mettermi a piangere sotto la doccia...»

Dell'Utri la racconta diversamente, in un'intervista al «Foglio» nel 2021, pur confermando che Craxi partecipò alle riunioni che prepararono Forza Italia. «La politica è pericolosa. In ogni senso. E infatti Craxi rideva all'idea che Berlusconi entrasse in politica. Pensava si andasse a suicidare. Altroché se rideva. Facevamo delle riunioni, e lui ci diceva: "Non superereste il 5 per cento". Craxi era un uomo intelligente, ma Silvio ha dimostrato che si sbagliava. E non solo lui, anche molti di noi.»

«L'Italia è il paese che amo»

Nei mesi successivi, Dell'Utri liquida i più blandi piani di Cartotto per imporre il suo progetto: fare un partito. Convince Berlusconi che non c'è alternativa. Entra in politica per farsi gli affari suoi? «Credeva nella possibilità di fare dell'Italia la prima nazione in Europa» risponde Dell'Utri, che però ammette: «Ma è vero che in quegli anni c'erano dei rischi che gravavano sulle sue attività. Mi ricordo benissimo quando il Credito Italiano gli chiese di rientrare con il prestito. Capimmo che volevano fare con lui quello che già avevano fatto con Rizzoli. E allora reagimmo. La discesa in campo fu anche una difesa dell'azienda. Ma lui ci credeva al progetto di trasformare l'Italia».

Così, alla fine, Berlusconi beve «l'amaro calice». Forma in pochi mesi un partito, Forza Italia, costruito in gran parte con i quadri di Publitalia, l'azienda guidata da Dell'Utri che raccoglie pubblicittà per la tv. Lo impone a suon di spot televisivi. E lo porta al trionfo, nell'incredulità generale.

Il 26 gennaio 1994 presenta al paese il suo progetto. Registra nella sua villa di Arcore una videocassetta che poi invia a tutte le tv, anche alla Rai, che accettano di mandarla in onda senza batter ciglio. Il suo sorriso davanti alla telecamera è addolcito da una calza da donna messa sull'obiettivo. «L'Italia è il paese che amo» inizia. «Qui ho le mie radici, le mie speranze, i miei orizzonti. Qui ho imparato, da mio padre e dalla vita, il mio mestiere di imprenditore. Qui ho anche appreso la passione per la libertà. Ho scelto di scendere in campo e di occuparmi della cosa pubblica perché non voglio vivere in un paese illiberale, governato da forze immature e da uomini legati a doppio filo a un passato politicamente ed economicamente fallimentare.»

Annuncia così la sua discesa in campo, come se lui fosse un calciatore e la politica un campionato di calcio. Si presenta come il nuovo che può far pulizia del vecchio mondo dei partiti e della corruzione generalizzata svelata dall'inchiesta di Mani pulite. Come l'imprenditore di successo in cui ciascun italiano può cercare di identificarsi. Come colui che può porre fine alla Prima Repubblica che aveva generato Tangentopoli e aprire una nuova stagione politica. Come un uomo vicino alla gente, che racconta barzellette e parla facile, senza le fumisterie dei politicanti.

Milioni di italiani gli credono. Ottiene risultati prodigiosi: alle elezioni del 27 marzo 1994 sbaraglia la «gioiosa macchina da guerra» guidata dal leader della sinistra Achille Occhetto e Forza Italia diventa il primo partito italiano. Berlusconi è riuscito a fare un miracolo politico, mettendo insieme chi diceva che insieme non voleva assolutamente stare: si è coalizzato al Nord con la Lega di Umberto Bossi e al Sud con il Msi di Gianfranco Fini, formando il Polo delle libertà e del buon governo. Un polo doppio, gemellare. Bossi e Fini dicono che non vogliono avere niente a che fare l'uno con l'altro, ma entrambi si alleano con Berlusconi, finendo dunque alleati tra loro. Un miracolo di politicismo e ipocrisia: nei fatti il Polo ottiene la maggioranza e vince.

Silvio Berlusconi l'11 maggio 1994 diventa presidente del Consiglio. Si presenta come l'alfiere del nuovo, del cambiamento. Tanto da chiedere al magistrato simbolo di Mani pulite, Antonio Di Pietro, in quei mesi ancora amatissimo dalla gran parte degli italiani, di entrare nel suo governo. Insieme a un altro magistrato del pool milanese anticorruzione, Piercamillo Davigo. I due rifiutano. Il governo parte comunque, con ministri di piena fiducia di Berlusconi, tra cui l'avvocato Cesare Previti, che ottiene il dicastero della Difesa, e non quello della Giustizia, soltanto per l'opposizione del presidente della Repubblica, Oscar Luigi Scalfaro. Tre mesi dopo, alle elezioni europee del giugno 1994, Forza Italia migliora addirittura i suoi risultati, raggiungendo il 30,6 per cento dei voti.

Il primo governo Berlusconi parte sventolando la bandiera del rinnovamento. Milioni di italiani, rimasti orfani dei vecchi partiti della cosiddetta Prima Repubblica, trovano in Forza Italia il loro nuovo punto di riferimento politico.

Marcello Dell'Utri è il generale che dispone le truppe, riunisce lo stato maggiore, crea le strutture e l'assetto del partito, partendo dal corpo dell'organizzazione di Publitalia, il suo rodato e ben pagato esercito di venditori della pubblicità da piazzare sulle reti Fininvest. Silvio Berlusconi ci mette la faccia, presentandosi come l'uomo che ha avuto successo nell'impresa e dunque può portare novità anche nel vecchio e corrotto mondo della politica, salvando l'Italia dal pericolo comunista.

La gioiosa macchina da guerra del centrosinistra guidato da Achille Occhetto ha ben poco a che fare, ormai, con il comunismo: ma la paura dei «rossi» in Italia persiste ben oltre la caduta del Muro di Berlino. I gruppi di potere che contavano sul pentapartito della Prima Repubblica (Dc-Psi-Psdi-Pri-Pli) constatano che i loro cavalli sono sfiancati, se non addirittura morti, e cambiano in corsa: puntano su quello che si presenta come un purosangue vigoroso che galoppa sulla spiaggia, vecchia immagine dello spot pubblicitario di un noto bagnoschiuma. Gli elettori sono catturati dalla promessa di successo di un uomo di successo, che può in qualche modo realizzare la grande speranza suscitata da Mani pulite: una politica nuova e pulita.

L'ossimoro politico

Forza Italia è un ossimoro politico, l'unione degli opposti, è contemporaneamente la promessa del nuovo e la riorganizzazione del vecchio.

Lo si vede bene nel discorso che Berlusconi pronuncia alla Camera il 16 maggio 1994, dopo aver ricevuto dal capo dello Stato l'incarico di formare il nuovo governo. Il leader di Forza Italia si presenta a Montecitorio per chiedere il voto di fiducia. Non rinuncia alla polemica con chi ha definito il suo governo un'umiliazione per il paese. È generoso di promesse ed evoca il napoleonico termine di cento giorni, entro cui s'impegna a realizzare sette importanti riforme. Assicura nuovi posti di lavoro, sgravi per le imprese, revisione del sistema di tassazione, privatizzazione delle aziende ancora in mano allo Stato e molto altro. S'impegna a garantire la sicurezza dei cittadini. Ma presenta il suo governo come quello che proseguirà sulla strada della lotta all'illegalità e alla mafia, nel nome di Giovanni Falcone e Paolo Borsellino, uccisi appena due anni prima: promette di rafforzare la legalità e di affrontare «a viso aperto» il nodo «dei legami, spesso ambigui e sempre insidiosi, tra mafia e politica, tra criminalità organizzata e formazione del consenso elettorale».

Non solo, annuncia di stare dalla parte di Mani pulite e della sua azione di pulizia nel paese. Proprio così: Berlusconi nel suo primo discorso istituzionale elogia ufficialmente e solennemente l'azione avviata a Milano da Di Pietro e l'informazione che l'ha sostenuta: «Questo governo è dalla parte dell'opera di moralizzazione della vita pubblica intrapresa da valenti magistrati, dalla grande stampa di informazione».

Di più: Berlusconi non tace neppure sul conflitto d'interessi aperto dal fatto che sia arrivato al governo l'imprenditore che controlla la tv privata. Ammette che il problema sia stato sollevato «legittimamente», anche se «con punte di malevolenza propagandistica». E garantisce una rapidissima soluzione del problema. Non manterrà né questa, né tante altre promesse.

Il decollo è perfetto, ma il viaggio è breve. La coalizione di Berlusconi non regge e il suo governo, dopo neppure sette mesi, il 22 dicembre cade. Ma non sono i magistrati – come ripetono per anni Berlusconi e i suoi – a decretarne la fine. È vero che a novembre Silvio viene raggiunto dal suo primo «invito a comparire»: diventa ufficialmente indagato per la serie di tangenti pagate alla guardia di finanza per chiudere un occhio, forse due, durante le verifiche fiscali in tre delle sue aziende. La sua caduta è però tutta politica: è Umberto Bossi che ritira il sostegno della Lega Nord, gli fa mancare la maggioranza in Parlamento e provoca la fine del governo.

Bossi accusa pubblicamente Berlusconi perfino di essere mafioso e il giornale della Lega, «La Padania», inizia una vera e propria campagna sui suoi rapporti siciliani: *La Fininvest è nata da Cosa nostra*, titola il giornale ancora nell'ottobre del 1998.

Caduto il governo, Silvio chiede nuove elezioni, ma il presidente della Repubblica Oscar Luigi Scalfaro incarica Lamberto Dini, ministro del Tesoro di Berlusconi, di formare un nuovo governo tecnico senza passare dalle urne. «Un golpe» strillerà anni dopo. «Nel 1994 ci fu un golpe contro di me. Scalfaro disse a Bossi: "Berlusconi è nel baratro, i giudici di Milano lo condanneranno. In quel baratro non finirci anche tu".»

Le nuove elezioni arrivano soltanto il 21 aprile 1996: e Berlusconi, che non riesce a rimettere insieme tutti i suoi alleati, questa volta è sconfitto dalla coalizione di centrosinistra dell'Ulivo guidata da Romano Prodi. A questo punto per lui si ripresenta la situazione del 1993, anzi, ancora più grave: politicamente è ricacciato all'opposizione; giudiziariamente è impantanato in un'interminabile serie di processi; finanziariamente le sue aziende hanno l'acqua alla gola, con la Fininvest che nel giugno del 1996 ha una posizione netta negativa di 2396 miliardi.

Ma anche questa volta Berlusconi non si perde d'animo: si attrezza, in politica, alla «traversata del deserto», cioè a fare opposizione preparando la sua prossima rivincita; e, per quanto riguarda l'azienda, porta a compimento la quotazione in Borsa, per ottenere dal mercato, in cambio di azioni, i soldi di cui ha assolutamente bisogno per non affondare.

In Borsa, con i comunisti al governo

Il progetto Wave, come ricordato, era nato nel 1993, in piena Mani pulite. Per salvare le sue aziende piene di debiti, Berlusconi deve trovare tanti soldi, e in fretta. Le banche gliene hanno già dati tantissimi e sono preoccupate di non riuscire a farseli restituire. Ma sono ancora anni buoni per andare in Borsa: quotare un'azienda e chiedere finanziamenti al mercato, cioè a chi è disposto a puntare su quell'azienda.

Berlusconi lo fa di malavoglia: gli piace comandare sui suoi affari senza avere noiosi controlli delle agenzie istituzionali e azionisti di minoranza che chiedono conto di quello che fa. Ma la sua situazione finanziaria è tale che non può più farne a meno. Deve inventare una nuova sigla, Mediaset, a cui affidare le attività televisive, e quotarla in Borsa, in modo che gli investitori, acquistando le azioni, se ne comprino una fetta.

Per far questo, deve sistemare la situazione aziendale, mettere ordine nella complicata architettura delle sue società, perché per metterci soldi gli investitori vogliono sapere a chi effettivamente li danno. E poi deve fare i suoi controlli anche la Consob, cioè la commissione che vigila sui mercati finanziari.

Così tra il 1993 e il 1994 si mette in moto il complicato meccanismo che porterà Berlusconi in Borsa. Nasce a Milano una piccola società che si chiama Mediaset Srl, che nel 1995 diventa Spa. A Malta nasce invece la Ims, International Media Services Ltd, che si occupa di un settore chiave per la televisione: l'acquisto dei diritti, di solito negli Stati Uniti, di film e serie tv da trasmettere in Italia. La Ims non è proprio il massimo della trasparenza: la sede in Saint John Street alla Valletta è poco più di un punto di appoggio affidato a due *nominees* imposti dal diritto societario locale. Gli uffici operativi sono a Lugano, in Svizzera, e da lì si trattano i film con le major di Los Angeles. Fino allo sbarco in Borsa, quindi, il cuore di Mediaset sarà all'estero. Ma la società di Malta e gli uffici di Lugano fanno, in maniera semplificata, quello che fino ad allora si faceva a Londra, dove i diritti tv comprati a Los Angeles arrivavano a una serie di società amministrate da un avvocato d'affari inglese, David Mills. Mentre Mediaset s'avvia verso la Borsa, le società estere di Mills vengono gradualmente svuotate finché dalle carte ufficiali spariscono anche le ultime sigle gestite dall'avvocato inglese (Leopard Communications, Lion Communications, Nst).

Il 10 giugno 1996 viene depositato il prospetto di collocamento di Mediaset. È il documento ufficiale necessario per andare in Borsa. A pagina 67, c'è un paragrafo intitolato *Procedimenti giudiziari e arbitrali.* Ha il numero 17 – ironia della sorte – e in quattro paginette passa in rassegna un formidabile elenco di guai giudiziari. È obbligatorio per legge, infatti, avvertire i potenziali investitori dei procedimenti penali in corso che riguardano la società da quotare. E sono tanti, quelli che coinvolgono Berlusconi e le sue aziende. Alla fine, il prospetto è costretto a concludere: «La società non può escludere che sui corsi delle azioni Mediaset possano influire sia un eventuale esito negativo dei suddetti procedimenti, inclusi quelli relativi all'azionista di controllo, sia l'attenzione da parte dei mezzi di comunicazione».

C'è un procedimento a cui è dedicata una sola riga, ma è quello che preoccupa di più Berlusconi e i suoi uomini: è per falso in bilancio della società Fininvest. Le preoccupazioni riguardano il fatto che la Procura di Milano ha appena ricevuto da Londra i documenti relativi alle società amministrate da David Mills, chiamate «Fininvest Group B – *very discreet*». È il lato segreto degli affari di Berlusconi, il sistema di società estere del gruppo, la Fininvest Gruppo B: la Fininvest ombra, insomma, il Biscione parallelo. Preoccupazioni comprensibili: analizzando quelle carte nascerà il processo sui diritti televisivi Fininvest che porterà, molti anni dopo, alla condanna definitiva di Berlusconi per il reato di frode fiscale.

Che cosa facevano, infatti, le decine di società estere della Fininvest ombra? Movimentavano un sacco di soldi, oltre 1000 miliardi di lire, creando fondi neri, non visibili nei bilanci, e frodando al fisco italiano milioni di euro di tasse non pagate. Come? La società A compra diritti sul mercato americano e poi li vende alla società B che li rivende a C, che li rivende a D e così via. Poiché a ogni passaggio è scattato un sovrapprezzo, alla fine i diritti acquistati a dieci costano cento. E poiché tutte le società, da A a Z, sono, in modo palese o più spesso occulto, società Fininvest, ne risulta che, gonfiando i costi dichiarati, si è frodato il fisco. E che nel percorso da A a Z si sono prodotti fondi neri (la differenza tra il prezzo iniziale e quello finale) che non compaiono nei bilanci e che possono alimentare operazioni «riservate». Sono un tesoretto segreto che potrebbe essere usato anche per pagare tangenti.

Il giochetto si può tentare, anche perché i diritti televisivi sono beni immateriali e il prezzo di un film o di un telefilm si può fissare un po' come si vuole, senza criteri certi per stabilire un costo. Così però varia molto anche il valore complessivo di Mediaset, decisivo per fissare il valore dell'azione al momento del collocamento in Borsa: perché è un valore fatto di beni materiali (gli impianti tv), ma anche di beni immateriali (la *library* dei diritti, appunto, cioè tutti i programmi che ha in magazzino).

Quindi, sul prospetto per il collocamento è scritto che la *library* dei diritti Mediaset è valutata 2078 miliardi di lire: è la cifra indicata nel maggio del 1996 dalla Kagan World Media, una società specializzata nella valutazione dei diritti con sede a Los Angeles. Soltanto un anno prima, un perito del Tribunale di Bergamo, Claudio Scola, con la collaborazione della società specializzata Bannon aveva valutato la *library* meno della metà: 909 miliardi. Era però una *library* solo parzialmente sovrapponibile con quella valutata da Kagan, ribattono gli uomini Fininvest.

Comunque sia, la Consob, la commissione che dovrebbe vigilare sui mercati finanziari, non fa una piega. Né per verificare il valore dichiarato della *library*, né per le inchieste che incombono sulle aziende di Berlusconi: quella della Procura di Milano sulle società estere del Biscione, che potrebbe mettere in dubbio il valore reale della *library* e dunque della quotazione di Mediaset; e quella aperta in Spagna dal giudice Baltasar Garzón Real, che il 22 maggio 1996 arriva a Milano perché ritiene che Telecinco, l'emittente di Berlusconi in Spagna, sia interamente controllata da lui in modo occulto, proprio attraverso società estere (cosa proibita in quel paese, dove, come abbiamo visto, la legge antitrust permetteva a un operatore di possedere non più del 25 per cento di una rete tv).

Niente: zitta la Consob, zitto il governo italiano, che in quel momento è di centrosinistra, guidato da Romano Prodi. Non si intromette nell'operazione e lascia che la storia segua il suo corso. Ai leader del centrosinistra, e in particolare al segretario del Pds-Ds Massimo D'Alema, in quel 1996 preme instaurare un rapporto disteso con Berlusconi, con il quale mettere in cantiere le riforme istituzionali, progettando addirittura una riscrittura della Costituzione all'interno della commissione bicamerale, in cui deputati e senatori sono chiamati a riformare la Carta. Tra questi, anche Silvio Berlusconi, che in quel momento è all'opposizione e in grandi difficoltà politiche e finanziarie. Viene accreditato da D'Alema come «padre costituente», chiamato a metter mano alla Costituzione anche in una materia, la giustizia, a cui Berlusconi è particolarmente sensibile per via delle inchieste di cui è protagonista. Le riforme, poi, non si faranno, ma soltanto perché Berlusconi rovescerà il tavolo e farà fallire la bicamerale.

Intanto, però, torna sulla scena politica da protagonista. E porta a casa il risultato per lui più importante: la risoluzione dei problemi finanziari del suo gruppo. Mediaset nel 1996 entra trionfalmente in Borsa. Il collocamento è un successo. Aiutata dalle grandi banche (interessate a rientrare dei loro finanziamenti), raccoglie tanti soldi e risolve la crisi finanziaria di Berlusconi. Sei mesi dopo la quotazione, all'inizio del 1997, la Fininvest si ritrova con una posizione finanziaria netta positiva e 500 miliardi di lire di liquidità in cassa.

Negli anni seguenti, Berlusconi è il leader dell'opposizione di centrodestra ai governi dell'Ulivo guidati da Romano Prodi, poi da Massimo D'Alema e da Giuliano Amato. Intanto costruisce il suo nuovo capolavoro: ricuce l'alleanza con Bossi e con tutto il centrodestra, forma una coalizione chiamata Casa delle libertà. Durante la campagna elettorale firma, davanti alle telecamere di *Porta a Porta*, il programma tv di Bruno Vespa, il «contratto con gli italiani», uno spottone gratuito in cui si impegna, in caso di vittoria, a diminuire le tasse, a dimezzare la disoccupazione, ad avviare centinaia di opere pubbliche, ad aumentare le pensioni minime e a ridurre il numero di reati. Alle elezioni del 13 maggio 2001 trionfa. Diventa per la seconda volta presidente del Consiglio.

2001, il grande ritorno

Abilissimo in campagna elettorale, è più deludente quando è al governo. Stare a Palazzo Chigi è per lui (e forse per tutti) molto più difficile che stare in tv a far propaganda. Lui stesso spiega che fare politica è più complicato che fare impresa. «Certe volte è drammatico perché io vedo quello che si potrebbe fare ma non posso farlo. Mentre molto spesso nell'imprenditore tra la decisione e la realizzazione c'è una linea retta, in politica c'è un blocco bizantino, un arabesco.» Così dice in un'intervista del 2003 a due giornalisti britannici. La «linea retta» e l'«arabesco» segnano la differenza tra comandare e governare, l'incomprensione strutturale dell'imprenditore per le mediazioni della politica e, soprattutto, l'insofferenza per le garanzie delle minoranze e il rispetto delle istituzioni.

Quell'intervista del 2003 è preziosa per capire chi è davvero Berlusconi, che parla, per una volta, senza rete, a due giornalisti esterni al sistema mediatico italiano, irrimediabilmente segnato dalla contrapposizione tra sostenitori e oppositori. I due sono Boris Johnson (allora direttore del settimanale inglese «The Spectator», poi diventerà primo ministro britannico) e Nicholas Farrell (biografo di Benito Mussolini e editorialista della «Voce di Romagna»). Incontrano il presidente del Consiglio italiano il 27 agosto 2003, mentre è in vacanza a Villa Certosa, in Sardegna.

La pubblicazione dell'intervista suscita in Italia clamorose polemiche e qualche impacciata spiegazione da parte dell'entourage di Berlusconi, ma viene integralmente confermata dai due giornalisti. A suscitare meraviglia e indignazione sono soprattutto le dichiarazioni secondo cui i giudici «sono matti», «antropologicamente diversi dal resto della razza umana» e secondo cui Mussolini «non ha mai ammazzato nessuno», «mandava la gente a fare vacanze al confino».

L'intervista è pubblicata sullo «Spectator» e poi, in versione italiana, in due puntate sulla «Voce di Romagna», il 4 e l'11 settembre 2003, con i titoli *Esportiamo la democrazia con la forza* e *Mussolini? Non uccise nessuno.*

Berlusconi comincia spiegando perché, parlando al Parlamento europeo, ha dato del kapò a un deputato socialdemocratico tedesco, Martin Schulz, suscitando un'ondata di indignazione e di proteste in Germania e in Italia. «Tutto il Parlamento ha riso» racconta Berlusconi, contraddetto dalla ripresa televisiva che mostra l'aula di Strasburgo attonita.

> Era una battuta che mi è venuta spontaneamente. Ed è uscita di getto. Cerco sempre di essere ironico nei miei discorsi. In quella seduta del Parlamento i discorsi erano stati preparati precedentemente sotto la regia degli europarlamentari della sinistra italiana. Così ne era uscita la seguente immagine dell'Italia: uno, che in Italia c'è un signore che controlla l'85 per cento della stampa italiana – è vero il contrario, io sono l'editore più liberale della storia –; due, che questa persona controlla anche tutta la televisione italiana, quando ho un amico che è Emilio Fede che ha il 7 per cento di share; tre, che metto sotto i piedi i giudici italiani e quindi che, se l'Italia si candidasse

> oggi per far parte dell'Unione europea, sarebbe respinta. Questo era l'argomento dei discorsi della sinistra quel giorno. La realtà italiana è che è una democrazia assoluta con delle anomalie. Una è che abbiamo un'opposizione che non è del tutto democratica perché è fatta di persone che furono comunisti e protagonisti del Partito comunista italiano che era stalinista in origine. Un'altra anomalia che all'estero non è conosciuta è che abbiamo una magistratura estremamente politicizzata. E la terza anomalia è che c'è un'enorme disinformazione da parte della stampa. Basta leggere «la Repubblica», basta leggere «l'Unità»: sono quotidiani completamente al servizio della sinistra. Se leggete «l'Unità» penserete di star vivendo sotto una tirannia.

Gli intervistatori gli chiedono: «Qual è la prova che noi abbiamo una magistratura politicizzata?». «La dichiarazione stessa dei giudici» risponde. «In una delle loro organizzazioni – Magistratura democratica – hanno dichiarato pubblicamente che i loro membri devono usare il sistema legale per rovesciare lo stato borghese.» Segue una descrizione della sinistra italiana come complice dei crimini dei regimi comunisti in tutto il mondo: «La sinistra ha sempre avuto un'attrazione fatale per la dittatura».

Poi spiega perché è entrato in politica. «Sono entrato in politica con grande dispiacere, ma nel 1994 ho pensato che l'estrema sinistra sarebbe stata un disastro per l'Italia. I partiti della sinistra controllavano il 34 per cento dei voti, ma avevano più dell'80 per cento delle poltrone in Parlamento perché gli altri partiti, quei cinque partiti che avevano governato l'Italia per cinquant'anni, erano distrutti. Ero l'uomo più popolare in Italia perché ho creato la tv commerciale dal niente ed ero un importante uomo d'affari, perché ero un uomo di sport con molte vittorie. Avevo cinque squadre e non solo di calcio, ma di hockey, pallavolo, rugby ed erano vittoriose in tutti i campionati italiani e mondiali» dice esagerando un po'. «Ho costruito piccoli paesi ed ero il proprietario della seconda più grande catena di supermercati; tutti gli italiani lo sapevano. Ero alla guida di un movimento popolare, e la gente lo diceva, tu sei la nostra sola speranza di non avere un governo di sinistra.»

«Come spiega allora» gli chiedono i giornalisti «gli attacchi di tutti i commentatori più autorevoli?» «Credo ci sia un elemento di gelosia in ognuna di queste persone perché non riesco a trovare un'altra spiegazione. Tutti questi giornalisti – Biagi, Montanelli – erano più anziani di me e credevano di essere loro quelli importanti nel nostro rapporto. Poi il rapporto si è capovolto e io sono diventato ciò che loro stessi volevano essere. Dunque, dato che loro non mi sono politicamente affini, si è sviluppato un sentimento irrazionale tra giornalisti italiani molto famosi.»

L'amico Bush, l'amico Putin

Domanda: «Berlusconi dice di ammirare la signora Thatcher, ma sta veramente conducendo una rivoluzione thatcheriana in Italia?». Nella risposta, lui cerca di fare un bilancio – non sempre preciso e veritiero – dei suoi poteri e delle sue realizzazioni politiche:

> Sono un grande ammiratore della signora Thatcher, ma ho letto nella sua biografia che nei suoi primi quattro anni lei ha compiuto molto poco. Ho grandi difficoltà con il sistema bicamerale italiano, e devo discutere qualsiasi cosa con i miei compagni di coalizione. Il primo ministro italiano non ha il potere di Tony Blair. Io ho solo il potere di persuasione morale. Non posso licenziare un ministro o un sottosegretario, ed è quasi un miracolo che sia stato capace di fare ciò che ho fatto. Ho ereditato uno Stato non solo con il debito pubblico più alto in Europa, al 105 per cento del nostro Pil, e il 6 per cento di quel Pil va a ripianare il nostro debito, e questo ha un fortissimo impatto sul nostro margine di manovra. Ma ho anche ereditato un paese che è vecchio nelle sue strutture e nelle sue istituzioni. L'Italia ha una classe imprenditoriale molto valida, grazie a Dio, e sono i cinque milioni di imprenditori la vera ricchezza d'Italia. Ma lo Stato

è vecchio, obsoleto, con una pubblica amministrazione che è pletorica, inefficiente e molto costosa. Abbiamo abolito la tassa di successione, quella sulle donazioni, abbiamo introdotto *break* di tasse per le imprese. Abbiamo aumentato la deduzione dalle tasse per ogni figlio da un milione di lire a un milione e mezzo di lire. In cinque anni intendo mantenere la mia promessa e portare l'incidenza delle tasse sul reddito personale dal 47 al 33 per cento. Allo stesso tempo voglio creare delle grandi zone tax-free per i meno abbienti. Quando abbiamo guardato i libri, abbiamo trovato un debito extra di 13 miliardi di euro, ma dopo due anni siamo avanti sulla tabella di marcia. Ho garantito le condizioni in cui ci saranno un milione di nuovi posti di lavoro. Stiamo provando a togliere persone dal mercato nero e regolarizzare il loro impiego. Poi il tasso di crimini denunciati è del 12 per cento più basso, perché stiamo trasformando la filosofia di giustizia e ordine da una filosofia puramente repressiva a una di tipo preventivo. Abbiamo introdotto una figura simile a quella del vostro «bobby» in tutte le maggiori città italiane: nelle strade, nelle piazze, nei pressi delle scuole, negli stadi. Ora circolano in coppia e in futuro forse potranno farlo da soli. Inoltre ho presentato un vasto programma di opere pubbliche, del valore di 125 miliardi di euro, comprendendo centoventicinque opere di maggior importanza delle quali sei sono epocali, come il ponte a Messina e la barriera [il Mose, *nda*] a Venezia. Sono già riuscito a digitalizzare la nostra pubblica amministrazione e a rendere il nostro mercato del lavoro il più flessibile in Europa. Sì, è più flessibile di quello inglese, ora.

Quella sui «bobby» è una dichiarazione pittoresca, ma quella sulla flessibilità del lavoro, ahimè, pare essere vera.

«Perché ha appoggiato la guerra in Iraq?» gli viene poi chiesto. «Abbiamo cercato di evitarla» risponde, «ma quando abbiamo visto che gli Stati Uniti e l'Inghilterra, nostri tradizionali alleati, avevano deciso di fare la guerra, noi siamo stati solidali nei loro confronti. [...] Siamo vivi oggi grazie agli Stati Uniti. Furono loro a liberarci dal nazismo e dal comunismo e ad appoggiare la nostra crescita economica. Abbiamo vissuto per cinquant'anni sotto la loro ala protettiva perché spesero il 4 per cento del loro Pil per proteggerci contro l'Unione Sovietica. [...]. Ho detto immediatamente al presidente Bush che mi era costituzionalmente vietato mandare truppe senza una seconda risoluzione dell'Onu, ma abbiamo mandato tremila soldati ora per aiutare la democrazia e mantenere la pace.»

Sull'amico Vladimir Putin non ha dubbi: «Siamo usciti dallo scontro di due blocchi perché la Federazione russa ha deciso, sotto la guida del signor Putin, di essere parte dell'Europa e dell'Occidente. Questo è un evento molto importante». Ma una parte dell'intervista mostra tutto il compiacimento dell'uomo arrivato nientemeno che a sedersi tra i grandi del mondo:

> Ho avuto l'occasione di essere presidente del G8 a Genova nel 2001, ed ero l'ospite della cena, e provavo a portare ognuno dentro la conversazione, facendo battute come al solito. Ho chiesto a Schröder delle sue esperienze con le donne, dato che è stato sposato quattro volte, e l'ho fatto ridere. E dopo poco ho deciso di spostare la mia sedia dal tavolo e lasciarli parlare, e ho visto Blair scherzare con Chirac, e Putin scherzare con Bush, e io stavo scherzando con tutti, e improvvisamente ho pensato: Guarda, eccomi qui, un uomo che ha vissuto sulla sua pelle la Seconda guerra mondiale, essendo nato nel 1936. Ho visto mio padre vestito da soldato, e ho pensato: Che mondo meraviglioso. Potrebbe essere così bello. Che mondo diverso lasceremo ai nostri figli.

Non una parola sul fascismo e sul nazismo, ma una rivelazione sull'origine della sua ossessione anticomunista:

> Quando ero bambino ho conosciuto il comunismo. Ero a scuola dai salesiani vicino a Milano, e alcuni preti che erano fuggiti superando la cortina di ferro vennero a trovarci e parlarono del terrore. Sapevo all'età di dodici anni che il comunismo era l'oppressione più inumana e criminale della storia dell'uomo. Il comunismo non è morto oggi, a proposito: ci sono ancora più di un miliardo di persone nel

mondo che vivono sotto il comunismo, e dove l'opposizione è in prigione o in esilio.

I giudici? Sono matti

L'intervista poi si volge sui temi giudiziari. «È giusto approvare leggi che la salvano dai processi?»

> Dovete capire che ho avuto più di cinquecento visite dalla guardia di finanza al mio gruppo, che ho avuto più di novanta indagini. Dovete chiedere, qual è il rimedio se un'intera procura, a Milano e a Palermo, non fa altro che inventare teoremi su di me? Qual è il rimedio se loro continuano a chiedermi di andare in tribunale, o continuano a farmi avere incontri con i miei avvocati? Sto governando o sto rispondendo continuamente a tutte queste accuse? Non è possibile. Soltanto l'8 per cento degli italiani ha fiducia in questa magistratura. Questo perché hanno capito ciò che l'«Economist» non ha ancora capito. Soltanto l'8 per cento. Dunque questo è sembrato il solo possibile rimedio.

Il settimanale «The Economist» aveva pubblicato nel 2001 una copertina destinata a entrare nella storia in cui definiva Berlusconi *unfit* – inadatto – a governare l'Italia. «Perché l'opinione pubblica non la capisce all'estero?» chiedono i due intervistatori.

> Credo che l'80 per cento dei giornalisti sia di sinistra e abbia rapporti molto stretti con l'informazione estera, e hanno tutti un club a Roma. Non concedo conferenze stampa all'informazione estera perché loro la usano solo come opportunità per attaccarmi. Non prendono in considerazione cosa faccio o dico. Scrivono ciò che c'è già nella loro testa. Non capiscono la nostra magistratura. Guarda cosa è successo ad Andreotti che era stato condannato a vent'anni.

Nel maggio del 2003, Giulio Andreotti, leader della Dc sette volte presidente del Consiglio, processato a Palermo, incassa una sentenza d'appello in cui è stabilito che ha commesso il reato di partecipazione all'associazione per delinquere Cosa nostra «concretamente ravvisabile fino alla primavera del 1980». Il reato è però estinto per prescrizione. Alla domanda se ritenesse Andreotti mafioso, Berlusconi si scatena contro i magistrati:

> Ma no, ma no. Andreotti è troppo intelligente, è troppo intelligente. Guardate, Andreotti non è mio amico. Lui è di sinistra. Hanno creato questa menzogna per dimostrare che la Democrazia cristiana, che è stata per cinquant'anni il partito più importante nella nostra storia, non era un partito etico, ma un partito vicino alla criminalità. Ma non è vero. È una follia! Questi giudici sono doppiamente matti! Per prima cosa, perché lo sono politicamente, e secondo sono matti comunque. Per fare quel lavoro, devi essere mentalmente disturbato, devi avere delle turbe psichiche. Se fanno quel lavoro è perché sono antropologicamente diversi dal resto della razza umana.

Nella seconda parte dell'intervista, Berlusconi parla del regime fascista in Italia: «Lasciamo stare, era una dittatura molto più...». Nicholas Farrell suggerisce, in inglese: «*Benevolent*». L'interprete traduce: «Benigna». Silvio annuisce: «Sì, Mussolini non ha mai ammazzato nessuno, Mussolini mandava la gente a fare vacanze al confino». «In posti» conclude Farrell «che adesso sono luoghi di vacanze esclusivi.»

Dunque: Mussolini «mandava la gente a fare vacanze al confino» e i magistrati sono «antropologicamente diversi dal resto della razza umana». Questo è il Berlusconi-pensiero.

Sui magistrati, l'elenco degli attacchi, insulti e accuse che ha rivolto loro negli anni è infinito. «La vera anomalia italiana non è Silvio Berlusconi ma sono i pm comunisti e i giudici comunisti che da quando Berlusconi è entrato in politica hanno deciso di aggredirlo con innumerevoli iniziative» (27 ottobre 2009). «Ci sono bande di pm talebani che accusano gli avversari politici e usano le armi della giustizia a scopi politici» (26 febbraio 2010).

«Questi pm di Milano hanno prodotto tentativi di eversione, sono un cancro della democrazia che va estirpato» (7 maggio 2011).

L'ossessione di Silvio per i giudici è uno dei fili rossi di tutta la sua vita politica. Riaffiora anche in un momento delicato, l'8 settembre 2020, quando è ricoverato per Covid all'ospedale San Raffaele di Milano e con una voce d'oltretomba, collegato con una riunione di sostenitori riuniti in Valle d'Aosta, detta al telefono una sorta di breve testamento politico: «Spero proprio di farcela e di riuscire a tornare in pista a condurre le nostre battaglie di sempre, soprattutto per l'impresa, per il lavoro, contro l'oppressione fiscale, contro l'oppressione burocratica, contro la giustizia ingiusta e contro i giudici che invece di fare i giudici fanno politica».

Opposizione, governo, golpe

Silvio aumenta i consensi quando è all'opposizione, ma li diminuisce quando è al governo. Tanto che la sua Casa delle libertà, dopo aver trionfato nelle politiche del 2001, perde le elezioni regionali del 2005. Dopo una rapida crisi di governo, vara il suo terzo dicastero e si avvia alle elezioni del 2006, che sono però vinte dall'Unione, la coalizione di centrosinistra guidata ancora da Prodi. Un risultato di misura: Berlusconi non riconosce la vittoria dell'avversario e chiede il riconteggio dei voti. Le giunte parlamentari per le elezioni ricontrollano le schede bianche e nulle e confermano il risultato.

Il 18 novembre 2007 fa il «discorso del predellino», pronunciato dal predellino di un'automobile in piazza San Babila a Milano. Proclama lo scioglimento di Forza Italia e la nascita del Popolo della libertà, il Pdl, un nuovo soggetto politico contro i «parrucconi della politica», che «intende rovesciare la piramide del potere», fondato insieme al leader dell'ex Msi, Gianfranco Fini.

Il 14 aprile 2008, la coalizione formata da Popolo della libertà, Lega Nord e Movimento per l'autonomia vince le elezioni con il

47 per cento e Berlusconi forma il suo quarto governo, che dura fino al 2011. Poi, il crollo. Il 12 novembre, dopo l'approvazione della legge di bilancio, come concordato con il presidente della Repubblica Giorgio Napolitano, Berlusconi sale al Quirinale e rassegna le dimissioni del suo governo. Era l'obbligatoria presa d'atto di un fallimento, per aver trascinato l'Italia alla bancarotta finanziaria, economica, morale e politica. Quella sera, davanti a Palazzo Grazioli, la sua residenza romana, trovò ad accoglierlo migliaia di persone in festa che cantavano e danzavano per la fine del suo governo. In piazza del Quirinale c'era persino una piccola orchestra che suonava l'*Hallelujah* di Händel.

Poi però prese a circolare tra i suoi sostenitori un'altra spiegazione: quelle dimissioni erano la conseguenza di un golpe, il risultato di una congiura internazionale dell'Europa e della sinistra, l'esito di un complotto dei poteri internazionali, di Angela Merkel, Nicolas Sarkozy e Giorgio Napolitano; i tre sono riusciti a estromettere Berlusconi dal governo italiano per sostituirlo con un uomo di loro fiducia.

In realtà l'Italia è impantanata in una pesante crisi finanziaria, come e più degli altri paesi europei, da cui cerca di uscire con un governo tecnico guidato da un professore, Mario Monti. È il momento forse più nero della storia politica di Berlusconi: dirada le uscite pubbliche, annuncia di non volersi più candidare alla presidenza del Consiglio, dà il suo benestare alle primarie del centrodestra per scegliere il nuovo candidato leader. Dopo essere stato estromesso dal governo nel novembre del 2011, Berlusconi non proverà più l'ebbrezza di vincere alle urne.

Il lento declino

Ma la crisi dura poco. Nel dicembre del 2012 scende di nuovo in campo: sospende le primarie e si ricandida. Il voto degli italiani, il 24 e 25 febbraio 2013, è comunque un terremoto: ne esce come prima formazione politica il Movimento 5 Stelle, che corre da solo (25,5 per cento dei voti), arrivando a un soffio dalla coalizione di centrosinistra (29,5 per cento) e da quella di centrodestra (29,1 per cento). Segue un governo di «larghe intese» che lascia fuori i 5 Stelle, sostenuto da Berlusconi insieme al centrosinistra e guidato da Enrico Letta.

Dopo la sconfitta alle politiche e un ancor più pesante tonfo alle amministrative che seguono, Berlusconi rifonda Forza Italia, che si era sciolta nel Popolo della libertà, e passa all'opposizione del governo Letta. Il 1° agosto arriva la condanna definitiva in Cassazione per frode fiscale e la susseguente decadenza da senatore. È costretto a lasciare Palazzo Madama. Nel marzo del 2014 perde anche il titolo di Cavaliere del lavoro. Per Forza Italia inizia un progressivo declino, mentre nel centrodestra crescono i consensi del nuovo leader della Lega, Matteo Salvini.

Alle elezioni politiche del 2018, il leader di Forza Italia non si può neppure candidare, per le conseguenze della condanna penale. Ma sono i voti a sancire il suo declino: Forza Italia si ferma al 14 per cento, mentre è Salvini, con il suo 17,5 per cento, a diventare il nuovo leader del centrodestra. Il Movimento 5 Stelle è il vero vincitore (con il 32,6 per cento), mentre il Pd raccoglie il 18,7 per cento. In questa situazione, al governo vanno prima M5S e Lega, con presidente del Consiglio Giuseppe Conte, che poi rompe con Salvini e avvia un nuovo governo con il Pd. Fino alla sua caduta, nel febbraio del 2021, quando a palazzo Chigi sarà chiamato dal capo dello Stato, Sergio Mattarella, l'ex presidente della Banca europea, Mario Draghi.

Il vecchio saggio

Non più leader indiscusso del centrodestra, con i consensi in calo e qualche problema di salute, Silvio Berlusconi tenta comunque un recupero d'immagine e di ruolo politico. Scontata la pena e incassata la riabilitazione, nel 2019 può ripresentarsi alle elezioni: si candida alle europee, capolista in tutte le circoscrizioni (tranne l'Italia centrale) e viene eletto al Parlamento di Strasburgo. Perde comunque il primato del più votato d'Italia, perché le sue 560.000 preferenze sono superate da quelle di Matteo Salvini.

Nella sua storia politica, ha fatto collezione di delfini, possibili successori che poi sono finiti tutti regolarmente spiaggiati: Gianfranco Fini, Stefano Parisi, Giovanni Toti, Angelino Alfano, Mauro Pili, Maurizio Scelli, Corrado Passera, Gianpiero Samorì, Guido Bertolaso, Raffaele Fitto, Paolo Del Debbio, Mara Carfagna. Lui resta unico e insostituibile. Nella fase di declino, si presenta come un nonno buono. Nelle campagne elettorali usa toni moderati, in politica cerca alleanze centriste, in pubblico mostra il suo volto più umano. Alla sua destra ha già Salvini e poi, con consensi crescenti, Giorgia Meloni, che fa aumentare via via il peso del suo partito, Fratelli d'Italia. Silvio gioca al centro, cerca di far dimenticare il suo passato, quando veniva chiamato «il Caimano». Il gioco riesce. Molti dei suoi antichi oppositori lo rivalutano, anche perché trovano un nuovo nemico: il «populismo», incarnato dal Movimento 5 Stelle.

Così il fondatore di «Repubblica», Eugenio Scalfari, nel 2017 dichiara: «Tra Luigi Di Maio e Silvio Berlusconi, scelgo Berlusconi». Incassa il sostegno dell'«Economist» e di «Le Monde», che in passato erano stati tutt'altro che teneri con lui. Riesce a farsi perdonare anche da Angela Merkel e dai vertici dell'Unione europea. E perfino Michele Santoro, considerato un grande oppositore di Berlusconi, oltre che vittima del suo «editto bulgaro», in un'intervista del gennaio 2018 dichiara: «Berlusconi è come me, una specie di vecchio saggio che si aggira sulla scena con l'aria di chi si chiede: Che devo fare? È stato molto abile a fare un gioco per lui inusuale: aspettare che gli altri sbagliassero. Anche le sue interviste sono apparse molto ragionevoli. Da uno che ha la testa sulle spalle. Ha detto cose sagge».

È vero: nella campagna elettorale del 2018 Silvio ha mantenuto un basso profilo. Pensando di essere il favorito, ha recitato il ruolo del moderato che può salvare l'Italia dal populismo. Ha sfoderato toni suadenti. Si è proposto come animalista. È andato in Europa a farsi accogliere dalla leader tedesca Angela Merkel e dal presidente della Commissione europea Jean-Claude Juncker. Quella stessa Merkel che un tempo indispettiva, facendola attendere mentre lui era al telefono con chissà chi. Quel Juncker che nel 2014 si diceva «nauseato» dal Cavaliere. Ha incassato il sostegno del capo del Partito popolare europeo, Antonio López, che ha dichiarato: «Il nostro appoggio è chiarissimo. Con un futuro governo forte e grazie all'influenza di Berlusconi, l'Italia è destinata ad avere maggior presenza nelle decisioni della Ue». E Manfred Weber, il capogruppo del Partito popolare europeo, ha aggiunto: «Berlusconi non ha bisogno di riabilitazioni, è un grande europeo e un grande statista italiano».

Un trionfo. Anche «Le Monde» nel 2018 scrive: «È ineleggibile, ma imprescindibile». Berlusconi sa quando è il momento di gridare e quando è il momento di rassicurare. L'importante è vincere. A urlare ci sono già i 5 Stelle, che lui ora ha eletto a suoi grandi nemici, al posto dei comunisti delle passate battaglie elettorali. Vede nei 5 Stelle i suoi veri competitor elettorali, i suoi unici irriducibili oppositori: con gli altri (il centrosinistra) una qualche forma di accordo, o di inciucio, o di intesa istituzionale, l'ha già trovata tante volte e la può ancora trovare. Ecco dunque il Berlusconi padre della patria. Ma sotto il cerone è sempre lui.

Dopo essersi proposto come unico argine contro i populisti e l'antipolitica, in tv, a La7 (al programma *Non è l'Arena*), dice: «Non ho nessuna passione, anzi la politica e i suoi professionisti mi fanno schifo». Parla a una manifestazione di animalisti e dichiara: «La sentenza che mi impedisce di fare il premier è criminale». Resta sempre antipolitico, eversivo, si rifiuta di accettare la divisione dei poteri, base della democrazia, e di riconoscere il potere giudiziario quando lo condanna. Ma i giornali preferiscono vedere solo la parte «presentabile» del nuovo Berlusconi, lasciando in ombra la sua eterna vena illegale.

Ci è voluto Gavin Jones, dell'agenzia internazionale Reuters, per ricordare, a febbraio del 2018, quello che la gran parte dei giornalisti italiani non volevano vedere: «Sembra in stato confusionale e nessuno ne parla. Non solo confonde euro e lire, ma dimentica quasi sempre i miliardi quando parla del Pil o del debito pubblico... Dice che, al governo, ha abolito 411.000 leggi. Non è un lapsus: è una cifra precisa. Un numero assurdo, senza alcun fondamento. È come se tutti facessero finta di non vederlo, come nella fiaba *I vestiti dell'imperatore*: nessuno dice che il monarca è nudo, solo un bambino». Invece Berlusconi «è trattato con straordinario rispetto. Quasi con reverenza. Quando è intervistato, non vengono mai citati la condanna, il conflitto d'interessi, i processi ancora in corso. Temi che la stampa estera ha enfatizzato molto. Qui in Italia non esistono. In Inghilterra sarebbe inconcepibile che in tutta la campagna elettorale non sia mai citato il fatto che il leader politico sia a processo per corruzione di testimoni».

Sandro Gilioli, giornalista dell'«Espresso», autore del seguitissimo blog *Piovono rane* e poi direttore di Radio Popolare, del nuovo Berlusconi nel 2018 scrive: «Nessuno che gli voglia bene e gli impedisca di andare in giro a fare strafalcioni spaventosi e figure peggiori, numeri sbagliati, nomi sbagliati, valute sbagliate. Non ha nessuno. Il bilancio di una vita drammatico e fallimentare, a ottantadue anni: attorno solo clienti, profittatori, affamati di qualche mancia di soldi o potere, e la lucidità che se n'è andata, e la voce strascicata nell'emulare il sé stesso di un tempo, il corpo mummificato in un'imitazione grottesca del proprio passato. Pietà umana per un uomo così ricco di denaro eppure così povero di affetti, di rapporti autentici e, purtroppo, di dignità».

Nessuno che ricordi i suoi rapporti con la mafia, da cui si è fatto proteggere e che ha finanziato per anni. Le mazzette pagate dalla sua azienda. La compravendita di senatori per far cadere un governo. La sua condanna per frode fiscale, avendo sottratto al fisco (cioè ai cittadini) milioni di euro. In quale paese civile del mondo si tollererebbe il ritorno in politica di un personaggio così, a cui i giudici in una sentenza attribuiscono «una particolare capacità a delinquere»?

In Italia, dove Silvio Berlusconi, a ottantacinque anni, nel gennaio del 2022, annuncia la sua candidatura alla presidenza della Repubblica.

Premio alla carriera

La candidatura solleva molte discussioni sull'opportunità che possa salire al Quirinale un uomo con la sua storia. Ma i grandi giornali e le tv non mettono in evidenza le sue vicende giudiziarie, non accennano neppure all'indagine ancora aperta a suo carico sulle stragi di mafia. Diffondono invece particolari «simpatici» – fatti filtrare dallo stesso protagonista – come il sogno di Silvio che già da bambino voleva diventare presidente della Repubblica. Lo scrive Tommaso Labate sul «Corriere della Sera», raccontando che mamma Rosa conservò per tutta la vita un tema svolto da Silvietto alle scuole elementari in cui descriveva il suo sogno. Sogno curioso. Anche perché Berlusconi è nato nel 1936 e il primo presidente della Repubblica, Enrico De Nicola, è stato eletto il 1° gennaio 1948 quando Silvio aveva dodici anni, dunque aveva già finito le elementari.

La salute di Berlusconi viene descritta dai suoi avvocati e attestata dai suoi medici come molto compromessa sul piano fisico e su quello psichico, quando deve andare nelle aule giudiziarie da imputato. Sono ripetute e moltiplicate infatti le richieste di rinvio delle udienze per motivi di salute. Silvio torna in ottima forma quando, dismessi i panni di imputato, indossa quelli di politico e di candidato alla massima carica dello Stato.

Qualcuno dei suoi sostenitori presenta la sua candidatura al Quirinale come «un premio alla carriera»: come se l'istituzione più alta della Repubblica si potesse trasformare in coppa, medaglia, trofeo, *cadeau*. Ma alla fine sono i parlamentari del suo stesso schieramento a non credere davvero al suo trasloco sul Colle.

Il candidato più forte appare per giorni Mario Draghi, in quel momento presidente del Consiglio del «governo dei migliori», sostenuto da tutti i partiti tranne Fratelli d'Italia e Sinistra italiana. Ma per non sconvolgere equilibri di potere che potrebbero far cadere il governo e portare a nuove elezioni, i grandi elettori a gennaio del 2022 scelgono di non scegliere e riconfermano Sergio Mattarella.

Lui, Silvio, continua a scivolare in un lento declino. I giochi si riaprono nell'estate del 2022. Il Movimento 5 Stelle, diviso e in crisi, mostra segni di insofferenza a restare dentro un governo che sembra lavorare per smontare progressivamente i punti più significativi del suo programma. Il suo nuovo leader, Giuseppe Conte, ha uno scatto d'orgoglio e presenta a Draghi nove richieste di chiarimenti. Il presidente del Consiglio le rimanda al mittente. Ne approfittano Lega e Forza Italia, che tolgono la fiducia a Draghi per andare rapidamente alle elezioni a riscuotere un successo della destra che i sondaggi danno per certo. Draghi avrebbe potuto accettare le richieste di Conte o comunque restare a Palazzo Chigi, perché avrebbe avuto la maggioranza anche senza i voti in Parlamento dei 5 Stelle (oltretutto indeboliti da una scissione realizzata da Luigi Di Maio su posizioni filogovernative). Invece sceglie di dare le dimissioni e avviare il paese a nuove elezioni.

Berlusconi, fino a quel momento grande sostenitore del governo dei migliori, decide di fare fronte comune con Matteo Salvini e di ricongiungersi con Giorgia Meloni, che i sondaggi danno come grande favorita alle elezioni. Esce dal governo, non senza qualche ripercussione interna: lo abbandonano alcuni ex fedelissimi come Renato Brunetta, Mara Carfagna, Mariastella Gelmini, che si aggiungono ai berlusconiani che lo hanno già «tradito» come, via via, Sandro Bondi, Giovanni Toti, Paolo Romani.

È Giorgia Meloni la stella politica del momento. Il suo essere restata sempre all'opposizione, fuori dai tre governi che si sono succeduti dal 2018 al 2022, gonfia i consensi al suo partito, Fratelli d'Italia. Spiega il sociologo Marco Revelli: «I poveri votano a destra per rancore contro chi li ha abbandonati e traditi. Il voto populista di destra non è un voto di protesta, ma di vendetta: scegliere il più brutto, sporco e cattivo, dal punto di vista dell'establishment, e votarlo. Per esprimere il rancore, la voglia di punire chi avrebbe dovuto rappresentarti e invece ha rappresentato altri: il mondo della finanza, della comunicazione, le nuove professioni, tutto quello che è veloce e ricco, tutto quello che fa ricchezza».

Così Berlusconi s'avvia verso la sua ottava campagna elettorale. Sa di essere alla guida dell'ormai più piccolo fra i tre partiti della sua coalizione, ma è certo della vittoria della destra e punta dritto al ritorno dentro il Parlamento, progettando di diventare, se non presidente della Repubblica, almeno presidente del Senato, seconda carica dello Stato. Alle elezioni del 25 settembre 2022 riesce infatti almeno a contenere l'arretramento di Forza Italia, che comunque retrocede all'8,8 per cento dei consensi, e poi cerca di presentarsi come una sorta di padre nobile della coalizione che però ha ormai una leader indiscussa: Giorgia Meloni.

Licia la zarina

L'incanto si rompe presto. Il 13 ottobre 2022 doveva essere il grande giorno del rientro di Silvio Berlusconi in Parlamento. Si trasforma invece in un'umiliazione mai vista. Quel giorno, il Senato si riunisce per eleggere il suo presidente. Non può essere Berlusconi, il cui partito non ha avuto un buon risultato elettorale. Il fondatore di Forza Italia chiede a Giorgia Meloni di avere almeno tre ministri di peso, e tra questi vuole due sue fedelissime: Maria Elisabetta Alberti Casellati e Licia Ronzulli. Non gli dispiacerebbe piazzarle in dicasteri per lui essenziali, quello della Giustizia e quello dello Sviluppo economico, che ha competenze anche sul settore televisivo. O almeno al Turismo.

Meloni però dice no a Ronzulli. Come ritorsione, Berlusconi ordina ai suoi di non votare Ignazio La Russa, candidato della destra alla presidenza del Senato. Vuole mandare un segnale forte agli alleati e dimostrare di essere necessario alla maggioranza. La sua manovra fallisce miseramente: La Russa viene eletto ugualmente, con diciassette voti provenienti dall'opposizione. Resta aperto il giallo di dove siano arrivati, da quale partito. Ma intanto per un Silvio che rientra in Senato visibilmente provato dagli anni, barcollante e a tratti confuso, è una sconfitta secca. Incassata attorno al nome di Licia Ronzulli.

È l'ultima zarina di Arcore, la nuova «badante» di Silvio, come la chiama chi dentro Forza Italia non le vuole bene. È la persona che ha contatti diretti e quotidiani con Berlusconi, dopo aver sostituito chi l'aveva preceduta in quel ruolo, Mariarosaria Rossi, e aver fatto asse con Marta Fascina, la nuova compagna di Silvio. Rossi era stata la tutor di quella precedente, Francesca Pascale, Ronzulli è il *link* con Marta Fascina.

È diventata la onnipresente assistente di Silvio guadagnandosi la sua fiducia fin dai tempi delle feste in Sardegna. È lei che, all'ingresso di Villa Certosa, smistava la frotta di ragazze che arrivavano dal continente trascinando piccoli trolley coloratissimi. Era il 2009, Licia Ronzulli, con in mano una lunga lista di nomi, accoglieva le ospiti e assegnava a ciascuna il suo posto nei bungalow della villa. Instancabile, grande organizzatrice, non perdeva un colpo. Biglietti aerei, transfer da e per l'aeroporto e, a Milano, prenotazione di ristoranti e biglietti per lo stadio, assegnazione dei posti degli ospiti alle cene *placées*.

La sua voce era stata registrata in un'intercettazione in cui parlava al telefono con l'imprenditore pugliese Gianpaolo Tarantini, prima di una festa del Milan (ancora berlusconiano). Soddisfatta, gli diceva: «Ti ho preparato un tavolo per dieci persone, proprio vicino a quello del presidente Berlusconi». Gianpi ringraziava. Era il 5 gennaio 2009 quando poi Tarantini chiamava Silvio per accordarsi su un viaggio a Villa Certosa: «Siamo io, Linda, Belén, la sorella, l'amica di Belén, Chiara quella ragazza di Modena e una mia amica di Milano... Mi metto d'accordo con Marinella?». Marinella è l'eterna, silenziosa, efficiente assistente di Berlusconi. No, risponde Silvio: «Devi accordarti con la dottoressa Ronzulli. Sì, Licia, è qui a farmi da segretaria». Sei mesi dopo, la segretaria è premiata con una candidatura al Parlamento europeo.

Aveva cominciato a lavorare come infermiera. Carriera rapida, era diventata responsabile del coordinamento delle infermiere e degli assistenti all'ospedale Galeazzi di Milano. Passata a coordinare, con la stessa inflessibile efficienza manageriale, le ragazze di Silvio, si era poi dedicata completamente alla politica. Suscitando dapprima invidie nelle schiere berlusconiane e poi duri scontri dentro il partito.

Il primo conflitto che era diventato pubblico era esploso nel maggio del 2014: una collega eurodeputata di Forza Italia, Susy De Martini, medico, candidata al Parlamento europeo come Licia Ronzulli nella stessa circoscrizione Nord-Ovest, non aveva gradito di essere scavalcata dalla rivale. «È una candidata *diversamente meritevole*» aveva allora dichiarato alla stampa, «messa in lista soltanto perché, come Nicole Minetti, organizzava feste a villa Certosa.» Era seguita l'uscita di De Martini dal partito di Silvio.

Licia aveva proseguito imperterrita la sua ascesa. Nell'estate del 2016, Berlusconi viene sottoposto a un complesso intervento chirurgico al cuore. Quando torna ad Arcore, trova la scena familiare cambiata. A sostituire Mariarosaria Rossi c'è Licia Ronzulli. Da quel momento diventa la sua ombra, dopo aver guadagnato anche la fiducia di Marina Berlusconi. Diventa la sua assistente, gestisce il passaggio da Francesca Pascale a Marta Fascina, ma è onnipresente anche nelle trattative politiche, nella vita di partito, fino alla formazione delle liste dei candidati alle elezioni del settembre 2022. Il premio per lei doveva essere un ministero importante. Ma Giorgia Meloni ha detto no: «Io non sono ricattabile». E Silvio incassa uno smacco pubblico senza precedenti. Continuando a scivolare nel suo lento declino.

Ad personam

> La prima cosa che colpisce in lui è il sorriso. [...] Egli è un uomo pubblico, quindi è costretto a sorridere, a quanto pare: ma il suo anziché essere un sorriso [...] rassicurante, splendente, anzi, radioso [...], quel suo sorriso con cui dichiara in fondo di non prendere tanto sul serio la vita, dato che la vita di per sé stessa è bella. [...] No. Il sorriso di Troya è invece un sorriso di complicità.
>
> *Pier Paolo Pasolini*

Com'è Berlusconi uomo di governo? Grande statista liberale. Barriera alla conquista del potere da parte dei comunisti. Salvatore dell'Italia. I suoi fan lo dipingono così, come un uomo perseguitato dai magistrati ma che con le sue politiche ha salvato il paese, o almeno ha tentato di farlo. Gli storici potranno discutere a lungo se l'azione di governo di Silvio Berlusconi sia stata efficace, utile o dannosa, ma quel che è indiscutibile è che abbia usato la sua forza politica e la sua posizione di governo per confezionare un'infinita serie di leggi *ad personam*, fatte su misura per i suoi interessi, soprattutto nel campo della giustizia (per difendersi dalle inchieste giudiziarie) e per favorire le sue aziende televisive.

Nell'arco di un ventennio, i governi Berlusconi – spesso, come abbiamo visto, anche con l'aiuto del centrosinistra – hanno varato decreti e leggi che non sono né di destra né di sinistra: sono semplicemente misure *pro domo sua*. Si fatica a trovare nel mondo dei paesi occidentali retti da democrazie parlamentari un fenomeno simile, e con queste dimensioni. Non singoli atti, ma una valanga di provvedimenti per bloccare i suoi processi, avvantaggiare le sue aziende, aiutare i suoi amici. Questa operazione è amplificata dal fatto che sono così tanti i suoi interessi aziendali, personali e politici e così fitte le sue relazioni d'affari e di potere che è davvero difficile scovare un provvedimento che non li intersechi. Ha cominciato subito, appena arrivato al governo nel 1994, con il decreto Biondi. Vieta la custodia cautelare in carcere (trasformata al massimo in arresti domiciliari) per i reati contro la pubblica amministrazione e per quelli finanziari, comprese la corruzione e la concussione. È approvato il 13 luglio 1994, in piena Mani pulite e proprio mentre alcuni ufficiali della guardia di finanza stanno confessando di essere stati corrotti per ammorbidire le verifiche fiscali in quattro società del gruppo Fininvest (Mediolanum, Videotime, Mondadori e Tele+) e sono pronte le richieste di arresto per i manager berlusconiani che hanno pagato le tangenti. Il decreto aiuta naturalmente anche tutti coloro i quali si trovano in condizioni simili a quelle di Berlusconi: impedisce di arrestare molti responsabili di reati e provoca la scarcerazione immediata di 2764 detenuti, dei quali 350 sono colletti bianchi coinvolti nel sistema di corruzione chiamato Tangentopoli.

I magistrati del pool di Mani pulite chiedono subito, in diretta tv, di essere spostati su altre indagini, poiché il decreto impedisce loro di amministrare una giustizia uguale per tutti. Scoppiano vivaci proteste di piazza in tutta Italia contro il decreto subito ribattezzato «salvaladri». A questo punto la Lega di Bossi e Alleanza nazionale di Gianfranco Fini ritirano il sostegno al decreto e costringono Berlusconi a lasciarlo decadere in Parlamento. Subito dopo vengono arrestati Paolo Berlusconi, fratello di Silvio, il capo dei servizi fiscali della Fininvest Salvatore Sciascia e il consulente del gruppo Massimo Maria Berruti, accusato di aver depistato le indagini subito dopo un colloquio con Berlusconi.

Le leggi salva-Mediaset...

Il 10 giugno 1994, era stato approvato il decreto Tremonti, che detassa del 50 per cento gli utili reinvestiti dalle imprese, purché riguardino l'acquisto di «beni strumentali nuovi». Grazie a questo provvedimento, Mediaset risparmia 243 miliardi di lire di imposte sull'acquisto di diritti cinematografici: film, quindi beni immateriali, non strumentali, e non nuovi, ma vecchi. C'è quindi un'evidente contraddizione tra il comportamento di Mediaset e la lettera del decreto. E allora che si fa? Una bella circolare «interpretativa» del ministro Giulio Tremonti, il 27 ottobre dello stesso anno, estende il concetto di beni strumentali a quelli immateriali e il concetto di beni nuovi a quelli già usati all'estero.

Nel 1997 arriva la legge Maccanico. Una sentenza della Corte costituzionale del 7 dicembre 1994 dichiarava incostituzionale la legge Mammì, che consentiva alla Fininvest di possedere tre reti televisive trasmesse via analogico terrestre. Dunque una delle tre doveva essere spenta oppure passare sul satellite, entro il 28 agosto 1996. Interviene allora il ministro delle Comunicazioni del governo di centrosinistra di Romano Prodi, Antonio Maccanico, che concede a Berlusconi una proroga fino al 31 dicembre in attesa di una nuova legge «di sistema». A fine anno, la legge non arriva, dunque viene concessa alle reti Fininvest una nuova proroga di altri sei mesi. Il 24 luglio 1997, ecco la legge Maccanico: stabilisce che gli editori televisivi, come indicato dalla Corte costituzionale, non potranno detenere più del 20 per cento delle frequenze nazionali disponibili. Dunque una rete Mediaset è di troppo, ma a far rispettare quel tetto antitrust dovrà provvedere la nuova Autorità per le garanzie nelle comunicazioni (Agcom), che però potrà entrare in azione solo quando esisterà in Italia «un congruo sviluppo dell'utenza dei programmi televisivi via satellite o via cavo». Che cosa significhi precisamente «congruo sviluppo» nessuno lo sa, ma intanto, grazie a quella formulazione fumosa, Rete 4, che avrebbe dovuto trasmigrare sul satellite, continua tranquillamente a trasmettere.

Salvare Rete 4 diventa un impegno di tutti i governi, di destra e di sinistra. Nel 1998 la neonata Agcom si mette all'opera per ordinare l'etere televisivo. Presenta il nuovo piano delle frequenze tv e bandisce la gara per rilasciare le otto concessioni televisive nazionali. Rete 4, essendo «eccedente» rispetto alla legge Maccanico, perde la concessione e al suo posto la vince Europa 7, la rete dell'imprenditore abruzzese Francesco Di Stefano. Ma il governo

D'Alema, nel 1999, concede a Rete 4 un'«abilitazione provvisoria» per continuare a trasmettere anche senza concessione. Così per dieci anni Europa 7 si vede negare le frequenze a cui avrebbe diritto per legge.

Dopo l'ennesima sentenza della Corte costituzionale, che nel 2002 stabilisce che Berlusconi non può possedere tre reti terrestri e quindi deve mandarne una sul satellite entro il 31 dicembre 2003, ecco confezionata la già citata legge Gasparri/1. Rete 4 può continuare a trasmettere «ancorché priva di titolo abilitativo» (visto che non ha più la concessione), perché il tetto antitrust non va più calcolato sulle dieci emittenti nazionali, ma – ecco la via d'uscita – su quindici reti, compresa Telemarket. Così Mediaset può tenersi tutte le sue tre tv.

Anche il tetto pubblicitario oltre il quale non si può raccogliere spot è del 20 per cento, ma d'ora in poi viene ricalcolato non più come percentuale del totale del mercato pubblicitario, ma in base al miracoloso Sic, il Sistema integrato delle comunicazioni: un'invenzione per far tornare i conti di Berlusconi, in cui sono inseriti non soltanto gli spot tv e gli annunci pubblicitari, ma anche gli investimenti in televisione, telecomunicazioni, editoria, libri, e anche il canone Rai, la pubblicità nazionale e locale, le sponsorizzazioni, le televendite, le promozioni, gli abbonamenti alla pay tv, le pubbliche relazioni, il direct marketing e chi più ne ha più ne metta. Una grande galassia di cui nessuno conosce i confini.

Risultato: Fedele Confalonieri annuncia che Mediaset non solo non dovrà ridurre la sua attività per rientrare nei limiti antitrust e fare spazio ad altri operatori, ma potrà addirittura espandere i suoi ricavi di 1 o 2 miliardi di euro l'anno.

Interviene però il presidente Carlo Azeglio Ciampi, che il 16 dicembre 2003 rispedisce al mittente la legge perché incostituzionale.

Rete 4 rischia di dover andare sul satellite: non sia mai, alla vigilia di Natale il presidente del Consiglio, Silvio Berlusconi, firma un decreto salva-Rete 4, emittente dell'imprenditore Silvio

Berlusconi, concedendo un'ennesima proroga semestrale, in attesa della nuova legge Gasparri dopo la bocciatura di Ciampi.

La Gasparri/2 – molto simile alla precedente – arriva nell'aprile del 2004. Salva Rete 4, che non dovrà andare sul satellite, perché la nuova legge annuncia un'innovazione radicale: il digitale terrestre. Un sistema con il quale le emittenti possibili diventeranno decine, anzi centinaia, rendendo insensato il tetto del 20 per cento calcolato su dieci o quindici emittenti. Il trucco è che il digitale terrestre non c'è ancora. Il 30 aprile di quell'anno, il segnale del digitale terrestre è captato soltanto dal 18 per cento della popolazione italiana. Ma che importa?

Per dare comunque una parvenza di legittimità all'operazione, si accelera il passaggio al digitale terrestre. Anche con incentivi di Stato. Così la legge finanziaria per il 2005, varata nel dicembre del 2004, stanzia un contributo pubblico di 150 euro nel 2004 e di 70 euro nel 2005 per chi acquista il decoder del digitale terrestre. Per non farsi mancare nulla, la famiglia Berlusconi possiede anche la Solaris, azienda del fratello Paolo, che commercializza i decoder Amstrad. Dunque un aiutino di Stato arriva anche a lui.

... e quelle scansa-processi

Ma, oltre alle beghe televisive, su Berlusconi incombono i processi: bisogna darsi da fare anche su questo fronte. Nel 1999 il padrone della Fininvest e il suo avvocato Cesare Previti sono imputati per corruzione di giudici romani nei processi Toghe sporche (Mondadori, Sme-Ariosto e Imi-Sir). Come giudice delle indagini preliminari capita Alessandro Rossato: è lui che firma gli arresti dei magistrati romani accusati di corruzione, degli avvocati della Fininvest Attilio Pacifico e Giovanni Acampora e di Cesare Previti (il quale nel frattempo è diventato anche deputato: così il suo arresto è bloccato dalla Camera, a maggioranza centrosinistra). Dopo questa decisione, spetta ancora a Rossato diventare gup, cioè giudice dell'udienza preliminare, per decidere se rinviare a giudizio Berlusconi, Previti e gli altri imputati. Ebbene, arriva una legge che impedisce al gip di fare anche il gup: la propone un parlamentare del Pci-Pds-Ds, l'avvocato Guido Calvi, legale di Massimo D'Alema, e il centrosinistra la approva. Così il giudice che ha seguito le indagini preliminari non potrà più condurre anche l'udienza preliminare e dovrà passarla a un collega, che ovviamente non conosce le carte e dovrà studiarle tutte da capo.

Effetto immediato: le udienze preliminari Imi-Sir e Sme, già iniziate dinanzi a Rossato, possono proseguire sotto la sua gestione e si chiudono con i rinvii a giudizio degli imputati. Invece quella per il processo Mondadori, non ancora iniziata, passa subito a un altro giudice, Rosario Lupo, che proscioglie tutti gli imputati per insufficienza di prove (poi, su ricorso della procura, la Corte d'appello li rinvierà a giudizio tutti, tranne uno: Silvio Berlusconi, a cui vengono concesse le attenuanti generiche che gli permettono di ottenere la prescrizione).

Quando poi Berlusconi torna al governo, nel 2001, fa subito approvare una bella legge sulle rogatorie internazionali, che rende inutilizzabili le prove giunte dall'estero per rogatoria ai magistrati italiani. Non basta più che i documenti – come di consueto – siano mandati dai giudici stranieri a quelli italiani, in fotocopia o via fax: è necessario che siano in originale, con firme e timbri, e che passino per il ministero della Giustizia. Berlusconi, guarda caso, ha in corso alcuni processi in cui sono determinanti le prove che arrivano dall'estero, per esempio i documenti bancari dei bonifici che provano i pagamenti di tangenti Fininvest per corrompere, attraverso l'avvocato Previti, i magistrati romani. Da mesi gli avvocati di Berlusconi e di Previti chiedono al Tribunale di Milano di non utilizzare quelle carte, perché mancano i numeri di pagina, o perché si tratta di fotocopie senza timbro di conformità, o perché sono state inoltrate direttamente dai giudici svizzeri a quelli italiani senza passare per il ministero della Giustizia: il tribunale respinge regolarmente quelle richieste. Ecco allora che le istanze dei difensori di Berlusconi, rigettate in aula a Milano, sono riproposte in Parlamento a Roma e fatte diventare legge. Il 3 ottobre 2001 la maggioranza di centrodestra vara la legge 367 che stabilisce l'inutilizzabilità di tutti gli atti trasmessi da giudici stranieri che non siano «in originale» o «autenticati» con apposito timbro, o che siano giunti via fax, o via e-mail o *brevi manu* o in fotocopia o con qualche vizio di forma: deve essere tutto cestinato per legge.

Poi, per fortuna, i tribunali italiani scoprono che la nuova legge contraddice le convenzioni internazionali ratificate dall'Italia e la prassi seguita da decenni in tutta Europa. Le convenzioni internazionali prevalgono sulle leggi nazionali, dunque i tribunali non applicano la 367, che resta lettera morta.

E il reato non c'è più

Nel 2002 arriva la nuova legge sul falso in bilancio. Berlusconi ha in corso cinque processi per quel reato. Ed ecco che il 28 settembre 2001 la sua maggioranza approva la legge-delega numero 61 che incarica il governo di riformare i reati societari. Ciò avviene all'inizio del 2002 con i decreti delegati che rendono difficile perseguire il falso in bilancio. Abbassano le pene da cinque a quattro anni per le società quotate in Borsa e addirittura a tre per le non quotate. Così la prescrizione arriva prima, al massimo dopo sette anni e mezzo. Inoltre non scatta più l'arresto e nelle indagini non sono più permesse le intercettazioni. Il falso per le società non quotate diventa perseguibile solo a querela del socio o del creditore. Alcune fattispecie di reato (come il falso nel bilancio presentato alle banche) sono depenalizzate. Vengono introdotte amplissime soglie di non punibilità: per essere reato, il falso in bilancio dovrà superare il 5 per cento del risultato d'esercizio, l'1 per cento del patrimonio netto, il 10 per cento delle valutazioni.

Risultato: tutti i processi a Berlusconi per falso in bilancio sono cancellati: o perché manca la querela dell'azionista (B. non ha denunciato B.); o perché il reato è ormai estinto grazie alla nuova prescrizione lampo; o perché i falsi non superano le soglie. Così i giudici devono scrivere in sentenza: «Il fatto non è più previsto dalla legge come reato».

Nel gennaio del 2003, lo stesso governo che ha reso difficile perseguire il falso in bilancio inasprisce invece le pene per chi spaccia *smart card* fasulle per le pay tv. La legge salva-decoder alza fino a tre anni la pena massima e prevede multe fino a 30 milioni. Inutile ricordare che tra i beneficiari di questa legge c'è Mediaset, che vende anche abbonamenti per pay tv e trasmette partite di calcio a pagamento.

Lo stesso anno, Berlusconi rifiuta di ratificare il mandato di cattura europeo per i reati finanziari e contro la pubblica amministrazione. L'Italia è l'unico paese dell'Unione europea a non farlo. Il settimanale americano «Newsweek», impietoso, scrive che Berlusconi «teme di essere arrestato dai giudici spagnoli» (in quegli anni è in corso un'inchiesta su Telecinco). Il nostro paese recepirà la norma comunitaria soltanto dal 2004.

Bloccare i processi

Il 31 dicembre 2001, mentre gli italiani festeggiano il Capodanno, il ministro della Giustizia del governo Berlusconi, il leghista Roberto Castelli, su richiesta dei difensori di Previti, nega – contro ogni prassi – la proroga in tribunale al giudice Guido Brambilla, membro del collegio che sta conducendo il processo Sme-Ariosto, e dispone invece la sua «immediata presa di possesso» del posto presso il Tribunale di sorveglianza dov'è stato trasferito da qualche mese, senza poter completare i dibattimenti già avviati. Così il processo Sme dovrebbe ripartire da zero dinanzi a un nuovo collegio. Deve poi intervenire il presidente della Corte d'appello con una nuova «applicazione» di Brambilla in tribunale fino a fine anno.

Poi arriva il bello. La legge Cirami sul «legittimo sospetto», il lodo Maccanico, la legge Cirielli. Si parte nel 2002 con la Cirami.

I difensori di Berlusconi e Previti chiedono alla Cassazione di spostare i loro processi a Brescia perché – sostengono – a Milano l'intero tribunale è viziato da inguaribile prevenzione contro di loro. Per ottenere lo spostamento chiesto a Milano, Berlusconi reintroduce a Roma per legge il vecchio concetto di «legittima suspicione» per ostilità ambientale, quello che aveva fatto spostare il processo per la strage di piazza Fontana lontano da Milano, a Catanzaro, o aveva portato i processi alla Fiat lontani da Torino. Approvata il 5 novembre 2002, l'applicazione della legge Cirami sarà ibernata dalla Corte di cassazione, che nel gennaio del 2003 respinge la richiesta di trasloco, sostenendo che il Tribunale di Milano è sereno e imparziale.

Quando si avvicinano le sentenze dei processi Sme e Mondadori, ecco arrivare il lodo Maccanico-Schifani. Su proposta del senatore della Margherita (centrosinistra) Antonio Maccanico, il 18 giugno 2003 il centrodestra approva la legge 140, primo firmatario Renato Schifani, di Forza Italia, che sospende *sine die* i processi alle cinque più alte cariche dello Stato: i presidenti della Repubblica, del Senato, della Camera, del Consiglio e della Corte costituzionale. L'unico ad avere processi in corso è naturalmente Silvio Berlusconi, che così riesce a congelarli. Il Tribunale di Milano solleva eccezioni di incostituzionalità davanti alla Corte costituzionale che nel gennaio del 2004 boccia il lodo Schifani perché tutti devono essere uguali davanti alla legge.

Nel 2005 tocca alla legge Cirielli. A novembre, il centrodestra vara una legge che riduce la prescrizione per gli incensurati e trasforma in arresti domiciliari la detenzione per gli ultrasettantenni (Previti ha appena compiuto settant'anni, Berlusconi sta per compierli ed entrambi sono per il momento incensurati). La legge prende il nome dal parlamentare Edmondo Cirielli che la propone, però poi la rinnega e vota contro, a causa delle modifiche apportate dal Parlamento che stravolgono i suoi obiettivi iniziali. Così nasce la ex Cirielli, che porta i reati prescritti da cento a centocinquantamila all'anno e soprattutto decima i capi di imputazione del processo Mediaset (la pena massima per la frode fiscale – reato contestato all'epoca a Berlusconi – passa da quindici a sette anni e mezzo) e annienta, come vedremo, il processo in cui Berlusconi è accusato di aver corrotto l'avvocato Mills (perché si abbreviano i tempi di prescrizione anche per la corruzione giudiziaria).

A fine 2002 arriva anche un bel condono fiscale, che aiuta Berlusconi e piace a tanti evasori suoi elettori. La legge finanziaria per il 2003 contiene infatti il condono tombale. Berlusconi giura che non ne faranno uso né lui né le sue aziende, ma Mediaset ne approfitta subito per sanare, pagando 35 milioni, le evasioni contestate dall'Agenzia delle entrate per 197 milioni di euro. E Silvio cancella, pagando soltanto 1800 euro, un'evasione di 301 miliardi di lire che gli è contestata dai magistrati di Milano.

La legge Pecorella, nel 2006, cerca di cancellare il rischio di essere condannati in appello dopo un'assoluzione in primo grado. Non è un caso teorico, è il caso concreto di Berlusconi, che in primo grado al processo Sme si salva per la prescrizione, concessa grazie alle attenuanti generiche. Ma c'è il pericolo che in appello queste gli vengano revocate, e in quel caso scatterebbe la condanna. Così il suo avvocato Gaetano Pecorella, che è diventato deputato e presidente della commissione Giustizia della Camera, fa approvare nel dicembre del 2005 una legge che abolisce l'appello, ma solo quando lo chiede il pm dopo un'assoluzione o una prescrizione. L'imputato può invece continuare a ricorrere in appello se in primo grado è stato condannato. Il presidente della Repubblica, Carlo Azeglio Ciampi, respinge la legge Pecorella considerandola incostituzionale. Berlusconi la ripresenta e la fa riapprovare nel gennaio del 2006. Ciampi la seconda volta è costretto a firmarla. Alla fine interviene la Consulta e la dichiara incostituzionale.

Il problema consustanziale a Berlusconi è il conflitto d'interessi. Né la destra né la sinistra sono ancora riusciti a varare una legge rigorosa che lo regoli e lo disciplini. Nel 2002 ci prova un suo ministro, Franco Frattini, con una legge che stabilisce che non è in conflitto d'interessi chi va al governo e possiede aziende, ma di quelle aziende è soltanto il «mero proprietario», perché sono (almeno formalmente) gestite dai manager. Un evidente salvataggio al suo leader che non aveva alcuna intenzione di cedere il suo impero mediatico. Unica conseguenza: deve lasciare la presidenza del Milan.

Nel luglio del 2006, durante il governo Prodi, con Clemente Mastella ministro della Giustizia, centrosinistra e centrodestra approvano insieme l'indulto, per alleggerire l'affollamento delle carceri (contrari Idv, An, Lega, astenuto il Pdci): tre anni di sconto di pena a chi ha commesso reati (esclusi i più gravi) prima del 2 maggio di quell'anno. Lo sconto vale anche per i reati contro la pubblica amministrazione (che sul sovraffollamento delle carceri non incidono per nulla), compresa la corruzione giudiziaria: così ne può beneficiare Cesare Previti, avvocato e coimputato di Berlusconi, agli arresti domiciliari. Questa nuova legge *ad personam* regala al presidente del Consiglio, sotto processo, anche un «bonus» di tre anni da spendere nel caso in cui fosse condannato in via definitiva. Gli servirà, effettivamente, qualche anno dopo.

Nel 2008 arriva il lodo Alfano. Alla vigilia della sentenza nel processo sui diritti tv Berlusconi, il centrodestra appena tornato al governo approva il lodo presentato dal ministro della Giustizia Angelino Alfano, che riprende i contenuti del lodo Schifani, già bocciato dalla Corte costituzionale. Questa volta le alte cariche dello Stato a cui sono sospesi i processi sono solo quattro: i presidenti della Repubblica, del Senato, della Camera e del Consiglio; senza più quello della Corte costituzionale. L'unico a cui serve, naturalmente, è sempre il presidente del Consiglio, che è il solo ad avere processi in corso. Il 7 ottobre 2009, anche questo provvedimento viene bocciato dalla Corte costituzionale, perché ritenuto contrario ai principi della Carta.

Nel 2010, non sapendo più come bloccare i processi in cui è imputato (diritti tv e Mills), Berlusconi fa approvare una legge che rende automatico il legittimo impedimento a comparire nelle udienze per sé stesso e per i suoi ministri. Un blocco dei processi di sei mesi, prorogabili fino a diciotto, che si ottiene con una certificazione della presidenza del Consiglio e che costringe i giudici a fermare il dibattimento, senza poter controllare se l'impedimento sia reale, effettivo e legittimo.

Poi tenta di far approvare una legge sul processo breve, che impone tempi perentori per la celebrazione dei diversi gradi di giudizio. A presentare il testo di questa legge (come di quella sul legittimo impedimento) è Niccolò Ghedini, parlamentare ma anche avvocato difensore di Berlusconi. Se approvata, la legge farebbe estinguere i processi sui diritti tv e su Mills. Ma l'opposizione nel paese è così forte che nel settembre del 2010 il disegno di legge viene accantonato.

Intanto, sempre nel 2010, ci sono le elezioni amministrative: il centrodestra ha però presentato le liste elettorali fuori tempo massimo nel Lazio e senza timbri di autenticazione a Milano. Ecco dunque un blitz del governo Berlusconi: un decreto «interpretativo» che stravolge la legge elettorale, sanando *ex post* le irregolarità commesse, cosicché il Tar è costretto a riammetterle in gara. Non tutte le ciambelle però escono col buco: nel Lazio, la legge elettorale è regionale e non può essere modificata da un decreto del governo, così il Tar del Lazio ribadisce che la lista di centrodestra è esclusa dalla corsa.

Non dimentichiamo il calcio

Tra i suoi tanti interessi, c'è anche il calcio. Berlusconi possiede per anni il Milan, poi decide di accontentarsi del Monza. Il Silvio presidente del Milan qualche aiuto lo riceve, dal Silvio presidente del Consiglio: la legge salva-Milan. Con il decreto salva-calcio 282/2002, convertito in legge il 18 febbraio 2003, il governo Berlusconi consente alle società di calcio, quasi tutte indebitatissime, di ammortizzare sui bilanci 2002 e spalmare nei dieci anni successivi la svalutazione dei cartellini dei giocatori. Il suo Milan risparmia così 242 milioni di euro.

Nel 2006, Forza Italia blocca il disegno di legge, appoggiato da tutti gli altri partiti di destra e di sinistra, che modifica il sistema di vendita dei diritti tv del calcio, per non penalizzare le società minori privilegiando le maggiori. È la legge salva-diritti tv. Ma niente da fare: vince Forza Italia e il sistema non viene modificato, a tutto vantaggio dei club più grandi, Juventus, Inter e (naturalmente) Milan.

Anche i ricchi ridono

Nel 2001, il governo Berlusconi abolisce la tassa di successione per i patrimoni superiori ai 350 milioni di lire (sotto quella cifra, l'imposta era già stata abrogata dal governo di centrosinistra). Per combinazione, Silvio ha cinque figli a cui lasciare il suo patrimonio e beni ben sopra i 350 milioni.

A fine 2004, scatena una grande autoriduzione fiscale: abbassa le aliquote fiscali per i redditi dei più ricchi. L'anno precedente, era stato indicato dalla rivista statunitense «Forbes» come il quarantacinquesimo uomo più ricco del mondo, con un patrimonio personale di 5,9 miliardi di dollari. Nel 2005 balza al venticinquesimo posto, con un patrimonio di 12 miliardi. Naturalmente non è tutto merito della sua legge che abbassa le aliquote, che comunque, secondo i calcoli del settimanale «L'Espresso», gli fa risparmiare 764.154 euro all'anno.

Nell'aprile del 2005, Berlusconi utilizza la riforma fiscale varata dal suo ministro delle Finanze Giulio Tremonti nel 2003, che detassa le plusvalenze da partecipazione: la sua Fininvest cede una quota (il 16,88 per cento) di Mediaset, incassando 2,2 miliardi di euro e risparmiando 340 milioni di imposte.

Nel maggio del 2004, mentre il quotidiano «La Nuova Sardegna» svela alcuni presunti abusi edilizi a Villa Certosa, la sua residenza estiva in Sardegna, Berlusconi fa approvare due decreti. Nel primo c'è un piano nazionale antiterrorismo che contiene anche un piano (segretato) per la sicurezza di Villa Certosa. Nel secondo si stabilisce che la villa è «sede alternativa di massima sicurezza per l'incolumità del presidente del Consiglio e per la continuità dell'azione di governo»; e si estende il beneficio anche a tutte le altre residenze di Berlusconi e famiglia sparse per l'Italia. Così si bloccano anche le indagini sugli abusi edilizi nella sua villa in Costa Smeralda.

Il segreto su Villa Certosa viene tolto nel 2005, dal ministro dell'Interno Giuseppe Pisanu. Ma ormai la legge 208 del 2004, varata in tutta fretta dal governo Berlusconi, estende il condono edilizio del 2003 anche alle zone protette, come quella in cui sorge Villa Certosa. Prontamente la società Idra Immobiliare, proprietaria delle residenze private del Cavaliere, presenta dieci diverse richieste di condono edilizio e riesce a sanare tutto per la modica cifra di 300.000 euro. Nel 2008 il Tribunale di Tempio Pausania chiude il procedimento per gli abusi edilizi perché in gran parte condonati grazie a un decreto voluto dal «mero proprietario» della magione.

Leggi ad aziendam

Nel 2005, Forza Italia inserisce nella riforma della previdenza integrativa e complementare una serie di norme favorevoli alle compagnie assicurative. Fra queste, lo spostamento di 14 miliardi di euro verso le assicurazioni e alcune norme che favoriscono fiscalmente la previdenza integrativa individuale. A goderne è anche Mediolanum, banca e compagnia d'assicurazioni di proprietà di Berlusconi e di Ennio Doris. Nel gennaio del 2004, durante il governo Berlusconi, le Poste Italiane con un appalto senza gara avevano intanto concesso a Mediolanum l'utilizzo degli sportelli postali: così la banca, che non aveva agenzie sul territorio, può utilizzare per le sue operazioni i sedicimila uffici postali sparsi in tutta Italia.

Qualcosina arriva anche a Mondadori, la casa editrice conquistata da Silvio. Nel giugno del 2005, il ministro dell'Istruzione Letizia Moratti stipula un accordo con le Poste Italiane per il servizio «Postescuola»: consegna e ordinazione, per telefono e online, dei libri di testo destinati agli alunni della scuola secondaria. Le case editrici non consegneranno i loro volumi direttamente, ma tramite la Mondolibri Bol, una società posseduta al 50 per cento dalla Arnoldo Mondadori Editore Spa, di cui è «mero proprietario» Berlusconi. L'Antitrust esamina il caso, ma pur accertando l'indubbio vantaggio per le casse Mondadori, dice di non poter censurare l'iniziativa perché a firmare l'accordo non è stato il presidente del Consiglio, ma una sua ministra.

Lo stesso anno scatta l'operazione e-book, per incentivare i libri elettronici. Il governo stanzia 3 milioni di euro. E a chi affidano la sperimentazione, i ministri Letizia Moratti (Istruzione) e Lucio Stanca (Innovazione)? A Mondadori e Ibm: la prima è di Berlusconi, capo del governo, la seconda ha avuto Stanca come vicepresidente e presidente di Ibm Europa.

Nel 2008, il governo Berlusconi raddoppia l'Iva a Sky, la pay tv allora posseduta da Rupert Murdoch, principale concorrente di Mediaset, portandola dal 10 al 20 per cento. L'anno dopo, viene varato un decreto firmato da Paolo Romani, che obbliga Sky a scendere entro il 2013 dal 18 al 12 per cento di affollamento orario per gli spot pubblicitari, togliendo entrate pubblicitarie a quello che allora era il più temibile concorrente di Mediaset.

Nel 2009, aumenta dal 10 al 20 per cento la quota di azioni proprie che ogni società può acquistare e detenere in portafoglio. La norma viene subito utilizzata dalla Fininvest per aumentare il controllo su Mediaset.

Berlusconi e le tasse

Argomento spinoso, quello delle tasse. Per molti italiani. E certo anche per quell'arci-italiano che è Silvio Berlusconi. «Meno tasse per tutti» è uno dei suoi primi slogan politici. L'occultamento al fisco di molti milioni dei suoi profitti è la causa della sua condanna giudiziaria definitiva. E con il fisco ha a che fare anche un episodio che avviene all'inizio della sua carriera imprenditoriale: una verifica fiscale che segna la sua storia.

Nell'autunno del 1979, il nucleo speciale di polizia valutaria della guardia di finanza compie un accertamento presso le aziende di Silvio Berlusconi, tra queste la Edilnord. La squadra delle fiamme gialle a cui capita di dover fare per la prima vola le pulci agli affari di Silvio è composta dal comandante, il colonnello Salvatore Gallo, dal capitano Massimo Maria Berruti e dal tenente colonnello Cresta. I tre firmano il rapporto conclusivo, datato 28 dicembre 1979, che ritiene accertate soltanto «violazioni alle norme valutarie, costituenti illecito amministrativo, per un ammontare complessivo di L. 5.738.533.877».

Il rapporto cita alcune delle società italiane costituite da Berlusconi nei primi anni della sua attività imprenditoriale e affidate a prestanome; e alcune misteriose società estere da cui pervengono gli altrettanto misteriosi finanziamenti di cui abbiamo già parlato. La verifica potrebbe arrivare ad appurare l'eventuale «esterovestizione» delle imprese berlusconiane, se scoprisse che aziende formalmente svizzere mascherano affari italiani. Invece no: «Non è emerso alcun elemento comprovante che nella persona del dottor Berlusconi si possa identificare l'effettivo soggetto economico delle società estere Afire Ag di Lugano (CH) e Cefinvest Sa di Lugano (CH), socie accomandanti delle due S.A.S., Edilnord Centri Residenziali di dott. prof. Umberto Previti & C. e Società Generale Attrezzature di Walter Donati & C.». Così è scritto nel rapporto della guardia di finanza.

L'azienda centrale del gruppo Berlusconi è in quel momento la Edilnord: ha già realizzato Milano 2, che Silvio esibisce con orgoglio come la sua prima invenzione imprenditoriale. Eppure nel 1979, di fronte ai militari della guardia di finanza, Berlusconi ne disconosce la paternità, definendosi semplice consulente di Edilnord per la progettazione e la direzione generale. Un dipendente di altri, pagato con «parcelle professionali». «Ho effettivamente svolto un ruolo molto importante nei confronti della Edilnord Centri Residenziali Sas e nei confronti della Sogeat Sas» dichiara

Berlusconi, «perché entrambe le società mi hanno sin dall'inizio affidato l'incarico professionale della progettazione e della direzione generale del complesso residenziale di Milano 2 e, in effetti, negli anni dal 1974 al 1977 la Edilnord Centri Residenziali mi ha pagato parcelle professionali per oltre 400 milioni e negli anni dal 1975 al 1978 la Sogeat mi ha pagato parcelle professionali per circa 600 milioni. Nell'ambito di questo ruolo ho anche introdotto le due società in alcuni istituti bancari i cui dirigenti erano da me già ben conosciuti. In particolare, per quanto riguarda la Cariplo, avendo io introdotto presso questa banca le società Edilnord Centri Residenziali e Sogeat, alla richiesta di una mia garanzia circa la correttezza e la serietà delle società da me presentate, non ho avuto alcuna difficoltà a prestare fidejussioni, apparendomi anzi tale fatto come una possibilità di acquisire benemerenza nei confronti delle mie principali clienti, con la sicurezza di non incorrere in alcun rischio, essendo io a perfetta conoscenza della solvibilità e della serietà sia della Edilnord Centri Residenziali Sas che della Sogeat Sas. Non ho altro da dichiarare».

Questa dichiarazione viene raccolta – e presa per buona senza battere ciglio – dal colonnello Gallo e dal capitano Berruti. Gallo, scopriremo un paio d'anni più tardi, è iscritto alla loggia P2 (tessera numero 933), come Berlusconi. Il capitano Berruti, dopo la verifica fiscale, abbandona le fiamme gialle e viene assunto da Berlusconi. Farà l'avvocato per la Fininvest e poi il deputato di Forza Italia.

Ancora fisco e verifiche fiscali sono alla base anche del primo avviso di garanzia di Berlusconi, quello clamoroso del 1994, quando già era presidente del Consiglio. Anche in questa vicenda compare Berruti, che da uomo di Berlusconi ha continuato a tenere i rapporti con i suoi ex commilitoni della guardia di finanza, tanto da essere accusato, processato e condannato proprio nel processo per le tangenti pagate dalla Fininvest alle fiamme gialle.

È per frode fiscale – come abbiamo visto – anche l'unica condanna definitiva di Berlusconi, per aver nascosto all'erario molti milioni prodotti dalle compravendite dei diritti tv.

Diventato politico, il fisco diventa una delle sue armi per ottenere consenso. La promessa della sua prima campagna elettorale («Meno tasse per tutti») non sarà mantenuta, ma l'argomento viene usato più volte da Silvio per compiacere gli italiani riottosi a pagare il fisco, in un paese ad altissima elusione ed evasione fiscale. In definitiva, Silvio strizza l'occhio agli evasori.

Il 17 febbraio 2004, da presidente del Consiglio, introduce il concetto di «moralità dell'evasione». In una conferenza stampa a Palazzo Chigi dice: «Se si chiede una pressione fiscale del 50 per cento, ognuno si sentirà moralmente autorizzato a evadere». Annuncia così di voler introdurre due sole aliquote fiscali, al 22 e al 33 per cento (la promessa non sarà mai mantenuta). «Se chiediamo ai cittadini di pagare il 33 per cento di tasse, tutti si convinceranno che è giusto e doveroso, che è corretto pagare per i servizi che si ottiene.»

Il giorno dopo, ai microfoni di *Radio anch'io*, su Rai Radio 1, rincara la dose: la «giustificazione morale» dell'evasione è una verità insita nel «diritto naturale».

Due anni dopo, Silvio non è più al governo, ma è capo dell'opposizione. Il 2 agosto 2006 prende la parola alla Camera e attacca il ministro delle Finanze del governo Prodi, Vincenzo Visco: «Visco vuole il controllo totale dei contribuenti. Il suo motto, per citare il filosofo Michel Foucault, è sorvegliare e punire. Lo Stato diventa un grande inquisitore. Si arriverà a una schedatura invasiva e totale, come mai si è visto finora in una democrazia liberale».

Altri due anni e arrivano le elezioni che lo riportano a Palazzo Chigi. Durante la campagna elettorale, al convegno dei costruttori dell'Ance, il 2 aprile 2008 torna sul concetto che il prelievo fiscale non deve superare un terzo del reddito. «Se invece le tasse sono tra il 50 e il 60 per cento, allora è troppo e così è giustificato mettere in atto l'elusione o l'evasione». La sera, il titolo dei telegiornali è: *Berlusconi giustifica gli evasori*. Lui reagisce attaccando «le agenzie di sinistra» che avrebbero male interpretato le sue parole. La smentita, però, non c'è, arriva anzi una sostanziale conferma: secondo Berlusconi è lo Stato a essere «criminogeno», perché «in tutti noi c'è una norma del diritto naturale per la quale, se ci si chiede di pagare il doppio delle imposte, questo è qualcosa che può essere ritenuto ingiusto e che può indurre qualcuno a sentirsi autorizzato a non pagare le tasse».

Ma il fantasmagorico Silvio riesce anche a sostenere il contrario di ciò che ha detto. Così promette pene più severe per gli evasori, anzi, «la galera». Succede nel gennaio del 2018, durante un'intervista a Massimo Giletti al programma *Non è l'Arena*, su La7. La condizione è che venga introdotta la flat tax: la tassazione «piatta», bassa e uguale per tutti. «Volevo introdurre la flat tax già nel 1994 con il mio ministro dell'Economia Antonio Martino» spiega (anche se Martino era il suo ministro degli Esteri). «L'ho studiata a Hong Kong, dove è stata introdotta nel 1947. E conosco anche l'applicazione che è stata fatta nella Federazione russa, dove è stata applicata all'inizio con un coefficiente piuttosto alto e poi via via che le entrate dello Stato aumentavano è stata ridotta al 13 per cento. Noi cominceremo con il 23 per cento, ma con la speranza di scendere.»

Giletti non gli chiede quando mai Berlusconi è stato a Hong Kong a studiare la flat tax, gli domanda però che cosa succederà agli evasori. E Berlusconi, dimenticando per un attimo la sua sentenza definitiva per frode fiscale, risponde: «Se non dovessero pagare, vanno in galera. Pensiamo proprio di aumentare le pene schierandole su quelle in vigore negli Stati Uniti».

Il Silvio di WikiLeaks

C'è un Silvio Berlusconi segreto. È quello che emerge dai documenti di WikiLeaks, le carte riservate americane rese note dall'organizzazione di Julian Assange. Sono 4189 cablo scambiati tra la diplomazia statunitense e il dipartimento di Stato americano dal 2001 al 2010, sotto le amministrazioni Bush e Obama. Riguardano la situazione politica italiana e il Vaticano e sono analizzati da Stefania Maurizi nel suo volume *Il potere segreto*.

In un documento datato 12 maggio 2003, l'ambasciatore americano a Roma, Mel Sembler, analizza il contributo dato dall'Italia alla guerra in Iraq. L'intervento militare aveva sollevato fortissime opposizioni in tutto il mondo e feroci critiche al presidente George W. Bush, ma l'Italia, sotto il governo di Berlusconi, aveva rotto l'isolamento e garantito il suo appoggio, nonostante l'opinione pubblica contraria e l'articolo 11 della Costituzione («L'Italia ripudia la guerra come strumento di offesa alla libertà degli altri popoli e come mezzo di risoluzione delle controversie internazionali»).

Scrive Sembler: «Il governo Berlusconi ha portato un paese completamente contrario alla guerra il più vicino possibile, politicamente, allo stato di belligeranza [...]. Se al potere ci fosse stata un'altra coalizione – in particolare una guidata dal centrosinistra – il percorso sarebbe stato più accidentato [...]. Il governo italiano ha fatto la scelta strategica di mantenere la sua politica allineata con gli Stati Uniti e vi ha tenuto fede, nonostante l'intensa pressione politica interna affinché desistesse».

L'ambasciatore rivela che Berlusconi è riuscito a vincere le resistenze del presidente della Repubblica Carlo Azeglio Ciampi: «Il governo italiano ha lavorato in contatto con noi su delle tattiche che assicurassero che Ciampi non sollevasse la questione costituzionale». E ancora: «Quando il presidente Ciampi sembrava sul punto di sollevare dubbi sulla [legittimità] costituzionale di un dispiegamento della 173ª Brigata Aviotrasportata dell'esercito degli Stati Uniti direttamente dal suolo italiano, il governo ha elaborato delle tattiche con noi per affrontare le sue preoccupazioni. Il supporto logistico alle forze armate americane è stato eccezionale. Abbiamo ottenuto tutto quello che abbiamo chiesto». In pratica, «aeroporti italiani, porti e infrastrutture dei trasporti sono stati messi a nostra disposizione». E Sembler spiega che lo schieramento della 173ª Brigata – che ha combattuto in Iraq e in Afghanistan ed è una forza di intervento rapido in Europa, Africa e Medio Oriente che può essere schierata in sole diciotto ore – è stato «il più grande spostamento di truppe da combattimento per via aerea dalla Seconda guerra mondiale». Conclusione lapidaria: «Pur riconoscendo che l'Italia può apparire un posto arcano e bizantino fino alla frustrazione, siamo convinti che sia un posto eccellente per fare i nostri affari politici e militari».

Il cablo rivela anche qualche retroscena sull'azione del governo Berlusconi per impedire gli interventi dei pacifisti: «Il governo italiano ci ha ripetutamente colpito in modo favorevole, per la sua capacità di bilanciare l'imperativo politico della nonviolenza contro i manifestanti pacifisti, con il bisogno di aiutare le forze americane a fare il loro lavoro. Sebbene i metodi italiani siano diversi dai nostri (gli italiani preferiscono spostamenti a notte fonda, cambiamenti all'ultimo minuto e inganno generalizzato), il governo ha lavorato gomito a gomito con l'esercito degli Stati Uniti e con l'ambasciata, impedendo con successo a chi protestava di fermare i treni e i veicoli che trasportavano l'equipaggiamento militare».

Come sono neutralizzati i pacifisti? Sembler lo spiega in un cablo del febbraio 2003: «Il dipartimento di Pubblica sicurezza del ministero dell'Interno ha creato un centro per monitorare gli eventi e per mettere a punto tattiche insieme con i rappresentanti delle ferrovie dello stato. [...] È stato attivato un sistema di contromisure che include una pesante sorveglianza delle comunicazioni dei manifestanti, lo schieramento di centinaia di forze dell'ordine in punti chiave lungo le tratte ferroviarie, e gli spostamenti dell'equipaggiamento durante la notte. Giocando a gatto e topo con i treni, cambiando spesso i percorsi con breve preavviso, il governo italiano è stato in grado di mettere fuori combattimento chi protestava». L'ambasciatore dunque rivela che era scattata «una pesante sorveglianza delle comunicazioni dei manifestanti»: con intercettazioni presumibilmente illegali e segrete.

Berlusconi era considerato utile dagli Stati Uniti anche in relazione a possibili rotture del fronte con gli altri paesi dell'Europa. Nel 2002, per esempio, l'amministrazione Bush voleva indebolire la Corte penale internazionale (che persegue i crimini di guerra, i delitti contro l'umanità e il genocidio) firmando accordi bilaterali che impegnassero singoli paesi a non consegnare ai giudici della Corte i soldati statunitensi, per sottrarli alla legge internazionale. I cablo rivelano che il governo Berlusconi si mostra subito disponibile a firmare un accordo del genere. L'ambasciatore scrive a Washington: «Ancora una volta, quando il presidente Bush chiede aiuto a Berlusconi, l'aiuto arriva immediatamente».

Gli Usa comunque chiedono di più: più truppe, più carabinieri e più soldi per l'intervento in Afghanistan. «Quando chiediamo risorse militari aggiuntive o fondi per l'Afghanistan» scrive la diplomazia statunitense nel febbraio del 2009, sotto l'amministrazione di Barack Obama, «i funzionari del governo italiano replicano che il loro bilancio economico limitato non permette di fare di più. Non dovremmo accettare questa scusa. Il fatto è che il governo italiano ha preso la decisione di spendere per la difesa meno di quanto sia necessario per mantenere il suo status di alleato Nato di alto livello: circa l'1 per cento del Pil. Dovremmo spingerli a stanziare nel loro budget della difesa fondi sufficienti per sostenere le loro responsabilità in Afghanistan.»

Gli Stati Uniti sono preoccupati anche per presunte manovre sotterranee degli italiani sugli scenari di guerra. Lo rivela un cablo del febbraio 2009: «Sulla base di informazione ottenuta nel 2008 che indicava che i servizi segreti italiani pagavano i guerriglieri nella regione di Kabul affinché non attaccassero le truppe italiane, l'allora ambasciatore Spogli sollevò il problema con il primo ministro Berlusconi e ricevette l'assicurazione che il governo italiano avrebbe indagato sul caso e avrebbe cessato tali pratiche, se le accuse fossero state vere. Anche il presidente Bush pare che lo abbia sollevato direttamente con Berlusconi, il quale ripeté che il governo italiano non faceva cose del genere». Malgrado le rassicurazioni, i documenti americani dall'aprile del 2008 al febbraio del 2009 continuano a riportare questi sospetti.

In generale, l'Italia esce dai cablo riservati come una nazione cruciale per gli Stati Uniti. «L'Italia rimane il nostro più importante alleato europeo per proiettare il nostro potere militare nel Mediterraneo, in Medio Oriente e in Nord Africa» scrive l'ambasciatore Ronald Spogli nell'ottobre del 2008. «Abbiamo quindicimila tra soldati e personale civile del dipartimento della Difesa e diciassettemila familiari in cinque basi in Italia. Il governo italiano ha approvato l'espansione della base a Vicenza per consolidare la presenza della 173ª Brigata Aviotrasportata, ha approvato la base dei droni in Sicilia, Global Hawk, e noi stiamo lavorando con gli italiani per mettere in piedi i comandi dell'esercito e della marina degli Stati Uniti per Africom.»

I complimenti a Berlusconi finiscono però appena si passa dalla guerra alla pace, alle valutazioni sul piano personale.

> Le sue frequenti gaffe e la sua mediocre scelta delle parole hanno offeso tutti in Italia e anche molti leader europei. La sua disponibilità percepita [all'esterno] di mettere i suoi interessi al di sopra di quelli dello Stato, la sua preferenza per le soluzioni a breve termine piuttosto che per gli investimenti sul lungo termine, il suo frequente uso delle istituzioni e risorse pubbliche per ottenere un vantaggio elettorale sui suoi avversari politici hanno danneggiato la reputazione dell'Italia in Europa e hanno dato un tono disgraziatamente comico alla reputazione dell'Italia in molti settori del governo americano.

Così scrive nel febbraio del 2009 l'ambasciatore Spogli. Giudizio pesantissimo in via riservata, ma conclusione opportunistica. «Non dobbiamo denigrare Berlusconi e l'Italia» perché – chiude Spogli – ci daranno «dividendi strategici ora e nel futuro.»

Per una relazione dell'ambasciata statunitense a Roma, Berlusconi è «incapace, vanitoso e inefficace come moderno leader europeo», spende le sue energie in feste notturne che non gli permetterebbero di riposarsi abbastanza.

In un cablo del 3 febbraio 2010 il diplomatico statunitense David H. Thorne critica alcuni interventi legislativi italiani sulla tv, spiegando che favoriscono il governo Berlusconi e la sua azienda televisiva Mediaset, in continuità – scrive l'ambasciatore in Italia sotto l'amministrazione Obama – con un metodo utilizzato sin dai tempi dei governi Craxi.

Le critiche più brucianti riguardano però i rapporti tra Berlusconi e il leader russo Vladimir Putin. I rapporti Usa segnalano lo scambio tra loro di «regali generosi», a cui seguono redditizi contratti energetici tra la compagnia petrolifera italiana Eni e la russa Gazprom. Berlusconi «sembra essere il portavoce di Putin in Europa». L'accusa più grave è una diceria – senza prove – che i diplomatici americani raccolgono da una fonte autorevole, l'ambasciatore della Georgia a Roma: Putin avrebbe promesso a Berlusconi una percentuale sugli utili dei gasdotti sviluppati da Gazprom in coordinamento con Eni.

L'amicizia e il forte legame con Putin sono ribaditi da Berlusconi anche dopo l'invasione dell'Ucraina da parte della Russia. In alcuni audio registrati in riunioni politiche nell'ottobre del 2022, il leader di Forza Italia dice: «I ministri russi hanno detto che siamo già in guerra con loro perché forniamo armi e finanziamenti all'Ucraina. Però sono molto, molto, molto preoccupato. Ho riallacciato un po' i rapporti con il presidente Putin, un po' tanto, nel senso che per il mio compleanno mi ha mandato venti bottiglie di vodka e una lettera dolcissima. Gli ho risposto con bottiglie di Lambrusco e una lettera altrettanto dolce. Sono stato dichiarato da lui il primo dei suoi cinque veri amici».

Il giorno dopo, queste affermazioni sono smentite e ridimensionate. Come pure quelle pronunciate il 23 settembre 2022 durante una puntata di *Porta a Porta*, il programma tv di Bruno Vespa, in cui sembra quasi giustificare l'invasione: «Putin voleva solo sostituire il governo di Zelensky con un governo di persone perbene».

Ma l'amore per Putin resta. Quando, nel novembre del 2022, viene inaugurata una nuova sede di Forza Italia in via Vincenzo Monti, a Milano, tra palloncini colorati e storici manifesti elettorali del partito, compaiono anche tre foto alle pareti, con Berlusconi insieme al leader russo: in una i due brindano con un bicchiere di vodka, in un'altra sono accanto a George Bush, nella terza sono soli in una stanza del Cremlino.

Il calvario

> Lasciate che ci pensino gli avvocati. Formulano leggi affinché altri avvocati le dissezionino dinanzi ad altri avvocati detti giudici, in modo che altri giudici possano affermare che i primi giudici si erano sbagliati e in modo che la Corte di cassazione possa dire che si erano sbagliati anche i secondi.
>
> *Raymond Chandler*

Lui la racconta così: le toghe (rosse) lo perseguitano da quando «è sceso in campo» ed è diventato un politico. Da allora – dice – lui e le sue aziende sono state prese di mira con inchieste a ripetizione. In un'intervista del marzo 2021 ha dichiarato:

> Ho subito ben ottantasei processi, per un totale di 3672 udienze. Mettendole tutte in fila, si avrebbe un processo infinito, con udienze tutti i giorni, per dieci anni, senza soste neppure a Natale. Si rende conto di cosa significano queste cifre? Neanche Kafka avrebbe immaginato un incubo come questo. Credo siano un record assoluto, certamente in Italia e probabilmente nel mondo. Quello che mi è accaduto non ha rovinato la vita per oltre vent'anni solo a me, ma ha arrecato pena e danni ai miei familiari, ai miei amici, alle aziende che ho fondato. Soprattutto ha danneggiato i cittadini italiani, gli elettori di tutti gli schieramenti politici, perché ha alterato la rappresentanza democratica.

In realtà, sappiamo che la prima inchiesta giudiziaria su Berlusconi arriva ben prima della discesa in campo, risale addirittura al 1983 quando, nel corso di un'indagine su droga e riciclaggio, la guardia di finanza mette sotto controllo i suoi telefoni e scrive in un rapporto che Berlusconi parrebbe finanziare un traffico di stupefacenti dalla Sicilia. Ma l'istruttoria, condotta dal magistrato milanese Giorgio Della Lucia, non trovò alcuna prova e nel 1991 fu archiviata.

Il secondo incontro ravvicinato di Berlusconi con la giustizia avviene nel 1988, quando, come abbiamo visto, nel processo di Verona per diffamazione da lui intentato contro alcuni giornalisti, dichiara il falso al giudice in merito alla data della sua affiliazione alla P2. Nel 1990, la Corte d'appello di Venezia ritiene provato che abbia mentito, ma applica l'amnistia (concessa l'anno prima), che estingue il reato di falsa testimonianza.

I processi che seguono arrivano dopo il 1992, sulla scia delle indagini di Mani pulite.

La tangente segreta

C'è però una tangente che, se fosse stata scoperta, avrebbe cambiato la storia di Berlusconi e dell'Italia. Forse gli avrebbe impedito di candidarsi alle elezioni del 1994, o non gliele avrebbe fatte vincere. La raccontiamo qui compiutamente per la prima volta. A rivelare questa storia è uno dei protagonisti, l'ultimo, dimenticato corriere delle mazzette della Prima Repubblica. Per ascoltarla, bisogna salire fino in Alta Savoia, panorama mozzafiato, con una corona di monti a fare la guardia alla valle che si apre in territorio francese, appena sbucati dal tunnel del Monte Bianco.

Roberto Buzio è dal 2004 cittadino francese. Molti lassù lo ricordano come il gestore di Les Dômes de Miage, un delizioso ristorante di Saint-Gervais-les-Bains specializzato nei risotti italiani. Ma da anni ha riposto il cappello da chef e si occupa di compravendite immobiliari, insieme con la moglie, Anna Bussotti, che nel 1986 partecipò al festival di Sanremo con la canzone *Nessun dolore* scritta da Mango.

Nella sua vita precedente, che non ha mai dimenticato, Buzio era – ripete con orgoglio – «un uomo politico» nell'Italia dei partiti. «Sì, sono stato per quindici anni il segretario di Giuseppe

Saragat. E poi, dopo la sua morte, ho continuato a fare politica per il Psdi, il partito socialdemocratico.» Nel 1993 di Mani pulite ha dovuto scappare dall'Italia, per evitare l'arresto, e ha cominciato la sua nuova vita in Francia. Ma prima che tutto crollasse ha fatto in tempo a sapere e vedere molte cose. «Antonio Cariglia, ultimo presidente del Psdi, mi chiese di andare da alcuni imprenditori a raccogliere contributi per il partito. Tra questi, c'era anche Silvio Berlusconi, che fino al 1992 ha sostenuto i partiti della Prima Repubblica. Io ho ricevuto nelle mie mani diversi contributi di Berlusconi, dalle mani di Gianni Letta. L'ultimo, a ridosso delle elezioni dell'aprile 1992: avevamo capito che erano l'ultima spiaggia. Lo andai a ritirare in un ufficio nel centro di Milano.»

Negli archivi di Mani pulite c'è la traccia di una tangente pagata da Letta a Buzio: 70 milioni di lire, versati nel 1989. Anche Letta l'ha ammessa, in un interrogatorio condotto da Antonio Di Pietro. Ma tutto è coperto dalla provvidenziale amnistia che arrivò quell'anno. Ora però Buzio completa la storia. «Intanto non erano 70, bensì 200 milioni» aggiunge. «E poi rivelammo solo quella, d'accordo con i nostri avvocati, perché sapevamo che era annullata dall'amnistia. I pagamenti però continuarono fino al 1992. Erano parecchie centinaia di milioni. Non solo, nell'ambiente sapevamo che a riscuotere non era soltanto il Psdi: Berlusconi sosteneva tutto il pentapartito.»

Di più non vuol dire. Anzi Buzio s'arrabbia se gli si chiede di specificare fatti, nomi, luoghi, cifre. Aggiunge soltanto che, in totale, i soldi delle tangenti pagate da Berlusconi al Psdi raggiungevano i 4 miliardi di lire. Se avesse parlato allora, Berlusconi sarebbe stato incriminato e processato già nel 1993, insieme al suo collaboratore Gianni Letta, e forse la storia della politica italiana sarebbe stata diversa. Chissà.

Di certo c'è che Buzio non si pente del suo comportamento. Ha una sua visione della politica e continua a difendere la Prima Repubblica. «Sì, ho ritirato contributi per il partito. L'ho fatto e lo rifarei: era una giusta redistribuzione del reddito, erano soldi che gli imprenditori restituivano ai cittadini. Noi dei partiti li abbiamo usati per fare politica. E controllavamo il sistema: allora, noi non avremmo mai permesso che ciascuno potesse rubare come gli pare, com'è successo dopo e come succede ancora oggi.»

È orgoglioso della sua storia, Buzio. «Ero e resto orgoglioso del mio ruolo, a fianco di Saragat. Io ho una storia politica, mio padre Luigi Buzio è stato senatore del Psdi.» Poi, negli anni di Mani pulite, il figlio è stato interrogato più volte, da Antonio Di Pietro e da Gherardo Colombo.

Delle tangenti a Berlusconi parla per la prima volta soltanto nel 2012, in un'intervista al «Fatto Quotidiano». Perché – dice – vuole protestare contro quelli che, a differenza sua, sono passati indenni dalla Prima alla Seconda Repubblica. «Io andavo solo a prenderli, i soldi» racconta, più amareggiato che mai, «e sono dovuto scappare in Francia per evitare di essere rinchiuso a San Vittore. Oggi sono cittadino francese. Quelli che invece li usavano, i soldi che io raccoglievo, sono ancora lì.» Fa i nomi soltanto di qualche big del suo partito, socialdemocratici che sono poi passati nel fronte berlusconiano: «Carlo Vizzini, per esempio. E Simona Vicari, che è diventata sottosegretario al ministero dello Sviluppo economico nel governo di Matteo Renzi, in quota Nuovo centrodestra. Ed Enrico Ferri: l'ho portato io al partito e l'ho presentato a Saragat. Divenne ministro e segretario del Psdi. In seguito suo figlio, Cosimo, è diventato sottosegretario alla Giustizia. Avrei tante altre cose da raccontare, sui furbi e sui riciclati».

Le scrive sul suo blog, in francese e in italiano. Di più non dice. Buzio guarda fuori dalla finestra i monti, la valle, le luci che si accendono. «Che cosa crede? Che non sarei potuto andare anch'io da Berlusconi, negli anni in cui era al governo? Sarei probabilmente diventato deputato. Ho preferito fare il cuoco: Saragat, che conosceva bene la Francia, mi diceva: "In Francia rispettano due figure: il sindaco e lo chef". Io ho fatto lo chef.» Così parla Roberto Buzio, irriducibile della Prima Repubblica. Poi si richiude nel suo silenzio, mentre in Alta Savoia cade la notte.

Scandalo a Napoli

In Italia, invece, lo scandalo scoppia il 22 novembre 1994. Silvio Berlusconi ha trionfato alle elezioni ed è presidente del Consiglio da sei mesi. Quel giorno si trova a Napoli, dove partecipa a un vertice dell'Onu sulla criminalità organizzata. La mattina, nelle edicole arriva il «Corriere della Sera» che spara uno scoop in prima pagina, firmato dai giornalisti Goffredo Buccini e Gianluca Di Feo. Titolo: *Milano, indagato Berlusconi*. Occhiello: «L'iscrizione sul registro decisa dalla procura per l'ipotesi di due pagamenti alle fiamme gialle». L'articolo racconta di due tangenti che Berlusconi avrebbe pagato a uomini della guardia di finanza per ammorbidire verifiche fiscali alla Mondadori (130 milioni di lire) e a Mediolanum (100 milioni).

L'Italia è sotto shock. Anche l'uomo nuovo, il trionfatore delle elezioni, è entrato nel lungo elenco degli indagati per corruzione di Mani pulite, del pool di Antonio Di Pietro, Gherardo Colombo, Piercamillo Davigo. Berlusconi e il suo mondo, con i suoi giornali e le sue tv che, in sintonia con la maggioranza del paese, avevano sostenuto con entusiasmo per mesi Di Pietro e Mani pulite, cominciano ad attaccare e infangare i magistrati. Iniziano a scagliarsi contro il pool, accusato di aver messo in scena una macchinazione mediatico-giudiziaria, comunicando al «Corriere» la notizia di Berlusconi indagato e facendola uscire proprio nel giorno in cui il premier presiedeva un importante vertice internazionale.

I magistrati del pool, in verità, avevano programmato che la notizia rimanesse segreta almeno fino al 26 novembre, il giorno in cui Berlusconi era stato convocato alla Procura di Milano per essere interrogato in veste di indagato. Avevano mandato l'invito a comparire e lo avevano fatto recapitare la sera del 21 novembre: non a Napoli, ma a Roma, dove credevano si trovasse il presidente del Consiglio. Lo ritirano i suoi collaboratori e Gianni Letta, il testimone di nozze diventato sottosegretario alla presidenza del Consiglio. Questi telefona subito a Silvio, a Napoli. «Sono appena venuti a Palazzo Chigi due ufficiali dei carabinieri per consegnarti un provvedimento della Procura di Milano, ma non hanno voluto aggiungere di più: devono notificarlo personalmente a te. Li ho invitati a ripassare domani.»

I due ufficiali, Emanuele Garelli e Paolo La Forgia, da Roma chiamano a Milano il procuratore Francesco Saverio Borrelli per comunicargli di non aver trovato Berlusconi. Il magistrato, per cautelarsi da eventuali fughe di notizie, autorizza Garelli a contattare Berlusconi a Napoli e a leggergli al telefono l'invito a comparire. Intanto Letta ha informato anche Previti. È già sera quando Garelli parla al cellulare con Berlusconi. Gli dice che ha un atto giudiziario per lui. Berlusconi gli chiede di aprire la busta e leggerglielo. «Si riferisce a tangenti alla guardia di finanza.» Il presidente del Consiglio però ha fretta: alle ventuno deve essere nel palco reale del teatro San Carlo, per assistere al concerto di gala di Luciano Pavarotti. Dice all'ufficiale di richiamare un paio d'ore più tardi.

Finito il concerto, Berlusconi telefona a Garelli, che può finalmente leggergli il testo dell'invito a comparire. Gli recita il primo e il secondo capo d'imputazione, sulla mazzetta Mediolanum e su quella Mondadori. C'è un terzo capo d'imputazione, sulla tangente che sarebbe stata pagata per ammorbidire la verifica fiscale a un'altra azienda del Biscione, Videotime, ma Berlusconi, irritato, lo interrompe: «Va bene, ho capito». E gli dà appuntamento per il giorno dopo alle quattordici, a Palazzo Chigi, per la notifica.

L'indomani esce il «Corriere» con lo scoop. Il mondo berlusconiano grida allo scandalo, trasuda indignazione per il fatto che il presidente del Consiglio sia venuto a sapere di essere indagato da un giornale. L'accusa sarà ripetuta per anni, fino a oggi. In realtà, come abbiamo visto, Berlusconi fu informato la sera prima. E i magistrati del pool si convincono che a confermare la notizia al «Corriere» sia stato proprio l'entourage del presidente, visto che il giornale riporta soltanto i primi due capi d'imputazione, senza nemmeno un cenno al terzo (la mazzetta di 100 milioni per Videotime), che Garelli non era riuscito a leggere a Berlusconi. Ma ancora oggi un pezzo d'Italia è convinto che siano stati i magistrati a spifferare dell'avviso di garanzia (in realtà un invito a comparire) per mettere Silvio in difficoltà durante l'incontro internazionale.

La storia processuale delle tangenti emerse quella mattina di novembre sarà lunga, punteggiata da polemiche politiche, violenti attacchi alla magistratura, manovre dilatorie per allungare i processi, leggi *ad personam* per cancellare i reati. Subito alle contestazioni si aggiunge una quarta mazzetta, pagata per Tele+. Alla fine, dopo anni di battaglie processuali, per le tangenti alla guardia di finanza Berlusconi è condannato in primo grado, senza attenuanti generiche, a due anni e nove mesi di reclusione, con una sentenza che ritiene provate tutte e quattro le mazzette contestate. In appello, la Corte gli concede le attenuanti generiche: così scatta la prescrizione – la prima di una lunga serie – per tre tangenti. Per la quarta (Tele+), gli è concessa l'assoluzione, pur con formula dubitativa, secondo il comma 2 dell'articolo 530 del codice di procedura penale.

La Cassazione, nell'ottobre del 2001, chiude la partita. Conferma le condanne per i coimputati di Berlusconi (i suoi collaboratori Massimo Maria Berruti e Salvatore Sciascia, che hanno materialmente pagato le mazzette; e i finanzieri Francesco Nanocchio e Giuseppe Capone, che le hanno intascate): dunque le tangenti ci sono state. Ma attenzione: i giudici ritengono di non avere la prova certa che Berlusconi ne fosse al corrente; dunque è assolto per non aver commesso il fatto, seppur con un richiamo all'insufficienza di prove («Tenuto conto di quanto già osservato sulla insufficienza probatoria, nei confronti di Berlusconi, del materiale indiziario utilizzato dalla Corte d'appello a proposito delle vicende Mondadori, Videotime e Mediolanum...»). Dunque le mazzette ci sono, sono state pagate, con i soldi di Berlusconi, ma (secondo la Corte) a sua insaputa.

C'è un fatto che pesa sul piatto della bilancia e lo fa inclinare verso l'assoluzione: la falsa testimonianza nell'aula processuale di un personaggio chiave nella storia di Berlusconi, l'avvocato David Mills. È il professionista che aveva costituito a Londra le società offshore della Fininvest, la Fininvest ombra, il Biscione segreto. In aula a Milano non racconta la verità e per il suo silenzio viene ricompensato (come stabilirà definitivamente la Cassazione nel 2010) con 600.000 dollari pagati nel 1999-2000, per aver tenuto con il suo comportamento Berlusconi, come aveva ammesso lo stesso Mills, «fuori da un mare di guai».

La tangente più grossa di sempre

Berlusconi, bisogna riconoscerlo, fa sempre le cose in grande. Vuole in ogni caso essere il numero uno. Lo è anche nella corruzione: è lui infatti a pagare la più grande tangente mai riscossa in Italia da un singolo uomo politico. Sono i 23 miliardi di lire pagati a Bettino Craxi, attraverso la società All Iberian.

La storia è accertata, sancita dalla sentenza che il 13 luglio 1998 condanna Craxi e Berlusconi per finanziamento illecito: quattro anni per l'ex leader del Psi, due anni e quattro mesi per il leader di Forza Italia e padrone di Fininvest. Ma spoileriamo subito la conclusione: la prescrizione salva entrambi in appello, il 26 ottobre 1999, e la Cassazione la conferma, il 22 novembre 2000. Con una scelta netta, però: boccia la richiesta di assoluzione piena per Berlusconi. I reati sono prescritti, dunque, ma i fatti sono accertati.

I 23 miliardi di lire partono dalla società All Iberian di Silvio Berlusconi e arrivano a due conti esteri di Craxi, gestiti da suoi uomini di fiducia: l'ex compagno di scuola Giorgio Tradati e l'ex barista di Portofino Maurizio Raggio. I miliardi contestati nel processo all'inizio erano 10, ma in seguito le rogatorie internazionali li fanno crescere fino a un totale di 23.

«La responsabilità di Craxi» scrivono i giudici nelle motivazioni depositate il 6 novembre 1998 «è incontrovertibilmente denotata da un contributo causale apportato alla realizzazione dei fatti-reato come ideatore e promotore dell'apertura di conti destinati alla raccolta delle somme versategli a titolo di illecito finanziamento, quale deputato e segretario del Psi. La gestione di tali conti, come attestato da Tradati e Raggio, non confluiva in quella amministrativa ordinaria del Partito socialista, ma veniva trattata separatamente dall'imputato tramite i suoi fiduciari, così da mettere in difficoltà lo stesso Balzamo», cioè il segretario amministrativo del partito e cassiere ufficiale del Psi, che era di fatto estromesso da una parte consistente dei finanziamenti al partito. «Significativamente Craxi non mise questi conti a disposizione del partito, se non per soccorrere finanziariamente la Gbr in cui coltivava soprattutto interessi propri politici e non politici» scrivono i giudici. La Gbr è la rete televisiva di un'amica di Craxi, Anja Pieroni.

Perché Berlusconi versa tutti quei soldi a Craxi? Di certo il proprietario della Fininvest aveva un grande, grandissimo motivo di gratitudine nei confronti del leader socialista per aver fatto passare in Parlamento la ben nota legge Mammì. Una scelta politica che valeva davvero un ringraziamento miliardario.

A raccontare ai magistrati del pool Mani pulite i segreti della tangente record è Tradati, l'amico di Craxi diventato il suo cassiere segreto. Tutto ha inizio a Roma fra l'ottobre e il novembre del 1991, nella suite dell'Hotel Raphaël dove Craxi viveva. Lì il segretario del Psi spiega a Tradati che sui suoi conti svizzeri stanno per arrivare 10 miliardi in cinque rate, da girare su un conto presso la Bil, la Banque Internationale à Luxembourg.

Di Pietro e gli altri del pool non si accontentano dei racconti di Tradati. Chiedono per rogatoria i conti bancari in Svizzera. Questi dimostrano che Tradati non mente. Il 18, il 21 e il 31 ottobre 1991 arrivano sul conto 7105 Northern Holding tre tranche di 5 miliardi ciascuna, che sono poi rapidamente trasferiti su un deposito acceso alla Banker Trust e nel gennaio del 1992 approdano al conto Bellhart presso la Bil. Da dove provengono? Da un conto aperto fin dal 1989 presso la Sbs, Società di banca svizzera, da una misteriosa società offshore, la All Iberian Ltd, con sede nelle isole del Canale.

Per lungo tempo i tentativi dei magistrati milanesi di scoprire chi si celi dietro All Iberian non danno i risultati sperati. Inizialmente Di Pietro sospetta che si tratti dell'immobiliarista e finanziere Salvatore Ligresti. Poi un giovane praticante del prestigioso studio legale milanese Carnelutti confessa ai pm di aver fatto da prestanome, per conto di Fininvest, per alcune società offshore create dall'avvocato londinese David Mackenzie Mills, il professionista che ha messo in piedi la complessa architettura finanziaria dell'impero offshore berlusconiano di cui fa parte anche All Iberian. «*Owner*», ovvero beneficiario, risulterà Giancarlo Foscale, il cugino di Berlusconi che allora era amministratore delegato della Fininvest.

All Iberian – ricostruisce il pool Mani pulite – è stata creata nel 1989 e alimentata con fondi provenienti dalla Silvio Berlusconi Finanziaria, ma, almeno in un caso, avrebbe ricevuto anche soldi di provenienza illecita: 20 miliardi di fondi neri creati grazie alla complicità dell'immobiliarista Renato Della Valle. La società, scoprono i magistrati, ha finanziato operazioni «riservate» che riguardano la Rinascente, la Mondadori e Tele+. Proviene, infatti, da All Iberian il denaro usato per acquistare in segreto azioni della Rinascente e della Mondadori, in violazione delle normative di Borsa, e per finanziare Della Valle e l'editore tedesco Leo Kirch, che acquistano con soldi di Berlusconi quote di Tele+, la pay tv che lo stesso non poteva detenere perché vietato dalle pur blande norme antitrust allora in vigore in Italia.

Arrivano da All Iberian – lo vedremo più avanti – anche i soldi che affluiscono sui conti dell'avvocato romano Cesare Previti, indicato dai magistrati milanesi Gherardo Colombo e Ilda Boccassini come il grande corruttore, per conto della Fininvest, dei giudici romani: 500 milioni finiscono sul conto del magistrato Filippo Verde e altri vanno al giudice Renato Squillante. La Procura milanese riconosce che, in tutti questi casi, Fininvest è riuscita a diventare invisibile: i soldi di All Iberian non vengono infatti mai versati direttamente sui conti dei destinatari finali, rendendo quasi impossibile risalire al conto di provenienza. Il denaro destinato alle operazioni azionarie, a Tele+ e a Previti viene filtrato da conti intermedi o passa attraverso società fiduciarie. Con un'unica eccezione: i soldi destinati a Craxi.

Un'operazione ben conosciuta dai vertici del gruppo di Segrate. «Silvio Berlusconi era consapevole dei finanziamenti erogati tramite la società All Iberian al Psi di Bettino Craxi» scrivono nella loro sentenza i giudici del Tribunale di Milano. Berlusconi era dunque a conoscenza delle mazzette, in quanto, «quale presidente della holding capogruppo, oltre che detentore diretto e indiretto del controllo del capitale sociale di Fininvest, era il principale referente dei responsabili delle direzioni di coordinamento del gruppo Fininvest, e in tale contesto trovano naturale collocazione i rapporti instaurati con Gironi, che si suppone espressamente incaricato dei finanziamenti effettuati nei confronti di All Iberian a mezzo delle disponibilità procurate attraverso l'operazione Rovares nonché prelevate dal Mandato 500». Livio Gironi è un manager di vertice di Fininvest. La Bica-Rovares è una delle tante operazioni finanziarie riservate che alimentano i flussi di All Iberian. Il Mandato 500 è un mandato fiduciario bancario intestato a Silvio Berlusconi.

«Berlusconi» continua la sentenza, «partecipava alle scelte strategiche compiute dal gruppo, nonché al coordinamento tra le varie società e tra i vari settori. Sotto tale profilo» concludono i giudici, appare provata «la consapevolezza di Berlusconi circa la natura e il ruolo svolto da All Iberian e da altre società utilizzate per la realizzazione di decisivi obiettivi del gruppo.» Tra questi, il finanziamento di Craxi con la più ricca tangente mai versata a una singola persona.

In primo grado, come abbiamo visto, Silvio è condannato a due anni e quattro mesi. In appello, a causa dei tempi lunghi del processo, scatta la prescrizione del reato. Poi confermata dalla Cassazione.

Bettino Craxi provò a negare di aver ricevuto la tangentona come «ringraziamento» di Silvio per la legge Mammì che gli lasciava tre reti tv, dicendo che era invece un finanziamento per l'Olp, l'Organizzazione per la liberazione della Palestina di Yasser Arafat.

Pochi credettero allora a questa storia. A smentirla definitivamente sono arrivati anche quelli che sono considerati i «diari segreti» di Arafat, resi pubblici dopo la morte del leader palestinese, che raccontano tutta un'altra versione. Un tentativo concordato (e remunerato) di depistaggio. Berlusconi incontrò segretamente Arafat, nel 1998, in una capitale europea, e dopo quell'incontro Arafat decise di confermare la falsa versione data da Berlusconi ai giudici, cioè che i 10 miliardi di lire al centro del processo erano destinati non al Partito socialista italiano bensì all'Olp, come sostegno alla causa palestinese. Non era vero, ma Arafat rivela nei diari di aver confermato pubblicamente questa versione ricevendo in cambio un bonifico. Una tangente per mascherare un'altra tangente. Un versamento di Berlusconi ad Arafat per nascondere la supermazzetta pagata a Craxi.

Cambia la legge, evapora il reato

La tangentona di 23 miliardi a Craxi provoca anche un'imputazione per falso in bilancio, poiché naturalmente quella cifra non è stata scritta sui libri contabili. Questo secondo troncone del processo (detto All Iberian 2) si è arenato, dopo molte lungaggini e schermaglie procedurali, perché nel 2002 Berlusconi, che ha la maggioranza in Parlamento, come sappiamo ha fatto cambiare la legge. Arriva così l'assoluzione perché il fatto non è più previsto come reato.

Muore anche il processo per il versamento in nero di 10 miliardi di lire usciti dalle casse del Milan ed entrati in quelle del Torino, per l'acquisto del calciatore Gianluigi Lentini. Già in primo grado il procedimento si conclude con la dichiarazione che il reato è prescritto, grazie ai marchingegni inseriti nella nuova legge sul falso in bilancio.

Esce brillantemente anche dal processo in cui era accusato di comportamenti illeciti nelle operazioni d'acquisto della società Medusa Cinematografica, per non aver iscritto sui libri contabili

10 miliardi di lire. In primo grado viene condannato a un anno e quattro mesi per falso in bilancio. In appello, assoluzione con formula dubitativa (poi confermata in Cassazione) con una motivazione meravigliosa: è così ricco che potrebbe anche non essersi reso conto di come, nel corso della compravendita, il suo collaboratore Carlo Bernasconi (condannato) gli abbia versato 10 miliardi in nero; infatti «la molteplicità dei libretti riconducibili alla famiglia Berlusconi e le notorie rilevanti dimensioni del patrimonio di Berlusconi postulano l'impossibilità di conoscenza sia dell'incremento sia soprattutto dell'origine dello stesso». Troppi soldi, troppi libretti, troppo patrimonio: poverino, possono essergli sfuggiti 10 miliardi.

Quando poi acquista i terreni intorno alla sua villa di Macherio, Berlusconi fa nuovi pasticci contabili: così almeno gli contestano i magistrati, che lo accusano di appropriazione indebita, frode fiscale e falso in bilancio. In primo grado è assolto dall'appropriazione indebita e dalla frode fiscale. Per i due falsi in bilancio contestati scatta la prescrizione. In appello è confermata l'assoluzione per i due primi reati; è assolto per uno dei due falsi in bilancio, per il secondo è stata applicata l'amnistia.

Quanti processi

Andando a controllare i bilanci della Fininvest degli anni 1988-1992, i magistrati trovano tracce di reati e mettono sotto accusa Silvio, il fratello Paolo e i massimi dirigenti del suo gruppo (Confalonieri, Sciascia, Foscale, Vanoni), tutti indagati per falso in bilancio e appropriazione indebita. Secondo l'accusa, alcune società del gruppo, come Fininvest Service e Fininvest Sa, e alcune offshore, come Rovares, Antares e Stanhope, acquistavano diritti televisivi gonfiando il prezzo e creando fondi neri. Nel 2004 arriva l'archiviazione, grazie ai tempi di prescrizione abbreviati dalla riforma berlusconiana del falso in bilancio.

Ugualmente prescritto anche il falso in bilancio generato dalla rete di sessantaquattro società e conti offshore del gruppo Fininvest, il solito Fininvest Group B creato da David Mills. È il processo sul Consolidato Fininvest, che secondo una voluminosa consulenza chiesta dai magistrati agli specialisti della Kpmg scopre fondi neri per circa 1500 miliardi di lire creati tra il 1989 e il 1996, soldi che non comparivano nel bilancio consolidato della società. Esisteva dunque una Fininvest-ombra che – secondo l'accusa – serviva a risparmiare sulle tasse, a pagare tangenti, a finanziare operazioni «riservate» (quali la scalata di società quotate in Borsa come Standa e Rinascente), ad acquisire occultamente il controllo di Tele+ e Telecinco, aggirando le leggi antimonopolio tv in Italia e in Spagna.

Ma Berlusconi, come abbiamo detto, oltre a cambiare la legge sul falso in bilancio, riduce anche i tempi di prescrizione. Così già il giudice per le indagini preliminari nel febbraio del 2003 chiude l'inchiesta con un bel proscioglimento generale, constatando che il tempo per il processo, secondo la nuova legge, è scaduto. Nega però l'assoluzione, spiegando che Berlusconi e i suoi coimputati (il fratello Paolo, il cugino Giancarlo Foscale, Fedele Confalonieri, Adriano Galliani) non possono dirsi innocenti. Nel novembre del 2003 la Cassazione rende definitive queste decisioni del giudice, perché i reati sono estinti – scrive espressamente la Corte – «in base alla nuova legge sul falso in bilancio».

Non è solo la Procura di Milano a occuparsi delle irregolarità di Berlusconi. Ci prova anche quella di Roma, per fatti accaduti nella capitale, pur senza ottenere alcun risultato processuale. Indaga sull'assegnazione delle frequenze tv alla Fininvest dopo l'approvazione della legge Mammì, ma poi archivia le accuse. Indaga anche su tangenti che sarebbero state pagate a dirigenti e funzionari del ministero delle Finanze con l'obiettivo di far ridurre l'Iva sulle pay tv dal 19 al 4 per cento: nessun risultato, indagine archiviata. Ugualmente archiviata l'inchiesta romana sull'accordo segreto che sarebbe stato raggiunto tra Rai e Fininvest nel 1994, con Berlusconi presidente del Consiglio: forte della sua carica, avrebbe indotto la Rai a concordare con la Fininvest i tetti pubblicitari per spartirsi la torta degli spot. Ma la Procura di Roma, non avendo trovato prove sufficienti per contestare il reato di concussione, ha chiesto l'archiviazione, accolta dal giudice dell'udienza preliminare.

Si sono invece svolti a Milano i cosiddetti processi Toghe sporche, che ruotano attorno alle figure dell'avvocato Cesare Previti e dei giudici romani Vittorio Metta e Renato Squillante. A fare le indagini, i pm Ilda Boccassini e Gherardo Colombo, che vanno a mettere il naso nei rapporti tra il mondo di Berlusconi e i giudici romani.

Toghe sporche

È Stefania Ariosto a scoperchiare il pentolone maleodorante delle toghe sporche. È una donna affascinante e spregiudicata, imprendibile e a volte inattendibile, con il vizio del gioco e i creditori alle calcagna. Una *dark lady*, malgrado i capelli biondi. Nel febbraio del 1995, la guardia di finanza sta conducendo un'indagine su alcuni libretti al portatore di Silvio Berlusconi. L'inchiesta è guidata dalla magistrata milanese Margherita Taddei. Uno dei libretti registra un'uscita di 200 milioni di lire verso l'avvocato Vittorio Dotti, un civilista milanese che lavora per la Fininvest. Strano, perché le parcelle gli erano sempre saldate con regolari bonifici a fine anno. Perché quel libretto anomalo da 200 milioni?

La guardia di finanza lo chiede a Dotti, che spiega: «La mia fidanzata, Stefania Ariosto, aveva un'improvvisa esigenza economica. Berlusconi mi ha allora prestato il denaro, da un suo libretto personale, e a fine anno gliel'avevo restituito, dopo che l'azienda mi aveva liquidato il totale delle parcelle». Ariosto conferma: «Vittorio ha acquistato due cassettoni Maggiolini gemelli e sei sedie nella mia galleria d'arte e li ha pagati con quel denaro».

Tutto chiarito. Ma Stefania non si ferma alla spiegazione di quei 200 milioni. Comincia a fare accenni, discorsi nebulosi, sul malaffare dell'ambiente romano che frequenta insieme a Dotti.

Non vuole però dichiarare nulla a verbale. I due ufficiali della guardia di finanza che raccolgono le sue prime confidenze, il colonnello Alessandro Falorni e il capitano Antonio Martino, le assicurano che può restare una «fonte confidenziale», senza metterci la faccia. Diventa la «fonte Olbia», che racconta alcuni fatti che finiscono in un rapporto inviato alla pm Taddei. Questa lo giudica irricevibile: contiene accuse gravi, ma vaghe e, soprattutto, anonime. Gli si affianca un altro sostituto procuratore, Francesco Greco, che il 21 luglio 1995 interroga per la prima volta Stefania Ariosto, finalmente convinta a metterci la faccia. Dice di poter riferire fatti gravi che riguardano i vertici della Fininvest e l'avvocato Cesare Previti, ministro di Berlusconi nel suo primo governo. Il suo fidanzato, del resto, è Vittorio Dotti, non soltanto avvocato del Biscione, ma anche capogruppo di Forza Italia alla Camera dei deputati. Chiede che la sua identità non sia rivelata, anche per non metterlo in difficoltà. Così Stefania Ariosto diventa la «teste Omega».

Racconta di aver incontrato molti magistrati nel salotto romano di casa Previti: Renato Squillante, Filippo Verde, Antonio Brancaccio, Antonino Vinci, Corrado Carnevale, Filippo Mancuso, Carlo Sammarco, Arnaldo Valente, Claudio Vitalone, Guglielmo Izzo, Roberto Napolitano, Vittorio Mele. Pezzi grossi dei palazzi di giustizia romani. «Gli incontri con Previti e i magistrati suindicati avvenivano anche in altre occasioni, come per esempio le partite di calcetto al Circolo canottieri Lazio, del quale Previti è presidente. In particolare frequentava assiduamente tale circolo Renato Squillante.» Aggiunge particolari. Allega foto.

Rivela di aver visto con i suoi occhi, nel 1989, passaggi di soldi. «Ho assistito a consegne di denaro a Squillante in due occasioni, a casa dell'avvocato Previti, in via Cicerone, e al Circolo canottieri Lazio, dopo una partita di calcetto.» Nella seconda, Previti insegue Squillante. «Al termine di una cena [...], nel parcheggio del circolo, ho visto, mentre salivo sulla mia auto, Previti mentre consegnava una grande busta gialla a Squillante dicendo: "A Rena', te stai a dimentica' questa...". Poiché la busta non era chiusa, potei constatare che era piena di denaro. Squillante la prese e la consegnò a un'altra persona che già stava sulla sua autovettura.»

Anche Piercamillo Davigo viene coinvolto nella vicenda. Greco decide di segretare i verbali della teste Omega, iscrive le sue prime rivelazioni a «modello 44» (il registro delle notizie di reato a carico di ignoti) e li custodisce nella cassaforte di Davigo. Al ritorno dalle vacanze estive, viene informato il procuratore, Francesco Saverio Borrelli, che affida il caso a Gherardo Colombo e a Ilda Boccassini, appena tornata dalla Sicilia dove si era fatta trasferire dopo l'uccisione del suo amico Giovanni Falcone. La magistrata, che aveva fatto esperienza di indagini sulla mafia sia a Milano sia a Palermo, capisce subito che l'indagine è difficile non solo perché coinvolge Berlusconi, Previti e alti magistrati romani, ma perché Ariosto è un personaggio da manovrare con cura, riscontrando accuratamente le sue dichiarazioni con quelle di altri testimoni, intercettazioni, pedinamenti, tabulati telefonici, documenti bancari: il lavoro che viene fatto per verificare le dichiarazioni dei pentiti di mafia. L'inchiesta a settembre del 1995 passa dal modello 44 al modello 21, con indagati noti: vengono iscritti, per corruzione continuata e aggravata, Berlusconi, Previti, un suo collaboratore, l'avvocato Pacifico, e il giudice Squillante.

La semina d'autunno della Criminalpol distribuisce a Roma cimici, microspie, videocamere, sostenute da appostamenti, ricerche, pedinamenti. Così gli investigatori osservano in presa diretta quello che Omega aveva raccontato, per averlo visto con i suoi occhi in anni precedenti. E scoprono i traffici – con il mondo berlusconiano, ma più in generale con il potere politico ed economico – di alcuni magistrati, primo fra tutti Squillante, potentissimo capo dei giudici delle indagini preliminari di Roma.

Le intercettazioni, le relazioni investigative, il materiale raccolto danno il resoconto di un mondo, quello dei poteri romani che s'incontrano, si parlano, si accordano. Anche con i magistrati che li dovrebbero invece controllare e, in caso di reati, punire. Spiegano molto di più di una singola indagine: fanno capire perché prima di Mani pulite le indagini sulla corruzione politica e sui colletti bianchi non decollavano, ma si spiaggiavano a Roma nel «porto delle nebbie». Solo per fare un esempio: uno degli indagati, il pm Vinci (poi prosciolto), era quello che nel 1985 aveva chiuso con una bella archiviazione l'indagine scippata a Milano sui fondi neri dell'Iri; era quello che, nel dicembre del 1992, aveva restituito 14 miliardi di lire sequestrati nell'inchiesta sui fonti neri del Sisde (il servizio segreto civile); era quello che in seguito, con Squillante, aveva fatto svanire nel nulla l'indagine Efim-Safim. Fanno capire anche perché è importante, per il potere politico ed economico, controllare le nomine dei capi degli uffici giudiziari, come farà Luca Palamara e come sarà dimostrato dallo scandalo in cui sarà coinvolto, che scoppierà molto tempo dopo, nel 2019.

Nel 1996, l'indagine di Milano invece fa sul serio. Questa volta gli investigatori dello Sco (il Servizio centrale operativo della polizia di stato) seguono l'avvocato Pacifico anche quando, tra l'8 e il 10 marzo 1996, vola in Svizzera per far sparire i soldi dei suoi conti segreti. A questo punto, i magistrati milanesi decidono di intervenire: il 12 marzo vengono arrestati Squillante e Pacifico, perquisiti i loro uffici e abitazioni.

Nel mandato di cattura del primo, il giudice scrive: «Nella sua qualità di pubblico ufficiale, Squillante riceveva somme di denaro in contanti da società aventi sede in Milano (che per il momento non appare opportuno indicare) per il tramite di Cesare Previti e Attilio Pacifico, allo scopo di compiere un'indeterminata serie di atti contrari ai doveri d'ufficio in quanto stabilmente retribuito perché ponesse le sue funzioni al servizio degli interessi degli erogatori, in violazione dei doveri di imparzialità, probità e indipendenza tipici della funzione giudiziaria, in tutti i procedimenti e in ogni altra attività in cui ne fosse richiesto, e violando altresì il segreto d'ufficio fornendo le informazioni a lui richieste e impegnandosi altresì a intervenire presso altri appartenenti agli uffici giudiziari al fine di indurli a compiere atti contrari ai doveri del loro ufficio in modo da favorire le società predette o comunque gli erogatori».

Un giudice con conti segreti miliardari in Svizzera, a libro-paga di «società aventi sede in Milano»: sono le società del gruppo Fininvest. Non viene mai scritto il nome neppure dell'«imprenditore milanese» che «intorno alla metà degli anni Ottanta teneva a disposizione somme (necessariamente costituite con fondi extracontabili) da destinarsi alla corruzione di pubblici funzionari, segnatamente magistrati», con la «collaborazione di due avvocati». Ma non sarà difficile capire che gli avvocati sono Pacifico e Previti e che l'imprenditore milanese è Silvio Berlusconi. Anch'egli indagato per corruzione e falso in bilancio.

La percezione nel paese è che sia l'inizio di una nuova Mani pulite. Ma questa volta la politica e l'opinione pubblica sono spaccate, il fronte berlusconiano va all'attacco dei magistrati milanesi e difende gli indagati e le «toghe sporche» che questi avevano messo sotto inchiesta.

Berlusconi chiede a Dotti, suo avvocato da sedici anni e di fatto numero due di Forza Italia, di scrivere una lettera in cui smentisce Stefania Ariosto e si dissocia dalle sue accuse, che dovrebbe definire «fantasie, calunnie e bugie». Dotti non lo fa. Risponde di non potere «né confermarle né smentirle». Da quel momento gli viene fatta terra bruciata attorno, finisce la sua carriera politica e professionale.

Come ti conquisto la Mondadori

Dall'imponente lavoro investigativo dei magistrati di Milano Colombo e Boccassini nascono alcuni processi. Il primo riguarda il lodo Mondadori: Berlusconi è accusato di aver comprato, attraverso gli avvocati Cesare Previti, Attilio Pacifico e Giovanni Acampora, la sentenza (sul cosiddetto lodo Mondadori) che gli ha permesso di conquistare la proprietà della più grande casa editrice italiana, contesa in una intricata lite giudiziaria tra lui e Carlo De Benedetti. Per ottenerla, secondo l'accusa ha pagato al giudice Metta 400 milioni di lire, attraverso passaggi per i conti delle sue società offshore (sempre quelle create da David Mills).

Il giudice dell'udienza preliminare Rosario Lupo decide il proscioglimento per tutti gli imputati, pur in parte con formula dubitativa. La Procura di Milano fa ricorso alla Corte d'appello, che nel giugno del 2001 decide: per Berlusconi è ipotizzabile il reato di corruzione semplice, e non quello di concorso in corruzione in atti giudiziari; dunque, concesse le solite attenuanti generiche, il reato è prescritto, poiché risale al 1991 e la prescrizione, con le attenuanti generiche, scatta dopo sette anni e mezzo.

La Corte manda però a giudizio i suoi coimputati Previti, Acampora e Pacifico, accusati di aver comprato dal giudice Metta anche un'altra sentenza, quella del processo Imi-Sir. Così un unico dibattimento giudica due corruzioni giudiziarie, quella per truccare il lodo Mondadori e quella per la vicenda Imi-Sir. Questa è una storia molto italiana. Comincia nel 1980, quando fallisce la società chimica Sir (Società italiana resine) di Nino Rovelli, sepolta sotto un debito di 3000 miliardi di lire. Ma Rovelli accusa della colossale bancarotta l'Imi, l'Istituto mobiliare italiano, colpevole di non aver concesso un finanziamento. Comincia una interminabile contesa giudiziaria. Nel 1982 il Tribunale di Roma, collegio presieduto dal giudice Filippo Verde, dà ragione a Rovelli e condanna Imi a pagare, rimandando a un nuovo giudizio il *quantum*. Nel novembre del 1990 la Corte d'appello di Roma, relatore della sentenza il giudice Vittorio Metta, stabilisce che la cifra da pagare è di circa 1000 miliardi, comprese le spese e gli interessi. Nel 1992 la Cassazione conferma.

Poi nel 1996 la Procura di Milano, indagando sulle toghe sporche romane, scopre che le sentenze erano vendute e che alcuni giudici erano stati pagati con tangenti milionarie. Rovelli se le era comprate pagando enormi mazzette alle toghe sporche e agli intermediari, gli avvocati Previti, Pacifico e Acampora. Tocca infine al giudice di Milano Paolo Carfì sbrogliare in aula questa intricata matassa. È lui che presiede il collegio del tribunale chiamato a giudicare, in un unico processo, i casi lodo Mondadori e Imi-Sir.

Presidente pacato e molto attento, viene ferocemente criticato dal fronte berlusconiano per tutta la durata del processo e deve subire ogni sorta di attacco. La sentenza arriva nell'agosto del 2003: definisce il caso Imi-Sir «il più grave caso di corruzione della storia d'Italia repubblicana», con «la giustizia che, da cieca, fu trasformata in "giustizia a uso privato"». Per la parte che riguarda il lodo Mondadori, Berlusconi è restato fuori dal processo perché prescritto, ma nella sentenza è citato ventisette volte come colui che ha beneficiato della corruzione, finendo per diventare (dopo un accordo con Carlo De Benedetti) il proprietario della casa editrice.

In appello, nel 2005, confermate tutte le condanne per Imi-Sir ma non quelle per Mondadori, seppur con la clausola delle prove insufficienti. L'anno seguente, la Cassazione rende definitive le condanne Imi-Sir (fuorché per Squillante) e annulla le assoluzioni per Mondadori ritenendo la «sentenza superficiale, illogica, irregolare, manifestamente illogica e contraddittoria». Nuovo processo d'appello, dunque, che nel febbraio del 2007 condanna tutti gli imputati del caso Mondadori. Metta viene indicato come «un giudice che aveva già fatto mercimonio della sua funzione» nel caso Imi-Sir «e che ben poteva essere ritenuto "avvicinabile" nuovamente per far ottenere un risultato favorevole alla Fininvest». Berlusconi, pur uscito dal processo per prescrizione, è definito dai giudici il «privato corruttore»: «La retribuzione del giudice corrotto è fatta nell'interesse e su incarico del corruttore». Previti, Pacifico e Acampora sono dunque gli intermediari di Berlusconi, che alla fine s'impossessa infatti del primo gruppo editoriale italiano. Nel luglio del 2007 la Cassazione chiude la vicenda, confermando tutte le condanne.

La corruzione Sme

Nel secondo dei processi Toghe sporche, Berlusconi è accusato di aver corrotto, tramite Cesare Previti, alcuni giudici romani, tra cui Renato Squillante, durante le operazioni per la vendita ai privati della Sme, azienda alimentare pubblica. Era contesa da due pretendenti: la Buitoni di Carlo De Benedetti e la cordata Berlusconi-Barilla-Ferrero. I soldi servono a favorire quest'ultima e a strapparla a De Benedetti, che Berlusconi considera suo avversario. La Procura di Milano scopre quella che ritiene la «prova regina» della corruzione: carte bancarie svizzere che provano il passaggio, il 5 marzo 1991, di 434.404 dollari (pari a 500 milioni di lire) dal conto Ferrido (della società All Iberian, cioè Fininvest) al conto Mercier (di Previti) e poi da questo al conto Rowena (di Squillante), bonifici siglati con riferimento «Orologio». Una triangolazione perfetta, dal corruttore all'intermediario e dall'intermediario al giudice corrotto.

Non potendo più negare il pagamento, Berlusconi lo spiega così: «Parcelle professionali». Non si sa per quali prestazioni. Ma il processo di primo grado viene bloccato due volte dalla richiesta delle difese di spostare a Brescia il dibattimento per «legittimo sospetto», reintrodotto rapidamente per legge (voluta da Berlusconi) nell'ottobre del 2002. La Corte di cassazione per due volte respinge la richiesta. Intanto però Berlusconi fa approvare un'altra legge, il lodo Schifani (votato con urgenza nel giugno del 2003) che impone la sospensione di tutti i processi alle cinque più alte cariche dello Stato, tra cui il presidente del Consiglio, che in quel momento era – come sappiamo – Berlusconi. Il tribunale allora divide il processo in due. Quello a Previti, Pacifico e Squillante, che vengono condannati in primo grado e in appello, ma salvati dalla Cassazione la quale scopre, dopo anni, che competente a giudicarli non erano i giudici di Milano, ma quelli di Perugia. Il processo dovrebbe ricominciare da capo, ma – indovinate? – arriva la prescrizione.

Il processo a Berlusconi può riprendere soltanto quando la Corte costituzionale sentenzia che il lodo Schifani è incostituzionale: ma i giudici alla fine lo assolvono. Ritengono sì provato che Berlusconi abbia pagato il giudice Squillante (per forza: lo dimostrano le carte bancarie), ma non si sa perché, non avendo Squillante avuto a che fare direttamente con processi di Berlusconi e non essendoci la prova che Squillante sia intervenuto per alterare il corso della causa Sme.

Poi, sì, c'è anche il bis di questa complicata vicenda di soldi e giudici: il processo Sme-Ariosto 2. Un processo per falso in bilancio: visto che la corruzione non si può fatturare, Berlusconi ha dunque nascosto al fisco i soldi mossi tra il 1986 e il 1989 per pagare Squillante e gli altri. Ma tranquilli: l'imputato, essendo anche capo del governo, ha cambiato la legge, depenalizzando il reato, e arriva l'assoluzione.

A proposito di sentenze comprate e vendute, le cronache devono anche registrare un lapsus fulminante. «Per difendermi in tribunale, in questi anni ho speso ben 200 milioni per i giudici» ha scandito Berlusconi durante una conferenza stampa tenuta a Palazzo Chigi da presidente del Consiglio il 9 ottobre 2009. Subito un ministro al suo fianco gli sussurra qualcosa all'orecchio. E Berlusconi si corregge: «Scusate, per gli avvocati».

Il grande architetto delle società segrete

Tanti processi, e finora una sola condanna. Berlusconi esce dai suoi procedimenti giudiziari in molti casi grazie alle prescrizioni, all'amnistia, alle leggi *ad personam* che si costruisce su misura. Ma anche grazie ai testimoni che nei suoi dibattimenti non sempre dicono la verità. Come le ragazze delle feste di Arcore che, generosamente aiutate con denaro e regali, negano ogni atto sessuale in quelle serate («Erano cene eleganti!») e negano che Silvio sapesse che Ruby era minorenne. E come un testimone d'eccellenza – lo abbiamo già accennato –, che lo salva in due cruciali processi milanesi. È il grande architetto delle società offshore di Berlusconi: David Mills.

La Procura di Milano alla fine del 2005 chiede e ottiene il rinvio a giudizio di Berlusconi per corruzione in atti giudiziari, avendo pagato «non meno di 600.000 dollari» nel 1997 al testimone David Mills per fargli dire due volte il falso: nella deposizione del 20 novembre 1997 nel processo per le tangenti Fininvest alla guardia di finanza e in quella del 12 dicembre 1998 nel processo All Iberian.

Come è arrivata, la procura, a formulare queste accuse? Ha scoperto una lettera in cui Mills nel 2004 spiega al suo fiscalista inglese, Bob Drennan, perché nel 1997 ha ricevuto 635.000 dollari: in quella incauta comunicazione, l'avvocato ammette apertamente di averla «messa giù delicatamente» nelle sue deposizioni processuali su Berlusconi; di aver fatto *tricky corners* (potremmo tradurlo con «curve pericolose») «per tenere Mr. B. fuori da un mare di guai che gli sarebbero ricaduti addosso se solo avessi detto tutto quello che sapevo».

Un bel problema, per Silvio. È una confessione. Ma niente paura: nel 2006, appena tornato al governo per la terza volta, si è messo al riparo dal processo con il lodo Alfano che blocca ogni suo procedimento giudiziario finché è presidente del Consiglio. Anche stavolta lo si divide in due: Mills è processato subito e condannato nel 2009, in primo grado e in appello, per essere stato corrotto da Berlusconi. Nel 2010 la Cassazione dichiara il reato accertato, ma ritocca la data in cui sarebbe stato commesso, spostandola indietro di qualche mese: così deve prendere atto che il reato è prescritto (in base alla legge ex Cirielli, che riduce da quindici a dieci anni la prescrizione per la corruzione giudiziaria).

Il processo a Berlusconi riprende dopo che la Corte costituzionale, anche stavolta, ha giudicato incostituzionale il lodo Alfano. Ma va lentissimo, grazie a un calendario molto diluito nel tempo, concordato dai suoi avvocati direttamente con la presidente del Tribunale di Milano, Livia Pomodoro. Così arriva alla prescrizione (per un pelo, una decina di giorni) grazie all'indolenza della Corte d'appello che impiega quasi un mese per decidere sull'estrema richiesta di ricusazione dei giudici, avanzata dai difensori Niccolò Ghedini e Piero Longo in zona Cesarini, quando i giudici stavano già per entrare in camera di consiglio. Nelle motivazioni, comunque, la presidente del collegio Francesca Vitale, senza neppure consultare le sue giudici a latere, Caterina Interlandi e Antonella Lai, sostiene che l'imputato sarebbe stato assolto anche senza prescrizione. Così, alla fine, si realizza il capolavoro: c'è il corrotto (Mills), ma senza il corruttore (Berlusconi).

La condanna definitiva

La condanna definitiva arriva al termine di una lunga indagine condotta dal pm di Milano Fabio De Pasquale sui diritti televisivi trattati dalle società di Berlusconi. Inizia nel 2003, quando De Pasquale e il collega Alfredo Robledo lo iscrivono nel registro degli indagati per frode fiscale, falsi in bilancio di rilevante gravità e appropriazione indebita aggravata. Secondo le prove raccolte, Berlusconi ha continuato a controllare i flussi finanziari della Fininvest anche dopo essere diventato, nel 1994, presidente del Consiglio. È ritenuto responsabile, dunque, dei reati che le sue società avrebbero commesso nella compravendita di diritti televisivi: acquistati per lo più sul mercato americano e poi trasferiti in Italia attraverso una serie di passaggi che gonfiavano costi, con il risultato di produrre fondi neri (almeno 170 milioni di dollari depositati sui conti svizzeri delle società Century One e Universal One) e nascondendo al fisco italiano centinaia di miliardi di lire.

Il 26 ottobre 2012, dopo sei anni di gimkana tra leggi *ad personam*, legittimi impedimenti, sospensioni, ricusazioni, istanze di rimessione ad altra sede, il Tribunale di Milano, presidente Edoardo D'Avossa, condanna per frode fiscale Silvio Berlusconi a quattro anni (più dei tre anni e otto mesi richiesti dal pm De Pasquale). L'8 maggio 2013 la Corte d'appello di Milano, presidente Alessandra Galli, conferma in pieno la sentenza di primo grado. Il 1° agosto 2013 la Cassazione, presidente Antonio Esposito, rende definitiva la condanna.

Berlusconi, quando già era in politica e formalmente non più al vertice delle sue società, ha nascosto cifre imponenti allo Stato italiano (frode fiscale) e agli altri azionisti di Mediaset (appropriazione indebita). I fatti riguardano gli anni tra il 1994 e il 1998, ma gli effetti fiscali sono spalmati sui bilanci fino al 2003. La condanna riguarda «soltanto» 7,3 milioni di euro, occultati nei bilanci 2002 e 2003. Altri 6,6 milioni riguardano il bilancio 2001 e sono stati cancellati dalla prescrizione già prima della sentenza d'appello. Ma in totale, scrivono i giudici, «le maggiorazioni di costo realizzate negli anni» sono di ben «368 milioni di dollari». Rase al suolo dalla prescrizione anche le imputazioni di falso in bilancio e appropriazione indebita, in un processo durato sei anni solo per il primo grado (compresi i due di ibernazione per i lodi *ad personam* Schifani e Alfano, in cui il decorso della prescrizione era stato sospeso). Prescrizione dimezzata grazie alla legge *ad personam* ex Cirielli. Quanto a una contestata frode fiscale da 120 miliardi di lire di imposte evase, è prosciugata quasi interamente dai condoni fiscali.

Molti documenti utili a ricostruire i passaggi dei soldi tra le società offshore di Berlusconi, comunque, erano già svaniti durante le prime perquisizioni ordinate dai pm milanesi. «Quindici anni di carte» secondo la teste Silvia Cavanna, fino al 1999 responsabile dell'ufficio contratti di Mediaset, «furono fatte sparire da Lugano in Lussemburgo, credo con camion.» Eppure, ecco che cosa è restato, che cosa è stato possibile ricostruire.

I diritti televisivi venivano acquisiti sul mercato internazionale dalla Fininvest prima, da Mediaset poi, attraverso il medesimo meccanismo. A comprare dai produttori stranieri era una società del comparto estero e riservato del gruppo, che poi li rivendeva ad altre società, fino all'approdo finale. Nei passaggi, il prezzo lievitava: venivano così «creati costi fittizi destinati a diminuire gli utili del gruppo e quindi le imposte da versare all'erario».

Si legge nella sentenza:

> Fin dalla seconda metà degli anni Ottanta il gruppo Fininvest aveva organizzato un meccanismo fraudolento di evasione, connesso al cosiddetto «giro dei diritti televisivi». I diritti di trasmissione televisiva, provenienti dai produttori, venivano acquistati da società del

comparto estero e riservato di Fininvest, venivano sottoposti a una serie di passaggi infragruppo, o con società solo apparentemente terze, giungevano poi a una società maltese che, infine, li cedeva alle società emittenti. I passaggi erano funzionali solo a un'artificiosa lievitazione di prezzi. Del resto gran parte delle società intermedie erano prive di una reale struttura commerciale. Prova ne era che l'originaria acquisizione dei diritti era operata direttamente dalla struttura di Reteitalia prima e di Mediaset poi, che faceva capo a Carlo Bernasconi e ai suoi collaboratori. Una struttura che riceveva le richieste degli addetti commerciali delle reti e si avvaleva, in particolare, della consulenza tecnica dell'imputato [Daniele] Lorenzano, che procedeva alla trattativa per gli acquisti con le *majors* o altri fornitori. Nessuna funzione svolgevano invece le società del comparto estero che figuravano come prime acquirenti. Il sistema rimaneva riservato, per ovvie ragioni, anche all'interno del gruppo Fininvest, interessando un numero il più esiguo possibile di persone. Il contratto originario di acquisto, definito «master», dopo essere stato sottoscritto, spesso da un mero fiduciario, quale, per esempio, l'imputato [Paolo] Del Bue, non veniva reso pubblico, nemmeno all'interno della struttura Reteitalia-Mediaset. [...]
Dal 1995 il sistema si modificava. Scomparivano generalmente i passaggi infragruppo, e i diritti venivano fatti intermediare da società che apparivano terze, venivano ceduti alla società maltese International Media Service Ltd (di seguito per brevità Ims) che, a sua volta, li cedeva a Mediaset, rimanendo immutato il meccanismo di lievitazione dei prezzi. Il tutto aveva comportato un'evasione notevolissima per le somme individuate in imputazione.

I soldi del capo

I fondi accumulati all'estero con il meccanismo della lievitazione dei diritti non finivano come riserva, seppure occulta, per il gruppo, ma venivano sottratti all'azienda e messi a disposizione di Berlusconi, proprietario di Fininvest e poi azionista di Mediaset.

«È del tutto chiaro che i fondi costituiti all'estero, che sono uno dei risultati della complessiva illecita operazione di lievitazione del costo dei diritti, non erano tanto destinati (come spiega anche la sentenza Mills) a costituire una riserva per il gruppo medesimo, ma erano, invece, posti a disposizione della sua proprietà [...]. Si trattava pertanto di fondi che venivano comunque sottratti a Fininvest, intesa come autonomo soggetto economico a cui avrebbero dovuto restare.»

La difesa, però, sostiene che non si può imputare a Silvio Berlusconi la responsabilità delle scelte aziendali di Mediaset, perché negli anni in cui gli viene contestato un comportamento illecito era impegnato in politica e nelle istituzioni e dunque non si interessava alle decisioni imprenditoriali delle sue aziende.

La sentenza ritiene provato il contrario. Berlusconi continua a controllare il settore diritti, in contatto con i manager Carlo Bernasconi e Daniele Lorenzano e il produttore Frank Agrama, che i giudici ritengono lavori per il padrone della Fininvest.

> Nell'imputazione Berlusconi è indicato quale fondatore e, fino al 29 gennaio 1994, presidente di Fininvest Spa, proprietario delle società offshore costituenti il cosiddetto Fininvest B Group, azionista di maggioranza di Mediaset Spa, figura di riferimento, a fini decisionali, di Bernasconi e Lorenzano, nonché socio occulto di Frank Agrama. Era riferibile a Berlusconi l'ideazione, creazione e sviluppo del sistema che consentiva la disponibilità di denaro separato da Fininvest e occulto al fine di mantenere e alimentare illecitamente disponibilità patrimoniali estere presso conti correnti intestati a varie società che erano a loro volta amministrate da fiduciari di Berlusconi. [...] Successivamente, [...], vengono create le società maltesi Amt (questa società è formalmente costituita nel 1991 e formalmente terza rispetto a Fininvest), Medint (costituita nel 1994 e inclusa nel bilancio consolidato del gruppo) e Lion, tutte seguite dalla Arner delle quali Berlusconi e il suo entourage sono i beneficiari economici; tali società risultano intermediarie di ulteriori compravendite di diritti frazionati e poi verranno sostituite con la costituzione di Ims,

costituzione che, come si è visto, si è resa necessaria in vista della quotazione in Borsa di Mediaset per rendere «cristallino» il bilancio consolidato del gruppo Fininvest.

Vi è la piena prova, orale e documentale, che Berlusconi abbia direttamente gestito la fase iniziale, per così dire, del gruppo B e, quindi, dell'enorme evasione fiscale realizzata con le società offshore di cui si è lungamente detto.

Questa fase è stata condotta da persone di sicura fiducia dell'imputato e quando Mills non ha potuto proseguire, [...] i tramiti sono stati spostati a Malta [...]. Il meccanismo di frode è proseguito, sotto la stessa regia, con ulteriori nuovi soggetti e con i metodi già sperimentati, secondo lo schema già collaudato[...]. Anche la gestione del nuovo corso ha avùto come indiscussi protagonisti i soggetti preposti ai diritti e cioè Bernasconi e Lorenzano, già scelti dall'imputato.

Berlusconi rimane infatti al vertice della gestione dei diritti posto che, come ha dichiarato il teste Franco Tatò, Bernasconi rispondeva a Berlusconi senza nemmeno passare per il Cda e nessuno ha riferito che tra Bernasconi e Berlusconi vi fosse un altro soggetto con poteri decisionali nel settore dei diritti, neppure dopo la quotazione in Borsa e la cosiddetta «discesa in campo», nella politica, di Berlusconi. [...]

Il sistema ha infatti richiesto l'intervento di fiduciari stranieri di alto livello (Mills, Del Bue) a loro volta certo lautamente remunerati per il lavoro svolto; l'apertura di numerosissimi conti correnti presso banche ubicate in vari paesi; la creazione di numerose società all'estero; la contestuale movimentazione di ingentissime somme di denaro; il coinvolgimento di una pluralità di collaboratori; il raggiungimento di accordi illeciti con soggetti inizialmente estranei alla propria sfera d'influenza.

Non è dunque verosimile che qualche dirigente di Fininvest/Mediaset abbia organizzato un sistema come quello accertato e, soprattutto, che la società abbia subito per vent'anni truffe per milioni di euro senza accorgersene (non risultano invero denunce nei confronti di Bernasconi o Lorenzano). [...]

Pertanto deve ritenersi che l'interposizione di tutte le suddette entità nelle compravendite dei diritti provenienti dall'estero sia stata ideata per il duplice fine di realizzare un'imponente evasione fiscale e di consentire la fuoriuscita di denaro dal patrimonio di Fininvest/ Mediaset a beneficio di Berlusconi. [...]
Vi è prova diretta e documentale, con riguardo al primo periodo, che il risultato dell'evasione era confluito nella piena disponibilità dell'imputato, per cui non vi è ragione di ritenere che qualcosa di diverso sia accaduto con riguardo ai fatti di cui all'imputazione. I rilevanti importi confluiti sui conti del «socio occulto» Agrama costituiscono palese dimostrazione del mantenimento inalterato del precedente sistema di frode.
Il ruolo comunque ricoperto da Berlusconi, di azionista di maggioranza e *dominus* indiscusso del gruppo, gli consentiva pacificamente qualsiasi possibilità di intervento, anche in mancanza di poteri gestori formali. La permanenza di tutti i suoi fidati collaboratori, ma anche correi, nei ruoli e incarichi a loro continuativamente affidati ne costituisce la più evidente dimostrazione. In definitiva, secondo il tribunale, deve affermarsi la responsabilità dell'imputato in ordine al reato ascrittogli.

L'escluso

L'amministratore delegato di Mediaset Franco Tatò, imposto dalle banche al vertice della società nella fase della quotazione in Borsa, dichiara che perfino a lui, che era formalmente il numero uno dell'azienda, erano tenuti nascosti i veri numeri dei contratti d'acquisto. «Era un'area di attività assolutamente chiusa e impenetrabile» dice Tatò al pm Fabio De Pasquale, «gestita a livello più alto da Bernasconi, che dava conto della sua attività direttamente a Berlusconi e non riferiva al consiglio di amministrazione.»

Continua la sentenza: «Un nascondimento e una separatezza che erano confermati, anche ai più alti livelli della organizzazione societaria, da quello che era stato designato come l'amministratore che avrebbe dovuto condurre la società dopo l'entrata in politica di Berlusconi, Francesco Tatò, che [...] si trovava a esserne sostanzialmente estromesso. [...] Era evidente che non era settore che era stato affidato alla sua cura, ma restava nelle mani di Bernasconi che continuava a riferirne al solo Berlusconi».

Centrale la figura dell'avvocato inglese David Mills, che abbiamo già più volte incontrato. È lui il creatore delle società estere usate per gonfiare i costi dei diritti. È lui che mente per salvare Berlusconi nei processi milanesi in cui l'ex presidente del Consiglio è accusato di condotte illecite. Compensato con almeno 600.000 dollari, davanti ai giudici ha «distanziato» Berlusconi dalle società offshore che aveva creato: le stesse utilizzate nel giro dei diritti Mediaset.

> Le risultanze del processo cosiddetto Mills [...] illustrano l'antefatto, societario, gestionale e patrimoniale, di quanto poi accaduto e sottoposto alla verifica di questa Corte. [...] La sentenza Mills dà innanzitutto conto della presenza di società estere [...] destinate a rimanere occulte (e quindi costituite in «paradisi fiscali») perché create per raggiungere scopi quantomeno elusivi della normativa italiana, in specie della legge Mammì (che dettava limiti al possesso di reti televisive). [...] Con riferimento all'addebito relativo al fatto di avere Mills celato l'identità della proprietà delle società offshore del cosiddetto Gruppo Fininvest B, la sentenza emessa nel processo Arces e altri aveva accertato in maniera definitiva che la guardia di finanza era stata corrotta affinché non venissero svolte approfondite indagini in ordine alle società del gruppo Fininvest e non ne emergesse la reale proprietà, pur non essendo stato ritenuto certo il collegamento diretto fra i funzionari corrotti e Silvio Berlusconi, collegamento invece definitivamente provato rispetto ad altro dirigente di Fininvest, Salvatore Sciascia, responsabile del servizio centrale fiscale della società, condannato con sentenza irrevocabile. Alcune delle destinazioni di rilievo penale di quelle disponibilità economiche erano state peraltro accertate e, in esse, anche il diretto coinvolgi-

mento di Berlusconi, solo prosciolto per prescrizione del reato. Parimenti, i fatti relativi all'illecito finanziamento in favore di Bettino Craxi da parte di Fininvest, tramite All Iberian, erano stati, sulla base di plurime prove testimoniali e documentali, definitivamente dimostrati (visto che la sentenza di primo grado, di condanna dei vertici della società e fra di essi di Silvio Berlusconi, non è stata riformata nel merito, ma per intervenuta prescrizione), così come si era accertato che All Iberian e le società offshore collegate erano state costituite su iniziativa del gruppo Fininvest e che All Iberian era stata utilizzata quale tesoreria delle altre offshore inglesi costituite per conto del gruppo Fininvest [...]. E peraltro laddove, nel processo Arces citato, non si era giunti a risalire la catena delle responsabilità fino a Berlusconi, ciò era, appunto, dovuto alla colpevole reticenza dell'avvocato Mills.

Il socio occulto

Frank Agrama, formalmente un produttore indipendente che opera negli Stati Uniti, è in realtà socio di Berlusconi. Fedele all'amico e silenzioso con i magistrati, ma anche abile a gonfiare i prezzi e a farci la «cresta». Continua la sentenza: «In una missiva del 29 ottobre 2003, diretta all'avvocato Aldo Bonomo, all'epoca presidente di Fininvest, e al dottor Alfredo Messina, direttore di Fininvest, Agrama dichiara di aver lavorato per le società del gruppo fin dal 1976 in qualità di loro rappresentante, precisando che Fininvest non spende un centesimo di più acquistando per il suo tramite e specificando, al riguardo, che i corrispettivi per le concessioni vengono trattati e concordati tra gli incaricati di Fininvest e gli Studios. [...] Agrama dice che la sua intermediazione non comporta alcun costo aggiuntivo per le entità di Berlusconi, precisando al riguardo che il prezzo non viene trattato da Agrama con i produttori americani, bensì direttamente dalle società di Berlusconi». Invece, Agrama maggiorava non solo i prezzi aggiuntivi, ma addirittura i costi dei materiali, tanto che Silvia

Cavanna riferiva che i prezzi da lui praticati sui materiali erano il doppio di quelli richiesti da altre società produttrici («Prezzi che non esistevano»).

Invece «era Daniele Lorenzano che concordava con Paramount i prezzi e le altre condizioni contrattuali». Agrama era una cosa sola con Berlusconi, come è scritto in una lettera. «Il 21 dicembre 1993 Bruce Gordon di Paramount in una lettera al collega Lucas conferma "la totale sovrapponibilità tra Agrama e Berlusconi, posto che non vi è distinzione né tra le società né tra le persone, né tra le cifre".»

Spifferi interni

Alcuni testimoni dentro il sistema raccontano dall'interno il metodo per gonfiare i prezzi e creare fondi neri. E testimoniano la presenza determinante, in questo gioco, di Silvio Berlusconi.

«Silvia Cavanna (che, si ricorda, era rimasta in Mediaset fino al 1999 seppure, negli ultimi anni, come consulente) ricordava che l'ufficio di Lugano, gestito prima da Candia Camaggi e poi, dal 1995, dalla odierna coimputata Gabriella Galetto, spediva a Milano i contratti senza i dati economici, che venivano riservatamente e ufficiosamente comunicati, ma che poi venivano gonfiati, su istruzione di Bernasconi ("Picchia giù sui prezzi"), in modo da fornire una (cosiddetta) "gestione equilibrata" dei flussi finanziari volta, quindi, non al mero pagamento dei diritti (di costo, alla fonte, molto minore del flusso finanziario stesso) ma alle esigenze, di tutt'altra natura, di illecita costituzione di fondi finanziari in territorio estero e di corrispettivo "risparmio fiscale" nel nostro territorio. [...] La teste Marina Baldi, addetta all'ufficio gestione e contratti di Reteitalia prima e Mediaset dopo, [...] fin dal 1985 si era occupata della redazione di quei subcontratti che servivano per non inviare a Milano i master (i contratti originari). Tanto che i prezzi da inserire nei subcontratti le erano indicati dalla Cavanna, la quale rispondeva direttamente a Bernasconi.

[...] Il teste Daniele Belotti, dipendente proprio di Fininvest Service di Lugano, ha riferito di essersi occupato della predisposizione delle schede sulla base dei contratti di acquisto dei diritti, precisando che la scheda contenente la parte economica veniva consegnata alla Camaggi (e poi alla Galetto) per l'amministrazione, mentre la parte contenente tutti gli altri dati contrattuali veniva spedita a Milano.»

Questa volta a Berlusconi non vengono concesse le attenuanti generiche (che in passato lo avevano più volte salvato), in ragione di «un sistema di società e conti esteri portato avanti per molti anni, proseguito nonostante i ruoli pubblici assunti, e condotto in posizione di assoluto vertice». E per «la particolare capacità a delinquere dimostrata nell'esecuzione del disegno, consistito nell'architettare un complesso meccanismo fraudolento ramificato in infiniti paradisi fiscali, con miriadi di società satelliti e conti correnti costituiti esclusivamente in funzione del disegno delittuoso». Proprio così scrive la sentenza d'appello: particolare capacità a delinquere.

Così «la pena stabilita in prime cure è del tutto proporzionata alla gravità materiale dell'addebito e all'intensità del dolo dimostrato. Si tratta di una operazione illecita organizzata e portata a termine costituendo società e conti esteri a ciò dedicati, un sistema portato avanti per molti anni. Parallelo alla ordinaria gestione delle società e del gruppo. Sfruttando complicità interne (ed esterne) a esso. Proseguito nonostante i ruoli pubblici assunti. E condotto in posizione di assoluto vertice. A fronte di ciò, e in relazione alla oggettiva gravità del reato, è ben chiara l'impossibilità di concedere le attenuanti generiche».

La Severino e la Severina

La condanna definitiva per frode fiscale è a quattro anni di reclusione, di cui tre coperti da indulto, con pena effettiva, dunque, di dodici mesi, che diventano nove con gli sconti concessi dal nostro ordinamento. Niente carcere, naturalmente, ma scatta la legge Severino – fatta approvare dall'avvocata Paola Severino quand'era ministra della Giustizia – che provoca la decadenza dei condannati e li rende incandidabili per sei anni. Così Berlusconi deve lasciare il Senato della Repubblica e non si può candidare alle elezioni successive. La pena, essendo inferiore ai tre anni, viene scontata non in cella ma da liberi, con affidamento in prova ai servizi sociali, che seguono la «rieducazione» del condannato e lo mandano a fare attività «riparativa» presso la Sacra Famiglia, un istituto d'assistenza per anziani di Cesano Boscone, alle porte di Milano. Così Berlusconi, oltre alla Severino, conosce la Severina.

È Severina Panarello, la direttrice dell'Ufficio esecuzione penale esterna (Uepe) di Milano, che gestisce le persone che scontano una pena fuori dal carcere. Una signora dolce e risoluta che crede nel suo lavoro. E che si trova, per la prima volta, un «affidato» ben diverso da quelli con cui ha a che fare di solito. Per nove mesi, Silvio deve fare riferimento a lei, andare da lei per i colloqui periodici, leggere le sue relazioni valutative scritte per il giudice di sorveglianza Beatrice Crosti. Su precisa richiesta del Tribunale di sorveglianza, Severina Panarello e il suo staff hanno redatto un progetto di giustizia riparativa: un'ipotesi di percorso di «riparazione sociale» attraverso l'impegno come volontario presso una struttura che assiste anziani disabili, una di quelle convenzionate con l'Uepe. Così la condanna di Berlusconi si risolve nel passare qualche ora a raccontare barzellette ai vecchietti di un istituto non troppo distante dalla sua villa di Arcore.

La riabilitazione arriva, in anticipo, nel maggio del 2018, malgrado il comportamento del condannato nel periodo di espiazione della pena non sia stato proprio esemplare: la giudice di sorveglianza Crosti, per esempio, aveva dovuto mandargli un richiamo ufficiale il 1° luglio 2014, per le parole dette come testimone a Napoli al processo Lavitola: «La magistratura è irresponsabile, incontrollabile, incontrollata e gode di impunità». Dopo un incontro di un'ora con la giudice, Berlusconi si era scusato: «Era solo una battuta. Non si ripeterà più». Ma intanto era diventato imputato in altri processi, quelli chiamati Ruby 3, ed era indagato a Firenze per le stragi del 1993, come vedremo più avanti. Eppure la riabilitazione gli arriva comunque. E parte l'operazione «rivincita giudiziaria».

La voglia di rivincita, infatti, non gli viene mai meno. Passati i mesi della pena, incassata la riabilitazione, tornato a potersi candidare (al Parlamento europeo, nel 2019), punta a far cancellare la condanna. Con due mosse: un ricorso alla Corte d'appello di Brescia per riaprire un nuovo processo nella speranza che stavolta i giudici lo ritengano innocente; e un ricorso alla Cedu, la Corte europea dei diritti dell'uomo di Strasburgo, contro l'Italia che lo avrebbe condannato senza un giusto processo.

Il giudice Franco, morto che parla

Nell'estate del 2020, un programma delle reti berlusconiane, *Quarta Repubblica*, condotto da Nicola Porro, presenta con grande enfasi ai telespettatori uno scoop che promette di ribaltare la condanna e riabilitare Berlusconi. E avvia una campagna martellante, mediatica e politica, che dura molti mesi. È la registrazione di una conversazione in cui Amedeo Franco, uno dei giudici del collegio che in Cassazione ha condannato l'ex presidente del Consiglio, dice che la condanna era ingiusta, «una porcheria», frutto di una macchinazione.

«Berlusconi deve essere condannato a priori perché è un mascalzone!» dice Franco nella registrazione. «Questa è la realtà, a mio parere è stato trattato ingiustamente e ha subito una grave ingiustizia... l'impressione che tutta questa vicenda sia stata guidata dall'alto. In effetti hanno fatto una porcheria perché che senso ha mandarla alla sezione feriale? Voglio sgravarmi la coscienza, perché mi porto questo peso del... ci continuo a pensare. Non mi libero. Io gli stavo dicendo che la sentenza faceva schifo.»

In una seconda conversazione registrata, il giudice Franco aggiunge, riferendosi al presidente del collegio, Antonio Esposito:

«Sussiste una malafede del presidente del Consiglio, sicuramente, lui sa che è una porcheria». Poi butta lì che Esposito era «pressato» per il fatto che il figlio, anch'egli magistrato, era «stato beccato con droga a casa di...». Ferdinando Esposito, allora pm presso la Procura di Milano, non ha avuto alcuna denuncia per droga, è stato indagato dalla Procura di Brescia per tutt'altro (e poi ha lasciato la magistratura), ma per una vicenda iniziata un anno dopo la sentenza del padre, che non aveva dunque alcun motivo di temere le (inesistenti) «pressioni» della Procura di Milano.

Poi l'intercettazione di Amedeo Franco è tutto un inconcludente balbettare: «I pregiudizi per forza che ci stavano... si potesse fare... si potesse scegliere... si potesse... si poteva cercare di evitare che andasse a finire in mano a questo plotone di esecuzione, come è capitato, perché di peggio non poteva capitare... Questo mi ha deluso profondamente, questo... perché ho trascorso tutta la mia vita in questo ambiente e mi ha fatto... schifo, le dico la verità, perché non... non... non è questo, perché io... allora facevo il concorso universitario, vincevo il concorso e continuavo a fare il professore. Non mi mettevo a fare il magistrato se questo è il modo di fare, per... colpire le persone, gli avversari politici».

Se avesse saputo di quella porcheria, continua, «mi sarei dimesso, mi sarei dato malato. Non volevo essere coinvolto in questa cosa... È destino che Berlusconi debba essere condannato a priori. Purtroppo c'è una situazione che è veramente vergognosa... è stato trattato ingiustamente e ha subito una grave ingiustizia... Tutti i miei colleghi e anche i suoi che pure non la supportano sono convinti che questa cosa sia stata guidata dall'alto».

«Adesso ci sono le prove che la sentenza che condannò Silvio Berlusconi al carcere, nel 2013, era una sentenza assolutamente sbagliata e faziosa. Addirittura orchestrata dall'alto» scrive «il Giornale» di famiglia. Ma da dove vengono queste registrazioni, esibite dalle tv e dai giornali berlusconiani come la prova provata dell'ingiusta condanna? Da alcune visite che il giudice Franco fa a Berlusconi ad Arcore. Viene registrato a sua insaputa. Finché è vivo, le registrazioni restano segrete. Nel 2019 muore ed ecco allora che dopo qualche mese la sua voce esce dagli archivi di Arcore e arriva nel programma tv di Porro.

Che cosa provano, quelle dichiarazioni? Solo il comportamento gravemente scorretto di un giudice che ha firmato pagina per pagina la sentenza di condanna, senza manifestare alcun dissenso, e che poi è corso da un suo condannato a scusarsi con lui per la sua decisione. Se fosse stato davvero convinto dell'innocenza dell'imputato, avrebbe dovuto fieramente battersi dentro la camera di consiglio in cui è stata decisa la sentenza e lasciare traccia del suo convincimento come previsto dal codice. Se avesse davvero constatato una manovra illegale, avrebbe dovuto denunciarla subito. Invece niente, chiede di essere invitato ad Arcore, parla di una sua sentenza e per compiacere il padrone di casa farfuglia scuse. Comunque sia, la voce di un giudice (morto) non può azzerare le voci di undici giudici (vivi) che hanno sottoscritto la condanna per frode fiscale in primo grado, in appello e in Cassazione.

Se «pressioni» – o comunque soavi sollecitazioni – ci furono, furono semmai nella direzione opposta, per far assolvere Berlusconi, racconta il giudice Esposito, che in un'intervista al «Fatto Quotidiano» rivela: «Cosimo Ferri, leader storico di Magistratura indipendente e allora sottosegretario alla Giustizia nel governo di Enrico Letta, mi avvicinò e a luglio del 2013 mi invitò a Pontremoli, al premio Bancarella. Mancavano due settimane alla sentenza e, per motivi d'opportunità, lo ringraziai e declinai l'invito».

Ad ascoltarli tutti, poi, gli audio shock del giudice Franco non solo non provano il complotto contro Berlusconi, ma addirittura diventano un boomerang. Documentano il tentativo di Berlusconi di condizionare la sentenza e di scegliersi i giudici. Dalla registrazione completa si capisce che Gianni Letta, prima della sentenza, sarebbe andato dall'allora presidente della Cassazione, Giorgio Santacroce, a tentare – invano – un cambio di collegio: «È andato Gianni Letta da Santacroce e ci ha detto: "Ormai avete quel collegio lì e ve lo tenete. Abbiamo un relatore assolutamente sopra le parti"». Relatore era proprio quel giudice Franco che firma pagina per pagina la sentenza, salvo poi andare ad Arcore a scusarsi con il condannato. E ancora: «Il procuratore di Cassazione, andiamo a *toccarlo* con un nostro amico». Il riferimento è ad Antonio Mura, allora sostituto procuratore generale della Cassazione.

C'è un giudice a Brescia

Lo scoop del giudice Franco si sgonfia come un soufflé venuto male. Ma gli avvocati di Berlusconi procedono ugualmente presentando alla Corte d'appello di Brescia la richiesta di riaprire il processo sui diritti tv. La risposta arriva con un'ordinanza depositata il 30 novembre 2021. È un no secco, un ko, una disfatta totale. Tanto che la macchina di comunicazione dell'ex presidente del Consiglio la tiene accuratamente nascosta per quasi tre mesi. Tre mesi cruciali, in cui Berlusconi tenta il suo ritorno alla grande sulla scena politica perfino candidandosi alla presidenza della Repubblica. Mesi in cui la sua propaganda lascia immaginare che la ferita della condanna sta per essere rimarginata da un nuovo processo a Brescia, con nuove prove che potranno capovolgere il primo verdetto e portare all'assoluzione.

Solo il 23 febbraio 2022, Luigi Ferrarella rivela sul «Corriere della Sera» che la Corte d'appello di Brescia, competente per le revisioni dei processi milanesi, ha raso al suolo la sua speranza di rivincita giudiziaria, bocciando la richiesta di avviare un nuovo processo per ribaltare la sentenza che nel 2013 lo ha condannato in via definitiva per frode fiscale.

Il presidente della Corte Giulio Deantoni con il relatore Ivano Marco Bragantini e la giudice Ilaria Sanesi stabiliscono con parole nette e inequivocabili che la sentenza di condanna è giusta e che nelle richieste dei legali non ci sono nuove prove che permettano di rifare il processo. La richiesta di revisione è dunque inammissibile, non è «sostenuta da alcuna prova nuova», ma è soltanto un «mero tentativo di riproporre deduzioni difensive già affrontate e risolte in senso negativo, il cui esame si risolverebbe in un inammissibile quarto grado di giudizio».

Sconfitta piena per Berlusconi, condannato anche a pagare 1000 euro alla Cassa delle ammende.

Prove nuove? Erano soltanto sentenze successive, come quella del processo Mediatrade (in cui erano stati assolti Fedele Confalonieri e il figlio Pier Silvio Berlusconi), o come la sentenza del Tribunale civile di Milano che aveva giudicato un contenzioso tra Mediaset e Frank Agrama, il produttore cinematografico collaboratore e poi coimputato di Berlusconi. I giudici escludono che quelle sentenze di assoluzione siano collegate con i fatti che hanno portato alla condanna dell'ex presidente del Consiglio: «Si impone in modo macroscopico il fatto che da un lato queste sentenze hanno valutato la condotta di imputati diversi da Berlusconi, e dall'altro lato hanno riguardato fatti ontologicamente diversi e cronologicamente commessi in periodi diversi».

Berlusconi si era anche lamentato di essere stato giudicato in Cassazione nel 2013 dalla sezione feriale, quella del giudice Esposito, venendo così «sottratto al giudice naturale», con il risultato di aver «subito una indebita compressione dei tempi di difesa» e di «essere stato giudicato da un magistrato prevenuto»: doglianze inammissibili, per la Corte, perché «non è sufficiente che la violazione di questi principi venga argomentata dal condannato, ma è necessario che risulti accertata dalla Corte europea dei diritti dell'uomo». Il 28 settembre 2022, anche la Cassazione conferma il giudizio della Corte d'appello di Brescia: rigetta il ricorso di Berlusconi e stabilisce che il processo Mediaset non deve essere rifatto da capo. A questo punto, la Corte europea è l'ultima spiaggia per Berlusconi.

C'è un giudice a Strasburgo?

La residua speranza di incenerire la condanna definitiva per frode fiscale punta su Strasburgo, sede della Cedu. Già dal 2014, subito dopo la sentenza, si è messa al lavoro una imponente macchina da guerra legale, composta dagli avvocati Niccolò Ghedini, Andrea Saccucci, Franco Coppi, Bruno Nascimbene, Keir Starmer e Steven Powles, dei fori di Milano, Roma, Padova, Londra. Ha messo a fuoco diciotto punti di critica al processo sui diritti Mediaset. Ne è nato a Strasburgo il procedimento numero 8683/14, «Berlusconi contro Italia», in cui l'ex presidente del Consiglio chiede che il suo paese sia condannato per non avergli garantito un giusto processo.

La decisione dei giudici della Cedu non potrà in alcun caso ribaltare la sentenza italiana, che ha in maniera definitiva accertato i fatti. Ma se la Corte europea dovesse accogliere qualcuna delle doglianze (o tutte) che i suoi difensori hanno lamentato, potrebbe condannare lo Stato italiano a un risarcimento e potrebbe forse dare argomenti per presentare di nuovo una richiesta di revisione del processo alla Corte d'appello di Brescia. Le diciotto rimostranze del supercollegio difensivo internazionale di Berlusconi ripropongono molte delle critiche che la propaganda berlusconiana ha già sparso a piene mani per anni. Dopo sette anni, nel 2021 i giudici Cedu hanno ritenuto ammissibile il ricorso e hanno chiesto al governo italiano – come previsto dalla procedura – di rispondere alle questioni poste dalle difese di Berlusconi, condensate in dieci punti, per verificare se il condannato ha avuto un giudizio regolare.

Alle dieci domande ha risposto l'avvocatura dello Stato, che difende le scelte dell'Italia, dunque dei giudici italiani, contro i ricorrenti. Sono questioni forse nuove per i giudici di Strasburgo, ma già mille volte affrontate, discusse e risolte nel dibattito processuale, giuridico, politico e giornalistico in Italia. Eccole, in sintesi.

1. Berlusconi «ha beneficiato di una procedura dinanzi a un tribunale indipendente e imparziale e istituito per legge?». Era regolare l'assegnazione alla sezione feriale della Cassazione? Sì, tutto regolare, nessun complotto, hanno già verificato in una loro inchiesta i magistrati di Roma.
2. «È stato giudicato da un tribunale imparziale», visto che il presidente del collegio di Cassazione, Antonio Esposito, rese dichiarazioni alla stampa «poco tempo dopo la lettura del disposi-

tivo e prima del deposito in cancelleria delle motivazioni della sentenza che confermava la sua condanna per frode fiscale?». Le esternazioni del giudice Esposito – un'intervista «rubata» al telefono da un giornalista del quotidiano «Il Mattino» – sono state già oggetto di procedimento disciplinare, concluso con il suo proscioglimento.

3. Berlusconi aveva modo in Italia di «sollevare la doglianza relativa alla violazione del diritto a un tribunale imparziale?». Non pare che l'Italia sia un paese in cui Berlusconi non abbia modo di esprimersi.
4. «Il rigetto di cinque richieste di rinvio dell'udienza per legittimo impedimento e per ragioni di salute ha privato il ricorrente del diritto di partecipare al suo processo?» L'eterna strategia berlusconiana di fuga dal processo, per tirare in lungo i tempi e tentare di allontanare la sentenza.
5. «Il rifiuto della richiesta di traduzione di alcuni documenti del fascicolo ha privato il ricorrente del suo diritto di essere informato, in una lingua a lui comprensibile, della natura e dei motivi dell'accusa formulata a suo carico?» Chissà se qualcuno dei suoi tanti avvocati, anche inglesi, glieli avrà tradotti.
6. «Il ricorrente ha avuto il tempo necessario alla preparazione della sua difesa?» Molti anni, a giudicare dal calendario e dalla storia processuale.
7. «Il ricorrente ha avuto un processo equo», con la possibilità di far interrogare testimoni di difesa e d'accusa? I giudici italiani hanno per legge facoltà di decidere quali testimoni siano inutili o sovrabbondanti nel procedimento in aula, altrimenti i processi sarebbero tendenzialmente infiniti.
8. «L'azione per la quale il ricorrente è stato condannato costituiva reato secondo il diritto nazionale al momento in cui è stata commessa?» La frode fiscale è un reato previsto dal codice penale.
9. «Il ricorrente si è visto infliggere una pena più grave rispetto a quella che era applicabile al momento in cui la violazione è stata commessa, in ragione della mancata applicazione delle circostanze attenuanti?» La decisione di non concedere le attenuanti

è stata motivata dal giudice in ragione di «un sistema di società e conti esteri portato avanti per molti anni, proseguito nonostante i ruoli pubblici assunti, e condotto in posizione di assoluto vertice»; e per «la particolare capacità a delinquere dimostrata nell'esecuzione del disegno, consistito nell'architettare un complesso meccanismo fraudolento ramificato in infiniti paradisi fiscali, con miriadi di società satelliti e conti correnti costituiti esclusivamente in funzione del disegno delittuoso».

10. «Il ricorrente è stato processato due volte per lo stesso reato» (processo Mediaset e processo Mediatrade), per fatti che «a suo dire, erano sostanzialmente identici?». Ha già risposto la Corte d'appello di Brescia: «Si impone in modo macroscopico il fatto che da un lato queste sentenze hanno valutato la condotta di imputati diversi da Berlusconi, e dall'altro lato hanno riguardato fatti ontologicamente diversi e cronologicamente commessi in periodi diversi».

Saranno i giudici di Strasburgo a decidere.

Il Watergate italiano

La Procura di Milano ha dovuto occuparsi anche di una storia che sembra un piccolo Watergate all'italiana. Inizia il 31 dicembre 2005, quando «il Giornale», allora diretto da Maurizio Belpietro, pubblica con grande rilievo una telefonata intercettata nel luglio del 2005 tra Piero Fassino (allora segretario dei Ds, l'ex Pci) e Giovanni Consorte (presidente di Unipol, la compagnia assicurativa delle coop rosse), impegnato in quel momento nella scalata alla Bnl, la Banca nazionale del lavoro. Nella telefonata intercettata, Fassino chiedeva a Consorte: «Allora, siamo padroni di una banca?». E Consorte riferiva che sì, la scalata stava raggiungendo l'obiettivo. Era l'estate delle scalate dei «furbetti del quartierino», secondo l'autodefinizione del più pittoresco dei furbetti, l'immobiliarista Stefano Ricucci.

Quando la telefonata viene pubblicata e poi usata, nei mesi seguenti, per una martellante campagna di stampa, l'Italia è alla vigilia delle elezioni politiche del 9 e 10 aprile 2006 e l'atteggiamento di Fassino, che si mostra interessato a scalate azionarie e alla conquista di una banca, pesa sull'opinione pubblica e contribuisce a far perdere voti al centrosinistra. Segna l'inizio di una prodigiosa rimonta del centrodestra, fino a qualche settimana prima distaccato nei sondaggi a distanze abissali dall'Unione di Romano Prodi. La sua vittoria certa e piena si trasforma in un quasi pareggio, cioè in una vittoria risicatissima per appena venticinquemila voti, che condanna il secondo governo Prodi a una vita tanto tribolata quanto breve.

Ma quella telefonata era segreta, non era stata depositata negli atti delle indagini sulle scalate bancarie dei furbetti del quartierino, né trascritta o riassunta nei brogliacci della polizia giudiziaria. Esisteva solo in forma di file audio nei computer del pubblico ministero, degli ufficiali della guardia di finanza e dell'azienda privata che aveva condotto le intercettazioni per conto della procura, la Research Control System (Rcs). Si dice che in Italia le intercettazioni finiscano spesso sui giornali, ma di solito sono intercettazioni depositate, dunque non più segrete. Questa lo era: è un raro caso di vera violazione del segreto investigativo.

Come fece dunque «il Giornale» a venirne in possesso? Lo scoprono i magistrati milanesi, indagando su tutt'altra storia che riguardava tangenti su appalti per intercettazioni in Romania. E ricostruiscono il piccolo Watergate di Arcore.

La scena madre di questa storia si svolge nel pomeriggio del 24 dicembre 2005, vigilia di Natale. Siamo nella villa di Arcore, in un salotto con divani candidi e un grande albero di Natale tutto bianco. Il padrone di casa, Silvio Berlusconi, sprofondato in poltrona, con il capo reclinato e gli occhi socchiusi, riceve tre visitatori. Il fratello Paolo, che gli porta in regalo un enorme tartufo. E due manager della Rcs: Roberto Raffaelli e Fabrizio Favata, amico di lunga data di Paolo. Anche loro non arrivano a mani vuote: hanno un regalo di Natale molto, molto particolare. Silvio appare stanco, dice di avere poco tempo, perché a breve dovrà assistere alla messa di Natale di don Verzé. Ma Raffaelli inserisce una chiavetta usb in un computer portatile e si sentono due voci: Fassino al telefono con Consorte. Silvio si risveglia dal suo torpore e – sempre secondo il racconto di Favata – dice: «Grazie, la mia famiglia vi sarà grata in eterno».

Raffaelli conferma il viaggio ad Arcore, ma sostiene che era soltanto una visita di cortesia, per gli auguri di Natale. E per chiedere un aiuto per far ottenere alla Rcs un ricco appalto da 120 milioni di euro in Romania. Per questo, Raffaelli e Favata vanno anche a Roma, a Palazzo Grazioli, dove incontrano il parlamentare berlusconiano Valentino Valentini.

Pochi giorni dopo l'incontro di Arcore, Paolo Berlusconi telefona a Favata e gli chiede una seconda chiavetta con l'intercettazione: curioso, visto che i file audio sono facilmente duplicabili. Poi, il 31 dicembre 2005, la telefonata segreta viene sparata sulla prima pagina del «Giornale». Quando si apriranno le urne elettorali, il regalo di Natale di Favata si dimostrerà davvero più prezioso del tartufo di Paolo.

La seconda scena di questa vicenda risale al 2007. Favata (che già in passato ha avuto guai con la giustizia e inchieste per bancarotta) precipita in una crisi nera: la società per cui lavorava, la Iptime di Paolo Berlusconi, chiude. Senza soldi e senza prospettive economiche, cerca di riscuotere la promessa di Natale fatta da Silvio: «La mia famiglia vi sarà grata in eterno». Comincia un giro delle sette chiese alla ricerca di denaro. Prima va da Paolo Berlusconi, che però sostiene di essere in crisi e non poterlo aiutare. Favata insiste. Niente da fare. Allora va a batter cassa da Ghedini, a Padova, che lo fa ricevere da un suo collaboratore, l'avvocato Piersilvio Cipolotti. Per alzare il prezzo, Favata va a raccontare brandelli della sua storia a diversi giornalisti, di «Panorama», del «Foglio», dell'«Unità», dell'«Espresso». I giornalisti sono incerti se considerarla una bufala o uno scoop, alcuni annusano aria di ricatto. Favata intanto registra due conversazioni con Raffaelli e con Cipolotti e ne porta i file al magistrato della Procura di Milano Massimo Meroni. Parla anche con altri magistrati, ma si rifiuta di verbalizzare le sue accuse.

Poi salta fuori un misterioso giro di soldi. Favata, dopo il 2005, per mesi porta a Paolo Berlusconi rate da circa 50.000 euro al mese, per un totale di 550.000 euro. Sono fondi neri della Rcs di Raffaelli, realizzati grazie alle fatture false fabbricate da un imprenditore (anch'egli con guai passati con la giustizia), Eugenio Petessi, che racconta al pm Meroni quegli strani versamenti. Per questi, Paolo Berlusconi è indagato per millantato credito: nell'ipotesi che abbia incassato denaro con la promessa di intervenire presso il fratello Silvio, affinché alla Rcs fosse assegnato il ricco business in Romania.

Le ipotesi d'accusa per Raffaelli e Favata sono invece di accesso abusivo al sistema telematico della procura e rivelazione di segreto d'ufficio; ma anche di corruzione, per aver fornito a Silvio Berlusconi l'intercettazione di Fassino in cambio della promessa dell'appalto romeno. Favata deve rispondere anche di tentata estorsione (stranamente mai denunciata da Ghedini), per i ripetuti tentativi di vendere il suo silenzio.

In seguito, viene indagato anche Silvio Berlusconi, per concorso in rivelazione di segreto d'ufficio e ricettazione della telefonata rubata.

Durante l'udienza preliminare, Berlusconi si dice «assolutamente contrario alle intercettazioni che considero una barbarie contraria al diritto di segretezza delle comunicazioni sancito dalla Costituzione e mai avrei consentito di ascoltarne in casa mia, né mio fratello me lo avrebbe mai proposto». Ma il tribunale non gli crede e nel marzo del 2013 lo condanna, in primo grado, a un anno di reclusione (il fratello Paolo a due anni e tre mesi). In appello, nel marzo del 2014, Silvio e Paolo sono dichiarati colpevoli, ma non punibili per la solita prescrizione. Devono però risarcire Fassino con 80.000 euro. Perché da quella fuga di notizie illecita – dice la sentenza – l'ex presidente del Consiglio trasse un «vantaggio nella lotta politica», screditando il leader del maggior partito avversario in piena campagna elettorale.

La «condotta di avallo e consenso all'uso pubblico» dell'intercettazione Fassino-Consorte «ha costituito un concreto contributo causale alla produzione del danno» a Fassino. «L'esito delle elezioni» dell'aprile 2006 convinse poi Fassino di «aver "contribuito" con quella sua vicenda personale a un risultato elettorale al di sotto delle aspettative e dei sondaggi che avevano preceduto quella campagna di stampa». Nel marzo del 2015 anche la Cassazione conferma: «Il Tribunale di Milano prima e la Corte d'appello poi, con motivazione ineccepibile, hanno ritenuto accertato che Silvio Berlusconi nell'incontro di Arcore abbia ascoltato la registrazione audio e abbia, anche con il suo atteggiamento compiaciuto e riconoscente, dato il suo *placet* alla successiva pubblicazione del colloquio intercettato... rendendosi responsabile di concorso nel delitto di rivelazione di segreto di ufficio».

Come ti compro il senatore

Il già citato libro su Berlusconi, scritto tanti anni fa da Giuseppe Fiori, aveva per titolo *Il venditore*. Lo è, l'uomo che agli italiani ha venduto case, spot, stili di vita, illusioni politiche. Ma Silvio è anche un grande «compratore»: ha comprato uomini e donne, giudici e politici.

Qualcuno lo ha anche ammesso, di essere stato comprato da lui: «Tra il 2006 e il 2008 Berlusconi mi pagò quasi 3 milioni di euro per passare con Forza Italia». È Sergio De Gregorio, giornalista senza scrupoli diventato senatore del partito di Antonio Di Pietro, l'Italia dei Valori. Nel 2006 punta al ministero per gli italiani all'estero. Romano Prodi, allora presidente del Consiglio, non glielo concede. Lui si risente. Ma c'è chi gli fa un'offerta che non si può rifiutare: soldi, tanti soldi, per passare a Forza Italia e far cadere il già traballante governo Prodi. Come perdere l'occasione? De Gregorio accetta e nel 2008 vota la sfiducia al governo, con i berlusconiani e con gli altri che erano usciti dalla maggioranza, tra cui Clemente Mastella. Prodi incassa la sfiducia e si deve dimettere. Berlusconi la chiama «Operazione Libertà». Questa sottile mossa politica costa a Berlusconi, oltre ai 3 milioni per De Gregorio, un'ennesima inchiesta e un ennesimo processo per corruzione.

Sono i magistrati di Napoli, questa volta, a scoprire la faccenda: nel 2012, mentre indagano sui traffici di un imprenditore abituato a navigare nei mari procellosi della politica, Valter Lavitola. I pm Francesco Curcio, Vincenzo Piscitelli e Henry John Woodcock sequestrano una lettera di Lavitola a Berlusconi scritta nel dicembre del 2011: «Lei, subito dopo la formazione del governo, in questa legislatura, con Denis Verdini e Niccolò Ghedini presenti, mi disse che era in debito con me... per aver io "comprato" De Gregorio». Lavitola era stato il mediatore dell'acquisto e ora vuole passare all'incasso: chiede 5 milioni di euro, perché oltre al senatore mette nel conto da pagare anche il suo silenzio. Una cosa simile a un ricatto. Silvio non paga subito e allora, dopo la lettera, Lavitola manda un bel fax dall'estero, conciso e preciso: «Torno in Italia e ti spacco il culo».

Nel 2013, De Gregorio confessa e chiede di patteggiare la pena. «L'accordo si consumò nel 2006... Il mio incontro a Palazzo Grazioli con Berlusconi servì a sancire che la mia previsione di cassa... era di 3 milioni e immediatamente partirono le erogazioni. Ho ricevuto 2 milioni in contanti da Lavitola a tranche da 200-300.000 euro.» Il terzo milione della mazzetta arriva invece via bonifico, mascherato da finanziamento alla sua associazione Italiani nel mondo. «Ricordo bene» aggiunge De Gregorio «che già dopo il voto che mi vide eletto presidente della commissione Difesa, discussi a Palazzo Grazioli con Berlusconi una strategia di sabotaggio del governo Prodi al Senato della quale mi intesto tutta la responsabilità.»

De Gregorio patteggia venti mesi di reclusione. Berlusconi viene rinviato a giudizio per finanziamento illecito ai partiti (quello personale del senatore comprato) e corruzione. Nell'aula del processo, il pubblico ministero Alessandro Milita dice: «Siamo al cospetto di una delle peggiori ipotesi che si possano prospettare, una vicenda che resterà nei libri di storia e servirà come monito per il futuro. Qui abbiamo un potere economico che acquista le persone per sfruttarne le funzioni e dirigerne il voto». Ma la memoria è corta: chi si ricorda più di questo che è il primo caso conosciuto di compravendita di un parlamentare nella storia della Repubblica?

La storia processuale ha – come spesso in questa storia – la sorpresa finale. In primo grado, nel luglio del 2015, il Tribunale di Napoli condanna Silvio Berlusconi e Valter Lavitola a tre anni di reclusione e cinque di interdizione dai pubblici uffici per corruzione. Motivazioni durissime, per il Berlusconi «statista» impegnato proprio in quei mesi a riscrivere la Costituzione repubblicana e la legge elettorale insieme al presidente del Consiglio di allora, Matteo Renzi.

«Non vi sono dubbi», si legge nella sentenza, che la provvista di 3 milioni di euro servita a comprare il senatore De Gregorio per rovesciare Prodi «provenisse dalle risorse personali di Berlusconi», possessore di «risorse economiche ingentissime, tanto che 3 o anche 5 milioni sono poco più che il costo di una cena per una tavolata di amici, in rapporto alle finanze non esigue di un parlamentare. Questo naturalmente non sminuisce la gravità della vicenda perché, anzi, in qualche modo dimostra lo sprezzo con cui il ricchissimo Berlusconi poté affrontare quei pagamenti corruttivi, senza doverne avvertire minimamente il peso». Semmai questa circostanza «consente di collocare nel giusto contesto lo sforzo economico compiuto dallo stesso Berlusconi per quella corruzione». In conclusione il processo, scrivono i giudici, ha smascherato «le dinamiche e le logiche della politica, le evoluzioni delle ideologie e della vita pubblica italiana a cavallo tra gli anni Novanta e il primo decennio del Duemila».

In appello, nel novembre del 2017, i giudici prendono atto che è scattata la prescrizione (già nell'autunno del 2015). Ma il reato è accertato oltre ogni ragionevole dubbio: Berlusconi è un corruttore «con assoluta coscienza e volontà di corrompere». E «l'iniziativa dell'offerta e della promessa del denaro è stata presa da Berlusconi». Il leader di Forza Italia «ha, pacificamente, agito come privato corruttore e non certo come parlamentare nell'esercizio delle sue funzioni» per asservire a sé De Gregorio e fargli scatenare «la guerriglia urbana» in Parlamento che, a lungo andare, provocò la caduta di Prodi.

Ma il denaro offerto al senatore di Italiani nel mondo era un finanziamento politico, sostengono i difensori. Magari irregolare, ma non corruttivo. La Corte rigetta questa spiegazione: «Le dazioni di denaro effettuate da Berlusconi, tramite Lavitola, a De Gregorio sono state effettuate quale corrispettivo della messa a disposizione del senatore e, quindi, della sua rinuncia a determinarsi liberamente nelle attività parlamentari di sua competenza e non certo come mero finanziamento al movimento Italiani nel mondo». Rigetta anche la richiesta dell'avvocato Ghedini di portare a casa un'assoluzione per mancanza di dolo: «È del tutto pacifico che Berlusconi abbia agito con assoluta coscienza e volontà di corrompere un senatore della Repubblica».

Non c'è solo De Gregorio, nel carniere di Silvio. Nel dicembre del 2010 ha portato a casa, tra le file di Forza Italia e del Popolo delle libertà, anche altri due senatori dell'Italia dei Valori, il partito di Antonio Di Pietro: Antonio Razzi e Domenico Scilipoti. È Di Pietro che nel 2013 presenta un esposto alla Procura di Roma, ipotizzando che siano stati comprati. L'inchiesta si chiude con la richiesta di archiviazione da parte del pm. Il giudice dell'indagine preliminare, Gaspare Sturzo, però non è convinto che sia la giusta conclusione. Dispone nuove indagini per verificare se il salto da Di Pietro a Berlusconi dei due senatori sia avvenuto in seguito a una corruzione. Le prove non vengono trovate. Così il fascicolo su Razzi e Scilipoti il 25 gennaio 2016 va definitivamente in archivio.

Gli amici di Palermo

> Le inopinate catastrofi non sono mai la conseguenza o l'effetto che dir si voglia d'un unico motivo, di una causa al singolare: ma sono come un vortice, un punto di depressione ciclonica nella coscienza del mondo, verso cui hanno cospirato tutta una molteplicità di causali convergenti. Diceva anche nodo o groviglio, o garbuglio, o gnommero, che alla romana vuol dire gomitolo.
>
> *Carlo Emilio Gadda*

«Noi passeremo alla storia come il governo che ha sconfitto la mafia.» Così dichiara Silvio Berlusconi il 3 ottobre 2010. L'anno prima, il 28 novembre 2009, a un convegno di imprenditori a Olbia, aveva invece detto: «Se trovo chi ha fatto le nove serie della *Piovra* e chi scrive libri sulla mafia che ci fanno fare una bella figura, giuro li strozzo». In attesa di sapere che cosa scriveranno gli storici, possiamo intanto constatare che quella di Silvio Berlusconi è una storia italiana che si sviluppa sull'asse Milano-Palermo, quasi saltando Roma. A Milano nasce e si attesta la sua attività imprenditoriale. A Palermo si stringono i rapporti che lo accompagneranno dagli anni Settanta per tutta la vita, a cominciare da quello con Marcello Dell'Utri.

Roma, inevitabilmente, entra nel gioco: perché lì c'è la politica, ci sono i palazzi del potere, a cui Silvio accede per avere sponde come imprenditore, prima, e, poi, per occuparli da padrone della politica. Ma a Roma resta quasi un turista, milanese orgoglioso di esserlo e di mostrarlo. Con Palermo non esibisce rapporti, eppure i grandi segreti della sua storia, imprenditoriale e politica, germinano lì.

Abbiamo visto che il giovane imprenditore di successo, quello che negli anni Settanta si fa fotografare con la pistola, riceve minacce e avvertimenti, come tanti benestanti del Nord negli anni in cui la criminalità organizzata accumula capitali con i sequestri di persona. Che Cosa nostra volesse rapire Berlusconi lo ha ripetuto nell'aprile del 2022 Gaspare Mutolo, boss diventato collaboratore di giustizia, in una intervista al settimanale «Oggi» diretto da Carlo Verdelli. Era tutto pronto, ma all'improvviso da Palermo arrivò il contrordine: si torna a casa. «I nostri basisti di Milano» racconta «avevano già studiato il piano. Sapevamo che ogni otto o nove giorni Berlusconi andava nei suoi uffici di Milano 2. Lo aspettavamo lì. Era già tutto pronto, le auto, il magazzino dove rinchiuderlo. Ma lui non arrivava. Pensammo che qualcuno lo avesse avvertito. Poi ci arrivò una telefonata da Palermo che ci ordinava di smontare tutto e rientrare in Sicilia. Pochi giorni dopo, nella villa di Berlusconi, ad Arcore, arrivò da Palermo Vittorio Mangano, assunto come stalliere.»

Non sappiamo se Mutolo dica sempre la verità. Di certo la storia che racconta la conosce, per averla vissuta in prima persona. Conosce anche la Milano degli anni Settanta, in cui i rapimenti erano la normalità. «Siamo partiti in una ventina da Palermo. Abbiamo alloggiato dai mafiosi che avevano magazzini o esercizi commerciali a Milano: i Di Maggio, i Maio, i Filippone. Se il locale aveva una cantina, tenevamo il sequestrato lì, alla catena. Se il negozio era al piano terra, creavamo un *séparé* con la brandina. Avevamo già sequestrato un imprenditore del formaggio di Lodi, Emilio Baroni. Mi chiamava il Buono, diceva che quando sentiva la mia voce si tranquillizzava. Io gli mostravo la pistola e lo minacciavo: "Se provi a scappare ti sparo". Ma gli raccontavo di suo padre che si stava dando da fare per raccogliere i soldi del riscatto, gli parlavo e lo rassicuravo che tutto sarebbe finito bene.»

In quegli anni, a Milano non era solo Cosa nostra a fare i sequestri di persona. «C'erano i sardi, i calabresi e c'era Francis Turatello, il più spietato di tutti, che faceva i sequestri lampo. Ci siamo conosciuti a Palermo» spiega Mutolo. «Sequestrava un industriale e poi diceva: "Ora ti rilascio e tu torni tra qualche giorno con i soldi, altrimenti ti vengo a riprendere". E quelli tornavano con i soldi. C'è stato un periodo, a Milano, in cui c'erano in corso contemporaneamente una trentina di sequestri.»

Quello di Berlusconi non scattò. Merito di Marcello Dell'Utri, che è il parafulmine, l'assicurazione sulla vita, il contatto con gli uomini di Cosa nostra che gli mandano ad Arcore Vittorio Mangano, per tutta la sua vita legato a Marcello e a Silvio. C'è un'intercettazione telefonica che racconta bene il rapporto tra i due della Fininvest e il boss palermitano della famiglia di Porta Nuova, definito da Paolo Borsellino «una delle teste di ponte dell'organizzazione mafiosa nel Nord Italia». È l'intercettazione della «bomba rispettosa».

La bomba rispettosa

Milano, 29 novembre 1986. Silvio e Marcello parlano al telefono, senza sapere di essere intercettati (la trascrizione della telefonata sarà depositata molti anni dopo al processo di Palermo per mafia di Dell'Utri). I due parlano a briglia sciolta di un attentato appena subito: è scoppiata una bomba presso la sede di allora della Fininvest, in via Rovani a Milano (già obiettivo di un precedente attentato undici anni prima, nel 1975). Non c'è alcuna rivendicazione, ma Silvio pensa subito che sia un regalino di Mangano: «Allora è Vittorio Mangano... che ha messo la bomba». E Dell'Utri: «Se è fuori» intendendo di prigione, «non ci sono dubbi, direi».

Sanno bene, dunque, chi è Vittorio Mangano, il boss di Palermo. Non se ne preoccupano troppo, però: è «una cosa rozzissima, ma fatta con molto rispetto, quasi con affetto». La prendono come una cosa normale, persino affettuosa. Parlare di «un chilo di polvere nera» e di mafiosi li diverte, li fa morir dal ridere. In fondo quella bomba è «una raccomandata», un modo di dire «caro dottore!». «Perché lui non sa scrivere!» conclude ridendo Dell'Utri. E pensare che, se voleva soldi, bastava che li chiedesse: «Io 30 milioni glieli davo!».

Poi passano come niente fosse ad altri argomenti. Nella conversazione entra anche Fedele Confalonieri e si parla di televisione, del Meter (l'apparecchio che allora rilevava gli ascolti), di Mike Bongiorno, del *Bingo* in tv, della gelosia di Veronica (Confalonieri: «Ha fatto una scena di gelosia stasera, che era commovente. Io mi sono commosso per Silvio!»).

Ecco la telefonata della «bomba rispettosa».

Dell'Utri: Pronto!

Silvio: Marcello!

Dell'Utri: Eccomi!

Silvio: Allora*:* è Vittorio Mangano...

Dell'Utri: Eh!

Silvio: ... che [*incomprensibile*] ha messo la bomba.

Dell'Utri: Non mi dire!

Silvio: Sì.

Dell'Utri: E come si sa?

Silvio: E... da una serie di deduzioni, per il rispetto che si deve all'intelligenza. È fuori...

Dell'Utri: Ah, è fuori?

Silvio: Sì, è fuori...

Dell'Utri: Ah, non lo sapevo neanche!

Silvio: Sì; questa cosa qui, da come l'ho vista fatta con un chilo di polvere nera, una cosa rozzissima, ma fatta con molto rispetto, quasi con affetto...

Dell'Utri: Ah!

[...]

Silvio: Io penso che sia lui.

Dell'Utri: Sì, sì, sì.

Silvio: Perché, scusami, tu spiegami perché uno debba mettere una bomba [*incomprensibile*]. Sì, poi la bomba fatta proprio rudimentale, con un chilo di polvere nera...

Dell'Utri: Quindi, proprio...

Silvio: Proprio... col sistema [*incomprensibile*].

Dell'Utri: Per dire... faccio un botto!

Silvio: Faccio un botto! Ma poi con molto rispetto, perché mi ha incrinato soltanto la parte inferiore della cancellata.
Dell'Utri: Ah!
Silvio: Una cosa, un danno da duecentomila lire...
Dell'Utri: Sì, sì.
Silvio: Quindi, una cosa, anche rispettosa e affettuosa. [*Ride*]
Dell'Utri: [*Ridendo*] Pazzesco!
[...]
Silvio: Per adesso non avremo un gran Meter, perché non è che siamo prontissimi, eh!
Dell'Utri: E va be', ma comunque mi diceva Giovanni che ai primi di dicembre era già... c'era già un gran rinforzo, insomma.
Silvio: Va be', vediamo un po', adesso ci sono [*incomprensibile*], sabato [*incomprensibile*] non fa [*incomprensibile*]; Bongiorno non fa il trentuno, quindi...
Dell'Utri: Ah, non lo vuol fare?
Silvio: No, non vuol farlo.
Dell'Utri: Ah! Ma perché...
Silvio: [*Incomprensibile*] Trecento milioni.
Dell'Utri: Ah! Perché, scusa, invece noi stavamo facendo tutte le ipotesi...
Silvio: Eh, lo so, ma lui non vuole.
Dell'Utri: Oh, che peccato! Perché è una bellissima idea, eh!
Silvio: Io ho ritelefonato a quelli di [*incomprensibile*], oggi, pregandoli in ginocchio, per fare loro!
Dell'Utri: Uh, uh; per Mike era perfetto con *Bingo*. Ma, quindi, se non c'è Mike, non si fa il *Bingo*?
Silvio: Non si fa il *Bingo*.
Dell'Utri: Quindi diventa una serata tipo quella dell'anno scorso!
Silvio: Eh!
Dell'Utri: E *Bingo* era bello! Perché, grande enfasi, grande spinta... ma, scusa, registrando il 16, non avrebbe neanche il problema...
Silvio: Ma è uno stronzo, Mike; [*incomprensibile*]. Non si riesce [*incomprensibile*] fiducia.
Dell'Utri: E non abbiamo, d'altra parte, nessun altro.

Silvio: No. Non puoi fare il *Bingo* senza Mike!

Dell'Utri: Il *Bingo* proprio no!

Silvio: Va bene!

Dell'Utri: Va bene.

Silvio: Altre [*incomprensibile*], pensaci un po' anche tu: per me l'unica cosa è quella lì!

Dell'Utri: Sì, sì; ma io non ci ho fatto ancora riflessioni, ti dirò; però anch'io condivido.

Silvio: Arcore... voglio dire via Rovani, via Rovani.

Dell'Utri: Sì, sì; no, ma poi voglio dire, non c'è neanche, voglio dire...

Silvio: Cioè, questo qui... mi hanno aperto un po' gli occhi i carabinieri, quando hanno detto: "Questo qui è un chiaro segnale estorsivo".

Dell'Utri: Sì, sì.

Silvio: Non c'è un'altra spiegazione! Perché, o è un fatto terroristico...

Dell'Utri: Classico avvertimento di un qualcosa che...

Silvio: Estorsivo!

Dell'Utri: ... che vuole arrivare.

Silvio: Un segnale di un'estorsione!

Dell'Utri: Sì, sì.

Silvio: E quindi il segnale di un'estorsione [*incomprensibile*] a undici anni fa...

Dell'Utri: Uh, uh; sì, sì. Sì, ma non vedo neanch'io altro... pensandoci bene, hai ragione. Da dove può arrivare, insomma?

Silvio: No, poi, quando mi hanno detto che era uscito da poco...

Dell'Utri: E questo io non lo sapevo proprio. Perché non ci avevo proprio fatto riferimento. Infatti [*incomprensibile*], mi è passato, ma dico, non può essere lui! In effetti; però, se è fuori... non avrei dei dubbi netti, va'! Tu sei sicuro che è fuori?

Silvio: Sì. Me l'han detto loro. Loro han fatto tutto [*incomprensibile*].

Dell'Utri: Sì, sì; no, guarda, se è fuori, allora possiamo dire certezza, non sospetto.

Silvio: Ti passo Fedele.

Dell'Utri: Okay, ciao.

Silvio: Ciao.

Confalonieri: Allora, come va? Sei d'accordo anche tu, no?

Dell'Utri: Eh! Sì, sì, non sappiamo che è fuori; ma se è fuori, non ci sono dubbi, direi; perché non c'è... a parte che non c'è...
Confalonieri: Non è roba di fantasia!
Dell'Utri: Non è una... Esatto! Proprio è... si ripete...
Confalonieri: [*Ridendo*] Ha cominciato a dieci anni a far quelle lì, a quarantasei adesso...
Dell'Utri: Sì, e poi, anche con un tentativo timido, in effetti...
Confalonieri: Sì. Sì.
Dell'Utri: [*Incomprensibile*] dire: «Sono qui!». [*Ride*]
Confalonieri: [*Ridendo*] Già!
Dell'Utri: «Sono qui!», ma, dico, no, perché [*incomprensibile*].
Confalonieri: [*Incomprensibile*] con la croce nera, come l'altra volta, ti ricordi?
Dell'Utri: Sì, sì... fra l'altro, ce l'ha ancora alla Boškov [*incomprensibile*], conservato. [*Ride*]
Confalonieri: [*Ridendo*] Diventando vecchi, diventiamo cinici, Marcello.
Dell'Utri: Pazzesco! Sì, sì; no, però è...
Confalonieri: La povera Veronica è qui esterrefatta.
Dell'Utri: Sì, sì.
Confalonieri: Pensa che addirittura è gelosa!
Dell'Utri: Ah! [*Ride*]
Confalonieri: Guarda! Ha fatto una scena di gelosia stasera, che era commovente. Io mi sono commosso per Silvio!
Dell'Utri: [*Ride*]
Confalonieri: Guarda! Davvero ho detto: guarda che bello, avere cinquant'anni e avere ancora delle scene di gelosia! [*Incomprensibile*] Silvio, avere [*incomprensibile*]. [*Ride*]
Dell'Utri: Il massimo della gratificazione! [*Ride*]
Confalonieri: Ciao Marcello! Cura le tonsille, cura le tonsille!
Dell'Utri: Okay, ti ringrazio.
Confalonieri: Ti ripasso Silvio. Ciao, ciao.
Silvio: Pronto!
Dell'Utri: Pronto!
Silvio: È sicuro, insomma; se ci pensi...

Dell'Utri: No, non ho dubbi. Sapendo che è fuori, ti dirò, è certezza. Non c'è dubbio. Poi...
Silvio: [*Incomprensibile*] dinamica di una semplicità, proprio...
Dell'Utri: Sì, sì. Alla Mangano.
Silvio: Eh!
Dell'Utri: Sì. Sì.
Silvio: Poi un'ora di polvere... un chilo di polvere nera... proprio il minimo...
Dell'Utri: Sì, sì. Cioè proprio come dire ti faccio sentir... «Sono qui, presente».
Silvio: O come uno: «[*Incomprensibile*] una raccomandata, caro dottore!». E lui mi ha messo... una bomba! [*Ride*]
Dell'Utri: [*Ridendo*] Perché non sa scrivere!
[...]
Silvio: No, ma stamattina gliel'ho detto anche, ai carabinieri; gli ho detto «[*incomprensibile*] telefonato, io trenta milioni glieli davo!». [*Ride*] Scandalizzatissimi: «Come, trenta milioni! [*Incomprensibile*] glieli dà e poi noi lo arrestiamo!»; dico: «Ma no, [*incomprensibile*] per trenta milioni!». [*Ride*] Mi han perfino circondato la villa, no? [*Incomprensibile*] siamo scesi io e Fedele dalla macchina, paurosissimi che sparassero a noi! [*Ride*]
Dell'Utri: [*Ridendo*] [*Incomprensibile*] adesso siete guardati a vista?
Silvio: No, no. Eh, sì, siamo protetti a vista!
Dell'Utri: Ormai! Ormai non si avvicina più!
Silvio: Comunque, secondo me, [*incomprensibile*], penso che sia proprio così!
[...]
Dell'Utri: No, ma scusa, non c'è dubbio, allora! Se è uscito, non c'è...
Silvio: Spiegami che altra genesi potrebbe avere una bomba!
Dell'Utri: Ma, appunto, dico, lo sapremmo! L'avremmo già saputo, no? Infatti, eh!
Silvio: Saputo... cioè, la gente... ci sarebbe arrivata una lettera...
Dell'Utri: Eh, una cosa, certo.
Silvio: ... questa qui è: «Siamo qui...!».

Dell'Utri: Sì, sì; proprio... sì, guarda, è sicuro! L'unica cosa è che... va be', poi casomai vediamo. Va be', sentiremo. Okay.
Silvio: Aspettiamoci richieste.

In realtà, tempo dopo i magistrati appureranno che la bomba in via Rovani del 1986 non era di Mangano. Forse l'avevano piazzata esponenti di famiglie catanesi che non sapevano del rapporto già stretto da Berlusconi, attraverso Dell'Utri, con i palermitani. Silvio e Marcello restano comunque in ottimi rapporti con l'amico Mangano fino alla fine della sua vita, nel luglio del 2000, malgrado le sue condanne per traffico di droga, estorsione e omicidi. Sulla lapide della sua tomba, nel cimitero di Palermo, si legge: «Rifiutò di barattare la sua dignità con la libertà».

Negli anni seguenti, Berlusconi e Dell'Utri lo definiscono più volte «un eroe». In un'intervista del 2008, Dell'Utri dice chiaramente che Mangano fu «a suo modo un eroe» perché si era rifiutato di testimoniare contro Berlusconi e contro di lui, nonostante i benefici che forse ne avrebbe potuto trarre. Berlusconi conferma in una successiva intervista: «Su Vittorio Mangano ha detto bene Dell'Utri: quando era in carcere ed era malato, i pm gli dicevano che se avesse detto qualcosa su Berlusconi sarebbe andato a casa e lui eroicamente non inventò mai nulla su di me, i pm lo lasciarono andare a casa solo il giorno prima della sua morte. Mangano era una persona che con noi si è comportata benissimo, stava con noi e accompagnava anche i miei figli a scuola. Poi ha avuto delle disavventure che lo hanno portato nelle mani di un'organizzazione criminale, ma non mi risulta che ci siano sentenze definitive nei suoi confronti».

Falso: l'«eroe» non solo è stato condannato per droga, estorsione e omicidio dopo il suo soggiorno ad Arcore, ma già prima aveva subito tre arresti ed era stato oggetto di vari procedimenti penali per truffa aggravata, emissione di assegni a vuoto, ricettazione, lesioni volontarie e tentata estorsione. E nel 2000, poco prima di morire per un cancro, è condannato all'ergastolo per il duplice omicidio di Giuseppe Pecoraro e Giovambattista Romano.

«Ridevamo come matti»

Mentre Silvio aspira al Quirinale, l'amico Marcello si permette di fare lo spiritoso, di scherzare con dubbio gusto su mafia e ombre siciliane o, forse, di mandare messaggi. In una lunga intervista al «Foglio» (che sceglie di pubblicare l'intervista di un condannato per mafia) racconta: «Mi ricordo quando Mangano e Cinà vennero a Milano dalla Sicilia. Berlusconi mi fa: "Uhm, accidenti che facce"». Arrivato a Milano da studente, continua Dell'Utri, «telefonai a mio padre: "Non ci crederai, ma io qua a Milano ho conosciuto uno che è più siciliano di noi"». Era Silvio. E poi ammette: «Certo, è vero che Berlusconi mi baciava le mani e mi chiamava don Dell'Utro. Noi raccontavamo persino spiritosaggini su Mangano, il famoso stalliere di Arcore. Ci inventavamo storie. Il Cavaliere mi sfotteva. Ridevamo come matti».

La «storiella su Mangano che Berlusconi ammanniva ai suoi ospiti», ritenuta così spiritosa da «don Dell'Utro», forse risulterà agghiacciante per chi non dimentica le vittime della mafia. Eccola. «Un giorno scoppiò un piccolo incendio in un campo di tiro al piattello che confina con il giardino della villa di Arcore. E siccome Berlusconi qualche settimana prima si era lamentato con Mangano dei rumori che la domenica da quel campo di tiro al piattello gli impedivano di riposare, ecco che dopo l'incendio Silvio lo chiama. E gli chiede: "Vittorio, ma che è successo al tiro al piattello?". E quello, in palermitano, che sembrava uscito da un film su Cosa nostra: "Cortocircuito fu...". Ma ve la immaginate la scena? Berlusconi si sganasciava dalle risate. La raccontava a chiunque. E la coloriva. Aggiungeva particolari inventati.»

Dell'Utri cerca di spiegare perché si erano messi Mangano in casa. «Bisogna capire il momento. Eravamo negli anni Settanta, e la faccia di Mangano poteva tenere lontani i malintenzionati in un periodo violentissimo della storia di questo paese. Una faccia da duro. C'erano i rapimenti allora. Mangano venne a vivere ad Arcore con la moglie, la mamma della moglie e le due figlie. Che giocavano in giardino con i figli di Berlusconi. Non sembrava un mafioso vero, sembrava il personaggio di un film con Alberto Sordi in Sicilia. Uno sul quale si può persino fare dell'ironia.» Chissà se in quegli anni bastava la faccia a tenere lontani i sequestratori.

Marcello racconta anche quando avvenne l'incontro con Silvio: «Da ragazzi. Lui fu una delle prime persone che conobbi quando mi trasferii da Palermo per studiare. Mio padre mi aveva messo in guardia: "Marcello, tieni conto che a Milano non sono caldi come noi. Fare amicizia sarà un po' più difficile". E invece io dopo pochi giorni ero già a pranzo a casa di questo Silvio che mi faceva stare a tavola con sua mamma, suo papà, suo fratello e sua sorella. Come uno di famiglia. Così telefonai a mio padre: "Non ci crederai, ma io qua a Milano ho conosciuto uno che è più siciliano di noi"».

Silvio, su ordine degli avvocati, non si fa più sentire con Marcello dopo che questi viene condannato per mafia. Ma non lo abbandona: «Confalonieri veniva a trovarmi in carcere, almeno una volta al mese. E io gliene ero grato, più di quanto forse non sia mai stato in grado di fargli capire. Mi portava i saluti di Silvio. Sempre. Ma la verità è che io Silvio me lo sognavo pure la notte. Ripensavo ad Arcore. Ai tempi belli e lontani. Quell'uomo mi ha cambiato la vita. Mi ha reso ricco, ma soprattutto mi ha fatto divertire, mi ha fatto sognare, mi ha permesso di fare cose che altri non fanno in dieci vite. Senza di lui forse oggi sarei un ex direttore di banca in pensione. Ma avete idea di quale corsa entusiasmante sia stata la vita con Silvio Berlusconi dagli anni Settanta agli anni Novanta?».

La cassata col Biscione

Nel 1986, proprio il giorno di Natale (un mesetto dopo la bomba rispettosa), arriva da Palermo una telefonata che merita di essere raccontata. La riceve, a Milano, Alberto Dell'Utri, gemello di Marcello e manager Fininvest. A chiamare è Gaetano Cinà, detto Tanino, uomo di Cosa nostra e futuro coimputato di Marcello

Dell'Utri al processo di Palermo. Chiama per sincerarsi che ad Arcore sia arrivato il suo personale dono a Berlusconi: una cassata siciliana, una colossale cassata con sopra disegnato il Biscione, simbolo di Canale 5.

È una ulteriore dimostrazione di quanto siano cortesi i rapporti tra il mondo milanese di Berlusconi e quello palermitano di Cosa nostra: confidenza, amicizia e amichevole collaborazione, senza alcuna delle tensioni che si potrebbero immaginare tra estorto ed estorsore.

Donna: Casa Dell'Utri!
Cinà: Buonasera, è tornato l'ingegnere?
Donna: Chi parla?
Cinà: Cinà, sono.
Donna: Un attimo che vedo, perché io sono dall'altra parte.
Dell'Utri: Pronto!
Cinà: Oh, ingegnere!
Dell'Utri: Tanino, ti stavo chiamando. Ti stavo chiamando per ringraziarti! Ho trovato la magnifica cassata!
Cinà: È buona, è arrivata bene?
Dell'Utri: Benissimo!
Cinà: Comunque, io ti ho telefonato per farti gli auguri.
Dell'Utri: Grazie, Tanino. Io ricambio con grande affetto.
Cinà: Sono giorni che uno si deve ricordare degli amici fraterni.
Dell'Utri: Ma io me lo ricordo tutti i giorni!
Cinà: Ti ricordi di me quando sei a cavallo, che non fai niente!
Dell'Utri: Come hai passato, in famiglia, il Natale?
Cinà: Da Filippo. Ora sono sceso giù per telefonare a te e a Marcello.
Dell'Utri: Ah! Marcello è a casa?
Cinà: Ma, stava riposando. Mi ha detto Miranda: «Che fa, lo sveglio?». Le dissi di non svegliarlo, perché poi deve fare nottata! E le ho domandato se l'ha ricevuta lui, perché non ne so niente.
[...]
Cinà: La cassata ce l'hai sotto chiave, no?
Dell'Utri: Sotto controllo!

Cinà: Ma voi quando andate in ufficio, lunedì forse, o no?
Dell'Utri: Lunedì.
Cinà: E come fai a stare tutti questi giorni dentro?
Dell'Utri: È una camurria! Ma comunque, che vuoi fare?
Cinà: Lo sai quanto pesava la cassata del Cavaliere?
Dell'Utri: No, quanto pesava, quattro chili?
Cinà: Sì, va be'! Undici chili e ottocento!
Dell'Utri: Minchione! E che gli arrivò, un camion gli arrivò?
Cinà: Certo, ho dovuto far fare una cassa dal falegname, altrimenti si rompeva!
Dell'Utri: Certo!
Cinà: Ecco cosa gli devo chiedere a Marcello, ma ne sa niente?
Dell'Utri: Anche la curiosità di sapere se è arrivata sana.
Cinà: Certo!
Dell'Utri: È logico, perché quella è bella quando è sana!
Cinà: Ma ci ho fatto fare un... il biscione che cosa è? Il biscione è solo Canale 5.
Dell'Utri: Ah, tu ci hai fatto fare il biscione?
Cinà: No, Canale 5 e la scritta Canale 5, in numero e in lettere.
Dell'Utri: Ah, bella.
Cinà: Il biscione non è il serpente?
Dell'Utri: Sì, sì!
Cinà: Perché non avendo una copia, come...
Dell'Utri: Sì, ci vuole... è vero.
Cinà: Che poi, questo Natale dove lo fa, questo? A casa?
Dell'Utri: A casa, ad Arcore. Tu gliela hai mandata là?
Cinà: No, la ritirava, come si chiama, [*nome incomprensibile*].
Dell'Utri: Ah, l'autista?
Cinà: Sì, però, ce n'è un'altra piccola. Siccome la cassa è là e l'altra piccola per là...
Dell'Utri: Ah, sì sì.
Cinà: Perché c'è quella che si fa là e quella che si fa là! Perciò, chissà, una la mattina e una la sera, non credo.
Dell'Utri: Ma io penso che tutte e due ad Arcore sono andate a finire, io penso.

Cinà: Tu dici?
Dell'Utri: Sì, sì.
Cinà: No, perché siccome forse ha i suoi figli grandi, lui, ad Arcore?
Dell'Utri: Sì, sì.
Cinà: E va bene, e quelli piccoli dove li mette? Perciò c'era quella piccola! Hai capito com'è il discorso?
[...]
Dell'Utri: Ahi, ahi! Senti Tanino, allora, non ti dico che naturalmente tu sei il più ricordato in queste feste!
Cinà: Ma certo! Con la cassata! Salutami affettuosamente a Maria Pia!
Dell'Utri: Grazie, grazie Tanino, auguroni a te e a tutta la tua famiglia!

Il regalo di Milano

Auguri affettuosi, bombe rispettose, regali di Natale: questo è, negli anni Ottanta, il rapporto tra Milano e Palermo, tra il mondo Fininvest e quello di Cosa nostra. Con saldi legami economici tra le due entità. Scambi d'affari. Investimenti. Denaro contro protezione. Se da Palermo arriva a Milano una grande cassata siciliana, da Milano parte per Palermo, ogni anno, un pagamento di circa 200 milioni di lire che arrivano a Totò Riina. Lo ritiene provato una sentenza definitiva già nel 1997. Riguarda un certo Pierino Di Napoli, uomo di Cosa nostra arrestato nel 1995. La sua sentenza passata in giudicato racconta che Pierino aveva un incarico delicato, ovvero quello di portare a Totò Riina «il regalo» che ogni anno arrivava da Milano per il capo dei capi di Cosa nostra.

Il contributo passava ogni anno da Marcello Dell'Utri a Gaetano Cinà, quello della cassata, di cui Dell'Utri ha sempre rivendicato l'amicizia; poi veniva consegnato a Pierino Di Napoli, il quale provvedeva a farlo arrivare, attraverso intermediari, a Riina. Pierino – racconta la sentenza – arrivava con un pacchettino dentro un sacchetto di plastica e diceva al boss Raffaele Ganci: «Raffaele, questi i soldi delle antenne». Poi Ganci andava da Riina e gli consegnava il pacchetto: «Zu' Totuccio, Pierino ha portato i soldi delle antenne».

Poi – continua la sentenza – «era lo stesso Riina che li faceva pervenire alle varie famiglie mafiose di Palermo nel cui territorio insistevano i ripetitori televisivi». Racconta il boss pentito Salvatore Cancemi, reggente del mandamento mafioso di Porta Nuova: «Davanti a me, ci ha mandato lire 10 milioni a Nino Madonia, ai Madonia di Resuttana, e lire 5 milioni me li ha dati a me... in qualche occasione c'era anche Biondino Salvatore... per San Lorenzo».

Li chiamavano così: «i soldi delle antenne», per dire che provenivano dal padrone italiano delle tv e che erano il prezzo per la «protezione» degli impianti della Fininvest in Sicilia. La sentenza Di Napoli sostiene che furono pagati almeno «a partire dal 1989 circa». E che furono versati anche nel 1992, l'anno delle stragi in cui Cosa nostra uccide Giovanni Falcone e Paolo Borsellino.

I rapporti tra Berlusconi e Cosa nostra – e i passaggi di soldi tra Milano e Palermo – iniziano però molto prima, nel 1974, sostengono le altre sentenze che li raccontano, e cioè quelle del processo a Marcello Dell'Utri, braccio destro di Silvio in Fininvest, nonché fondatore di Forza Italia, condannato a sette anni per concorso esterno in associazione mafiosa. Nella sentenza d'appello del 2013, i giudici ritengono provato che Berlusconi, avendo ricevuto da Cosa nostra minacce di rapimento per sé e per i figli, invece di rivolgersi ai carabinieri si rivolge al suo compagno d'università siciliano Marcello Dell'Utri, che viene assunto a Milano insieme al boss Vittorio Mangano, del mandamento di Porta Nuova. «Berlusconi», scrivono i giudici, «ha sempre accordato una personale preferenza al pagamento di somme come risoluzione preventiva dei problemi posti dalla criminalità.» È un imprenditore «mai sfiorato dal proposito di farsi difendere dai rimedi istituzionali», ma pronto invece a rifugiarsi «sotto l'ombrello della protezione mafiosa, assumendo Mangano e non sottraendosi mai all'obbligo di versare ingenti somme di denaro alla mafia, quale corrispettivo della protezione».

L'inizio dell'accordo è fissato dai magistrati in un giorno di maggio del 1974, «tra il 16 e il 29», quando Dell'Utri organizza con il mafioso Gaetano Cinà un incontro nel proprio ufficio di Milano che precede di poco l'assunzione di Vittorio Mangano ad Arcore. Arriva a Milano nientemeno che l'allora capo dei capi di Cosa nostra, Stefano Bontate, il predecessore di Riina, accompagnato dai boss palermitani Mimmo Teresi e Francesco Di Carlo. Quel giorno, l'imprenditore emergente Silvio Berlusconi sigla un «patto di protezione con Cosa nostra» in virtù del quale, sostengono i giudici, sia i contraenti (Berlusconi e Bontate) sia il mediatore (Dell'Utri) conseguono «un risultato concreto e tangibile, costituito dalla garanzia della protezione personale», «mediante l'esborso di somme di denaro che quest'ultimo versa a Cosa nostra per mezzo di Dell'Utri».

Un contratto ereditato da Riina, dopo che questi uccide Bontate e lo sostituisce al vertice di Cosa nostra. Un patto che durerà (almeno) fino al 1992. Lo sostiene la Corte di cassazione, nella sua sentenza definitiva del luglio 2014: Dell'Utri, «assicurando un costante canale di collegamento tra i partecipi del patto di protezione stipulato nel 1974, protrattosi da allora senza interruzioni», garantiva «la continuità dei pagamenti di Silvio Berlusconi in favore degli esponenti dell'associazione mafiosa in cambio della complessiva protezione da questa accordata all'imprenditore».

Ma non ci sono soltanto soldi pagati da Berlusconi ai boss. Gli affari tra Cosa nostra e la Fininvest sono nelle due direzioni: anche la mafia investe denaro nella società milanese. Lo sostiene la sentenza che condanna Dell'Utri, ricordando un incontro a Parigi, nei primi mesi del 1980, tra lo stesso Dell'Utri e gli uomini di vertice di Cosa nostra, Stefano Bontate e Mimmo Teresi. Nel corso di quell'incontro, «Dell'Utri chiedeva ai due esponenti mafiosi 20 miliardi di lire per l'acquisto di film per Canale 5».

L'accordo, dicevamo, non muta con il cambiamento al vertice di Cosa nostra e la conquista del potere da parte dei corleonesi di Riina: «La sistematicità nell'erogazione delle cospicue somme di denaro da Marcello Dell'Utri a Gaetano Cinà sono indicative della ferma volontà di Berlusconi di dare attuazione all'accordo al di là dei mutamenti degli assetti di vertice di Cosa nostra».

In quegli anni, Cosa nostra faceva centinaia di morti nelle guerre di mafia e uccideva molti servitori dello Stato, dal liquidatore della Banca Privata Italiana di Michele Sindona, Giorgio Ambrosoli, al capo della squadra mobile di Palermo Boris Giuliano; dal presidente della Regione Siciliana Piersanti Mattarella, al capitano dei carabinieri Emanuele Basile; dal procuratore capo di Palermo Gaetano Costa, al segretario del Pci siciliano Pio La Torre; dal prefetto Carlo Alberto dalla Chiesa, al capo dell'ufficio istruzione del Tribunale di Palermo Rocco Chinnici; dal giornalista Pippo Fava, all'imprenditore Libero Grassi. Fino a Falcone e Borsellino.

Il sangue scorre. E intanto continuano a scorrere anche i soldi tra Milano e Palermo. «Berlusconi finanzia Cosa nostra negli anni in cui furono uccise decine di persone delle istituzioni» dice secco il magistrato Nino Di Matteo. «Non è una mia opinione, ma un verdetto della Corte suprema.» Eppure Silvio e Marcello, quando parlano tra loro degli amici siciliani, riescono a riderne. Trovano immensamente divertente la storiella del campo di tiro al piattello bruciato da un «cortocircuito»: «Berlusconi si sganasciava dalle risate».

Il raffreddamento con Dell'Utri

Un mestiere difficile, quello di mediare tra Milano e Palermo. Con alti e bassi. E il rischio di passare anni in galera. Non è un contratto facile da gestire, quello stretto tra Berlusconi e Cosa nostra. Perché la mafia non molla mai la presa e tende ad alzare sempre il prezzo. Così, sul finire degli anni Ottanta, c'è un periodo complicato. Da Palermo arrivano nuove minacce.

Il 17 febbraio 1988, Silvio Berlusconi fa al telefono (intercettato) una confessione drammatica all'amico imprenditore Renato Della Valle:

> Sono messo male fisicamente. E poi c'ho tanti casini in giro, a destra, a sinistra. Ce n'ho uno abbastanza grosso, per cui devo mandar via i miei figli, che stan partendo adesso per l'estero, perché mi han fatto estorsioni... in maniera brutta. Una cosa che mi è capitata altre volte, dieci anni fa, e... sono ritornati fuori. Sai, siccome mi hanno detto che se, entro una certa data, non faccio una roba, mi consegnano la testa di mio figlio a me e espongono il corpo in piazza del Duomo. E allora son cose poco carine da sentirsi dire e allora, ho deciso, li mando in America e buona notte.

Non si sa se poi Berlusconi abbia fatto o no «la roba» che gli chiedevano «entro una certa data». Ma certamente raffredda i rapporti con Dell'Utri. Questa volta Marcello non viene licenziato, come successo per un breve periodo alla fine degli anni Settanta, ma tenuto un poco a distanza. Lo racconta Mariapia La Malfa, moglie di Alberto Dell'Utri, in una telefonata del luglio 1988 (intercettata) a Rita dalla Chiesa: «Per vent'anni Berlusconi ha sempre trascorso i Capodanni con Craxi e Dell'Utri, ma da quando c'è Previti non invita più Marcello...». Secondo i magistrati palermitani, si è ripetuta la scena degli anni Settanta: Cosa nostra, dopo aver stretto un patto con Dell'Utri, ha continuato le minacce e aumentato le pretese, perché la mafia alza sempre la posta e questa volta vorrebbe arrivare a Craxi.

Poi la crisi è superata, anche se non sappiamo come. Dell'Utri torna a essere il collaboratore più vicino a Silvio. Sarà quello che gli organizza addirittura la discesa in campo, l'ingresso ufficiale in politica. Sappiamo però che nel 1991, subito dopo la sua ennesima scarcerazione, Vittorio Mangano cerca di riallacciare i rapporti con Dell'Utri e la Fininvest. Ma viene bloccato da Totò Cancemi, capo della sua famiglia mafiosa, che per conto di Riina in persona gli chiede di stare un passo indietro, in nome del «bene di tutta Cosa nostra»: Riina vuole gestire lui stesso, direttamente, il rapporto con Berlusconi.

All'orizzonte si stanno addensando grandi nubi nere. Nel 1992, tutto cambia.

La svolta del 1992

Giovanni Falcone e Paolo Borsellino erano i due magistrati siciliani che meglio conoscevano Cosa nostra. Sapevano anche delle amicizie pericolose del milanese padrone delle tv. Falcone scrive a mano in uno dei suoi quaderni questo appunto, poi trovato dopo la sua morte: «Berlusconi dà 20 milioni ai Grado e anche a Vittorio Mangano». I Grado sono boss siciliani trapiantati a Milano. Borsellino cita Mangano, Dell'Utri e Berlusconi nella sua ultima intervista prima di morire, concessa il 21 maggio 1992 al giornalista Fabrizio Calvi e a Jean-Pierre Moscardo.

Il 1992, dunque. È l'anno in cui si scatena un drammatico contrappunto di avvenimenti tra Milano e Palermo. A Milano l'inchiesta Mani pulite innesca l'implosione del sistema politico della Prima Repubblica, con il tramonto dei cinque antichi e gloriosi partiti che avevano governato l'Italia dal dopoguerra: la Democrazia cristiana, il Partito socialista, il Partito socialdemocratico, il Partito repubblicano, il Partito liberale. Spariscono così anche i riferimenti politici di Berlusconi, i leader (*in primis* Craxi) che sostenevano i suoi affari. Il fondatore della Fininvest reagisce, soprattutto su spinta di Dell'Utri, con l'azzardo più grande: fonda un partito, Forza Italia, destinato a raccogliere l'eredità politica delle cinque formazioni arrivate a fine corsa.

A Palermo, anche Cosa nostra è colpita da una crisi simmetrica. Perde i suoi referenti politici (il mondo attorno a Giulio Andreotti), accusati dai mafiosi di non aver mantenuto i patti. E decide di cambiare pelle, dichiarando guerra allo Stato per cercare nuovi accordi e nuovi punti di riferimento dentro le stanze del potere.

Aspettando la Cassazione

Cosa nostra, in quel momento la più potente e ricca organizzazione criminale italiana, arriva al 1992 in grande agitazione. I suoi uomini aspettano la decisione della Corte di cassazione che deve confermare o annullare la sentenza del maxiprocesso di Palermo, che aveva per la prima volta riconosciuto l'esistenza dell'organizzazione criminale Cosa nostra e condannato 346 mafiosi portati in giudizio da Giovanni Falcone e dagli altri magistrati del primo pool antimafia di Palermo. Se la Cassazione avesse confermato, si sarebbe abbattuta sulle cosche siciliane una montagna di ergastoli capace di seppellire in carcere un paio di generazioni di mafiosi.

Il capo dei capi, Totò Riina, annusa l'aria e si rende conto che negli ultimi tempi gli «amici importanti» di Cosa nostra, a Palermo e a Roma, non sono più attenti alle esigenze dell'organizzazione. Il 30 gennaio arriva la conferma ai sospetti di Totò u Curto. Finisce un'epoca: la prima sezione della Corte di cassazione, sottratta all'influenza di Corrado Carnevale, allora chiamato dai giornali «il giudice ammazzasentenze» per le ripetute assoluzioni in processi di mafia e di strage, conferma le condanne del maxiprocesso.

Riina, che comanda Cosa nostra grazie al potere militare delle famiglie corleonesi, decide che è tempo di tagliare di netto con i vecchi alleati, che non hanno saputo bloccare le condanne. Esattamente quaranta giorni dopo la sentenza della Cassazione, il primo atto di guerra: il 12 marzo 1992, a Mondello, il mare di Palermo, è ucciso Salvo Lima, politico democristiano, l'uomo che rappresenta Giulio Andreotti in Sicilia. A settembre è la volta di Ignazio Salvo, esattore delle tasse nell'isola, andreottiano e uomo di Cosa nostra.

Il segnale è chiaro: non avete mantenuto i patti, dunque ora pagate il vostro tradimento. Cosa nostra non ha più bisogno di voi. Recide per sempre i legami di scambio (voti e soldi contro appalti e impunità) con i suoi tradizionali referenti politici. Muore la Cosa nostra della Prima Repubblica, quella che aveva i suoi punti di riferimento nei notabili democristiani, specialmente della famiglia andreottiana. Ha il battesimo del fuoco la nuova Cosa nostra, quella che dichiara guerra allo Stato per arrivare a nuovi equilibri.

Nel frattempo, per quelle perfette sintonie che solo la Storia sa costruire, moriva la Prima Repubblica. Il 5 aprile 1992, le elezioni politiche sanciscono il tracollo dei cinque partiti di governo e il trionfo della Lega Nord di Umberto Bossi che, fomentando una vecchia avversione diffusa nel settentrione contro i «terroni» del Sud, incanala la protesta contro il sistema della corruzione e raccoglie anche molti desideri di cambiamento.

Il processo di disaffezione ai partiti era in atto già da qualche anno e gli osservatori più attenti lo avevano da tempo segnalato. Ma nel 1992 era successo qualcosa che aveva fatto precipitare gli eventi. Uno sconosciuto magistrato della Procura di Milano, Antonio Di Pietro, aveva avviato, a partire da un piccolo episodio (una tangente di 7 milioni di lire incassata il 17 febbraio 1992 da un amministratore socialista, Mario Chiesa), un'inchiesta sulla corruzione politica, a cui aveva dato il nome di Mani pulite. Dopo qualche mese, l'inchiesta era diventata una valanga. Per episodi di corruzione, concussione, ricettazione, illegittimo finanziamento ai partiti sono posti sotto inchiesta centinaia di politici, amministratori, imprenditori, i maggiori leader dei partiti, una decina di ex ministri della Repubblica, quattro ex presidenti del Consiglio. Il Parlamento è bersagliato da decine di avvisi di garanzia inviati a deputati e senatori. L'intero sistema dei partiti è scosso e si avvia verso il tracollo.

L'inchiesta giudiziaria cade in una particolare congiuntura storica, in cui la politica è debole: per la crescente disaffezione ai partiti tradizionali e per l'esplosione di nuove formazioni come la Lega; per l'insofferenza anche del ceto imprenditoriale a una corruzione diventata troppo pesante e generalizzata; per l'arrivo degli accordi con l'Europa che impongono di contenere il debito pubblico e restringono gli spazi per una spesa dilatata dalle tangenti; per il collasso dell'Unione Sovietica e la fine della contrapposizione Est-Ovest, che imponeva un sistema politico bloccato e rendeva la classe dirigente italiana improcessabile per motivi geopolitici.

Per tutte queste ragioni, non si riesce, come era sempre successo in passato, a fermare le inchieste. Di fronte allo spettacolo della corruzione, diventato evidente, i comportamenti elettorali puniscono duramente i partiti di governo e il sistema politico implode.

Muore Falcone, muore Borsellino

Intanto, al Sud, Riina prosegue la sua guerra. Colpisce il nemico numero uno di Cosa nostra, Giovanni Falcone, l'uomo che negli anni Ottanta aveva dato l'avvio all'indagine che si era conclusa il 30 gennaio 1992 con la sentenza definitiva della Cassazione sfavorevole ai boss. Il 23 maggio, nei pressi di Capaci, mentre corre dall'aeroporto di Palermo verso la sua città, il magistrato, con la moglie e la scorta, è dilaniato da una carica d'esplosivo che fa saltare in aria l'autostrada. È «l'attentatuni». L'Italia è scossa come mai prima.

La morte di Falcone è pianificata da Cosa nostra proprio nei giorni in cui il Parlamento, dopo le dimissioni del presidente della Repubblica Francesco Cossiga, è riunito per scegliere il suo successore: così è di fatto impedito che alla più alta carica dello Stato sia eletto il candidato allora favorito, Giulio Andreotti, che dopo l'uccisione del suo proconsole Salvo Lima è ormai pesantemente segnato dalle ombre dei suoi rapporti siciliani. A sorpresa, viene eletto presidente Oscar Luigi Scalfaro, magistrato che aveva lasciato la toga da giovane per fare politica nella Dc.

Falcone aveva più di un nemico. Non tutti erano dentro Cosa nostra. Qualcuno dei suoi nemici può essere stato concausa anche della sua morte, in quel «nodo o groviglio, o garbuglio, o gnommero, che alla romana vuol dire gomitolo» (come scriveva Carlo Emilio Gadda) che spesso è la realtà? Gli investigatori, tra cui il pubblico ministero del processo per la strage di Capaci, Luca Tescaroli, si pongono la domanda. Attorno a Falcone vivo si erano agitati ambienti dei servizi segreti, della massoneria, della politica e delle imprese. Falcone non aveva indagato soltanto la mafia militare, ma aveva messo il naso anche nel sistema degli appalti pubblici, che coinvolgeva le grandi aziende del Nord. E aveva mostrato interesse per i gruppi siciliani di Gladio, la pianificazione segreta Stay Behind.

Il collaboratore di giustizia Salvatore Cancemi, il primo membro della commissione di Cosa nostra (la «Cupola») a essersi «pentito», per paura di essere ucciso da Riina, racconta che il capo dei capi, prima delle stragi, aveva rassicurato i suoi colonnelli di aver parlato con «persone importanti», che gli avevano garantito la soluzione dei problemi. «Quando c'erano le preparazioni per le stragi di Falcone, del dottor Falcone, io ero in macchina con Raffaele Ganci. Stavamo andando là e Ganci Raffaele mi disse, con pochissime parole: "U zu' Totuccio si incontrò con persone importanti".» Ganci non gli fa i nomi di quelle persone importanti, ma per Cancemi è abbastanza chiaro.

Secondo la sua deduzione – senza alcuna prova certa, beninteso – sono Berlusconi e Dell'Utri: «Se io devo fare una logica, diciamo, ma posso... posso dire solo per logica, diciamo, i discorsi portano là, diciamo, i discorsi sono questi che si facevano in quel periodo». E, spiega Cancemi (in aula, nel 1999, al processo per la strage di via D'Amelio): «Perché se io vado indietro, noi andiamo a trovare un Vittorio Mangano che faceva quello che voleva nella tenuta di Berlusconi di Arcore. Là c'era un covo, un covo di mafiosi che andavano là, organizzavano sequestri di persona, vendevano droga, e io ho fornito pure; che c'è stato un tentativo di un sequestro di persona, che uno di questi che era, mi sembra, se non faccio errore, Pietro "Testone", chiamato di... ora che mi viene il nome glielo dico... Pietro Vernengo, Pietro Vernengo, che là ha perso un documento mentre stavano facendo un sequestro di persona e lui ha perso questo documento, quindi là era la base di tutte queste cose. Quindi, dobbiamo cominciare, diciamo, di qua, quindi i vantaggi ci sono... ci sono stati curati da anni indietro a venire in avanti». Il riferimento di Cancemi è al sequestro (poi non riuscito) di Luigi D'Angerio, tentato nella notte del 7 dicembre 1974, all'uscita da Villa San Martino di Arcore. Di questi sospetti sul coinvolgimento degli «amici milanesi» nella morte di Falcone non è stata raggiunta alcuna sicurezza processuale. Potrebbero essere dicerie, chiacchiere, perfino depistaggi.

Ma cinquantasette giorni dopo l'attentatuni, Cosa nostra concede il bis. Il 19 luglio 1992, in via D'Amelio a Palermo è ucciso con un'autobomba, insieme alla scorta, Paolo Borsellino, che per Falcone era come un fratello e che dopo la sua morte era diventato l'erede morale e l'ideale continuatore della sua opera. L'uccisione di Borsellino, a così breve distanza da quella di Falcone, è controproducente per Cosa nostra: le misure antimafia varate dal governo dopo la prima strage stavano per essere dimenticate nell'afa estiva che aveva investito anche il Parlamento che le doveva rendere legge; ma dopo la strage di via D'Amelio vengono rapidamente approvate. Diventano legge il carcere duro per i boss mafiosi (introdotto con l'articolo 41 bis dell'ordinamento penitenziario) e il sostegno ai collaboratori di giustizia; la caccia ai latitanti diventa frenetica; la coscienza antimafia diventa sentire comune in tutto il paese. Il 20 luglio 1992, il giorno dopo l'uccisione di Borsellino, il ministro della Giustizia Claudio Martelli firma, mentre scende dalla scaletta di un aereo, i primi 325 decreti che mandano altrettanti mafiosi al carcere duro.

Perché Cosa nostra ha deciso quell'accelerazione? Chi ha messo fretta a Cosa nostra, che non ha mai fretta? Racconta Cancemi: «Mi ricordo [...] di una riunione che il Ganci, proprio questo mi è rimasto impresso, [...] che si appartò, diciamo, sempre nella stessa stanza, nello stesso salottino che c'era là, con Riina. E io c'ho sentito dire: "La responsabilità è mia". Poi, quando ce ne siamo andati con Ganci, Ganci mi disse: "Questo ci... ci vuole rovinare a tutti". Quindi la cosa era... il riferimento era per il dottor Borsellino. [...] Io ho capito che il Riina aveva una premura, come vi devo dire, una cosa... di una cosa veloce, aveva... io avevo intuito questo, che il Riina questa cosa la doveva... la doveva fare al più presto possibile, come se lui aveva qualche impegno preso, qualche cosa che doveva rispondere a qualcuno».

Aveva davvero preso accordi con qualcuno? E se sì, con chi? L'accelerazione è stata aiutata anche dall'intervista televisiva che

Borsellino aveva rilasciato due mesi prima dell'attentato? Rispondendo alle domande dei francesi Calvi e Moscardo il 21 maggio 1992, il magistrato aveva mostrato di ricordare bene anche le vecchie vicende di Cosa nostra che aveva impiantato una base al Nord, a Milano, già negli anni Settanta, e di ritenerle ancora tanto importanti e attuali da citare, davanti alla telecamera, i rapporti che Marcello Dell'Utri e Silvio Berlusconi, a Milano, avevano stretto con personaggi delle famiglie palermitane, primo fra tutti Vittorio Mangano. Quell'intervista scompare e non viene resa pubblica fino al 1994.

Ma le domande su che cosa e chi possa avere accelerato la sorte di Borsellino non hanno ancora trovato una risposta certa. È sicuro che l'accelerazione ci fu. Lo dice Cancemi, lo ribadisce Giovanni Brusca: il collaboratore di giustizia – scrivono i giudici – «ha riferito che nel primo o nel secondo incontro che ebbe dopo la strage di Capaci, Riina gli aveva dato incarico di organizzare l'omicidio dell'onorevole Mannino, ma pochi giorni prima della strage di via d'Amelio l'incarico gli venne revocato senza dargli alcuna spiegazione». Viene d'improvviso sconvolta «la "scaletta" del programma criminoso». Lo conferma lo stesso Riina, intercettato nel carcere di Opera il 6 agosto 2013: «Non era stato... studiato da mesi... studiato alla giornata».

I programmi sono cambiati in corsa, studiati «alla giornata», viene sospeso l'attentato per uccidere Calogero Mannino, esponente di punta della Dc siciliana e in quei mesi, dall'aprile del 1991 fino al giugno del 1992, ministro per il Mezzogiorno del governo Andreotti. E l'esplosivo dilania invece Borsellino e la sua scorta. Il cambiamento di programma – scrivono i giudici – potrebbe «avere trovato origine nell'interessamento di Borsellino al rapporto mafia-appalti», che i carabinieri del Ros (il Raggruppamento operativo speciale), avevano stilato, individuando i rapporti con Cosa nostra delle grandi imprese di costruzione del Nord.

Di certo, subito dopo la morte di Falcone avviene un fatto inaspettato: gli stessi carabinieri del Ros aprono un'interlocuzione con i boss, avviano un dialogo. Per questo – scrivono i giudici nella sentenza definitiva sulla trattativa Stato-mafia – sarebbe logico «ritenere che Riina, compiacendosi dell'effetto positivo per l'organizzazione mafiosa prodotto dalla strage di Capaci, possa essersi determinato a replicare con via d'Amelio quella straordinaria manifestazione di forza criminale».

Dunque l'apertura della trattativa con i boss da parte dei carabinieri può essere stata tra le cause della morte di Borsellino.

La trattativa

Il colonnello Mario Mori, del Ros, subito dopo Capaci cerca il modo per far cessare le stragi. Con il capitano Giuseppe De Donno prova a prendere contatto con Vito Ciancimino, ex sindaco democristiano di Palermo, già condannato per mafia, uomo dei corleonesi di Cosa nostra vicino a Provenzano. Inizia quella che è stata chiamata «trattativa Stato-mafia».

Ciancimino ha i canali per comunicare con i vertici dell'organizzazione mafiosa. Così Riina viene a sapere che lo Stato ha avviato una trattativa. «Si sono fatti sotto» dice ai suoi. E ne è soddisfatto. Stila a mano addirittura un elenco di richieste per far cessare le stragi: è quello che gli uomini di Cosa nostra chiamano «il papello»: azzeramento delle norme che rendevano possibile il moltiplicarsi dei pentiti; abolizione del 41 bis; chiusura delle supercarceri di Pianosa e dell'Asinara; revisione del maxiprocesso; abolizione dell'ergastolo...

Per aumentare il suo peso negoziale, Riina si convince che sia utile aumentare pesantemente la posta in questa mano mortale di poker. «Ci vuole un altro colpetto» dice ai boss attorno a lui. «Dobbiamo fare la guerra, per poi fare la pace.» Salta in aria Borsellino, in una strage che dopo incredibili depistaggi – i più incredibili della storia della Repubblica – aspetta ancora di essere decifrata fino in fondo.

Poi la trattativa subisce una svolta inaspettata. Riina comunica ai suoi colonnelli che è sulla strada buona, che ha trovato la pista per ottenere ciò che ha chiesto allo Stato. Ma qualcosa va storto. Viene arrestato il 15 gennaio 1993, sempre dai carabinieri del Ros, dalla squadretta del capitano Ultimo, di cui solo molti anni dopo si saprà il nome: Sergio De Caprio. Anche questo pezzo di storia è ancora tutto da scrivere. L'ipotesi è che la trattativa avviata con Ciancimino si sia poi sviluppata con Bernardo Provenzano, boss corleonese al pari di Riina, ma non favorevole alla guerra che questi aveva dichiarato allo Stato. Dunque l'ala non stragista dei corleonesi potrebbe aver consegnato Riina, in cambio di contropartite: l'appartamento dove viveva latitante, in via Bernini a Palermo, non viene perquisito dai carabinieri e Provenzano viene lasciato libero e latitante per molti anni ancora.

Intanto però la «soluzione dei problemi», promessa come imminente da Riina, non arriva. Così la strategia stragista che il capo dei capi aveva progettato prosegue anche senza di lui, eseguita dai suoi colonnelli, Giovanni Brusca, Leoluca Bagarella, Matteo Messina Denaro, Giuseppe e Filippo Graviano. Per ottenere almeno un obiettivo: la fine del carcere duro, che stava pesando su centinaia di uomini dell'organizzazione.

Scattano – mai viste prima – le stragi «in continente», fuori dalla Sicilia. È la prima volta nella storia di Cosa nostra. Bombe a obiettivi raffinati, a perle del patrimonio artistico italiano, di cui i boss fino ad allora ignoravano perfino l'esistenza. Nel novembre del 1992 il primo segnale: un proiettile d'artiglieria è fatto trovare nel giardino di Boboli, a Firenze. Segue una telefonata all'Ansa, una rivendicazione che protesta per le condizioni di vita dei carcerati a Pianosa e all'Asinara.

Segretamente, però, dell'azione dimostrativa di Boboli e del suo significato viene messo al corrente anche Silvio Berlusconi: così almeno racconta Giovanni Brusca, protagonista della stagione delle stragi e poi pentito. A portare il «messaggio» a Silvio sarebbe stato l'ex fattore di Arcore, Vittorio Mangano, che era rimasto in contatto con i vertici della Fininvest attraverso un amico di Milano, proprietario di un'impresa di pulizie che lavorava per l'azienda di Berlusconi.

Il messaggio – sostengono i boss pentiti – arriva anche a qualche esponente del centrosinistra al governo (presidente del Consiglio era Giuliano Amato). E della cosa viene informato anche Berlusconi, come racconta lo stesso Brusca in un interrogatorio del 27 aprile 2002, spiegando che così, una volta insediato a Palazzo Chigi, nel caso accetti le richieste di Cosa nostra, Berlusconi non potrà essere condizionato o ricattato dai suoi avversari politici, dal momento che questi erano non solo al corrente della trattativa, ma anzi proprio loro l'avevano avviata.

In quei mesi, l'Italia vive una tumultuosa, confusa transizione. Il 21 aprile 1993 Giuliano Amato si dimette da presidente del Consiglio. Il 26 aprile, in un paese scosso dalle indagini di Mani pulite, il governatore di Bankitalia Carlo Azeglio Ciampi riceve dal capo dello Stato Oscar Luigi Scalfaro l'incarico di formare il nuovo governo. Il 28 presenta la lista dei ministri, in cui sono inseriti, per la prima volta in Italia, esponenti del Pds, l'ex Partito comunista. Il 7 maggio la Camera vota la fiducia al governo. Il 12 è la volta del Senato. Il giorno dopo, 13 maggio, il Senato concede l'autorizzazione a procedere nei confronti di Giulio Andreotti, che i magistrati palermitani guidati dal procuratore Gian Carlo Caselli vogliono processare per mafia (sarà infine ritenuto colpevole del reato di associazione mafiosa «commesso fino alla primavera del 1980», ma ormai coperto dalla prescrizione). L'8 maggio arriva in Sicilia, in visita, il papa. Giovanni Paolo II, per la prima volta, nel suo discorso ufficiale pronuncia parole chiare e durissime contro la mafia: uno smacco per gli uomini di Cosa nostra, che si ritengono cattolici devoti e generosi. Un affronto da punire.

Il 14 maggio prende avvio la seconda parte della campagna stragista di Cosa nostra: a Roma, un'autobomba scoppia in via Fauro, ferendo ventiquattro persone ma mancando l'obiettivo prefissato, il giornalista Maurizio Costanzo, che in tv si era permesso di attaccare direttamente i boss (e aveva espresso contrarietà al progetto di Berlusconi di scendere in campo). Poi arrivano i botti grossi. Il 27 maggio, a Firenze, scoppia una bomba in via dei

Georgofili: cinque morti, una quarantina di feriti. Danneggiati la Galleria degli Uffizi, la Torre dei Pulci, Palazzo Vecchio, la chiesa dei Santi Stefano e Cecilia, il museo della Scienza e della Tecnica. Distrutte o danneggiate opere di Giotto, Tiziano, Vasari, Bernini, Rubens, Reni, Sebastiano del Piombo, Gaddi, Van der Weyden. Firenze è in Toscana, come l'isola di Pianosa, dove sono rinchiusi molti uomini di Cosa nostra sottoposti al 41 bis.

Le minacce sotterranee continuano: il 2 giugno davanti a Palazzo Chigi, sede del governo, viene individuata una Fiat 500 imbottita di esplosivo. Segnale restato fino a oggi misterioso: non è Cosa nostra a realizzare quell'operazione.

Il 23 luglio a Milano muore (poi l'inchiesta decreterà che si è trattato di suicidio) Raul Gardini, ex numero uno della Ferruzzi: in Sicilia era diventato socio di fatto di Cosa nostra, nel business del cemento e delle costruzioni. Il 26 la Democrazia cristiana, ininterrottamente partito di governo dal dopoguerra, decide il suo formale scioglimento. Intanto le associazioni degli autotrasportatori minacciano uno sciopero a oltranza per ottenere sostanziosi aumenti delle tariffe e la mattina del 27 le prefetture informano il presidente del Consiglio Ciampi che le agitazioni rischiano di bloccare i rifornimenti di prodotti alimentari e di carburante, proprio alla vigilia dell'esodo estivo.

In questa situazione cilena, nella notte tra il 27 e il 28 luglio 1993 scoppiano quasi contemporaneamente tre autobombe. La prima, a Milano, esplode in via Palestro (cinque morti e una decina di feriti) e distrugge il Pac, il Padiglione di arte contemporanea. La seconda, a Roma, danneggia la basilica di San Giovanni in Laterano e il Palazzo Lateranense (quattordici feriti). La terza, ancora a Roma, procura gravi danni alla basilica di San Giorgio al Velabro (tre feriti). A Roma sono colpite due chiese: un segnale forse anche al papa che aveva osato condannare la mafia.

È una nuova strategia della tensione. I tre attentati a Milano e Roma – verrà provato in seguito – sono realizzati da Cosa nostra. Ma quella stessa notte, Palazzo Chigi, sede del governo, resta per tre ore misteriosamente isolato e senza possibilità di comunicare con l'esterno: nel clima drammatico di quei mesi, con il sistema politico allo sbando, c'è qualcuno negli apparati dello Stato che mesta nel torbido? Nei mesi che seguono l'estate delle bombe, alle stragi si aggiunge lo scandalo Sisde, una storia italiana di agenti segreti che invece di servire lo Stato lo derubavano, intascandosi miliardi di lire. Lo scandalo minaccia di coinvolgere anche il presidente della Repubblica Scalfaro, che in precedenza era stato ministro dell'Interno e dunque per un periodo responsabile anche dell'operato e dei finanziamenti del Sisde. Scalfaro interviene per respingere in maniera netta e drammatica le accuse, con un discorso contrappuntato dall'affermazione: «Io non ci sto».

In queste stesse settimane, l'ambasciatore Francesco Paolo Fulci, fino all'aprile del 1993 direttore del Cesis (l'organismo che allora coordinava i servizi segreti Sismi e Sisde), consegna al capo della polizia e al comandante dei carabinieri una lista di sedici agenti del Sismi, il servizio segreto militare: per «meri fini di riscontro» riguardo agli attentati. Sospetta che dietro la misteriosa sigla Falange Armata, che nel 1992 e 1993 rivendica con alcune telefonate all'Ansa le stragi (pur senza averle compiute), ci siano uomini della settima divisione del Sismi. Nessun processo riuscirà a provarlo.

Clima teso anche sui mercati finanziari. Il 5 novembre 1993 alla Borsa di Londra crollano i titoli italiani e la lira. Rimbalzo negativo anche alla Borsa di Milano. È una speculazione internazionale, originata dal diffondersi di una voce, falsa, sulle imminenti dimissioni del presidente della Repubblica.

La bomba allo stadio

Intanto si sfiora una nuova strage: il 23 gennaio 1994 una Lancia Thema imbottita di esplosivo viene parcheggiata in viale dei Gladiatori, a Roma, all'uscita dello stadio Olimpico. L'intenzione di Cosa nostra è di farla esplodere al termine della partita

Roma-Udinese, proprio nel luogo dove stazionano i carabinieri in servizio d'ordine. Quelle di Firenze, Milano e Roma erano bombe-messaggio, innescate più per minacciare e aprire un dialogo con lo Stato, che per fare morti (che pure erano messi in conto). Questa volta, invece, l'obiettivo è quello di provocare più vittime possibile e uccidere un gran numero di uomini in divisa. È terrorismo, terrorismo mafioso. L'esplosione non avviene soltanto per il malfunzionamento del telecomando che avrebbe dovuto innescare l'ordigno.

Dopo questa azione fallita, gli uomini di Cosa nostra non ritentano l'attentato, come avrebbero potuto fare senza troppa fatica, e concludono la stagione delle stragi. Perché? Secondo il magistrato di Firenze Gabriele Chelazzi, che ha indagato sui mandanti delle stragi del 1993, l'organizzazione mafiosa avrebbe interrotto la sua offensiva dopo aver ottenuto un risultato, almeno parziale: l'accoglimento di qualcuna delle sue richieste, come l'alleggerimento delle condizioni carcerarie per i boss arrestati.

I mafiosi avevano sponde esterne alla loro organizzazione: questa è l'ipotesi di Chelazzi (che poi muore d'infarto il 17 aprile 2003, due mesi prima della scadenza dei termini per la sua indagine sui «mandanti a volto coperto» delle bombe messe da Cosa nostra). Le stragi nel 1992 e 1993 sono progettate e realizzate da uomini di Cosa nostra, ma è possibile che ci siano anche mandanti esterni con una convergenza d'interessi con l'organizzazione mafiosa. Qualcuno in grado, per esempio, di suggerire i raffinati obiettivi delle loro bombe. L'Accademia dei Georgofili a Firenze, il Padiglione di arte contemporanea a Milano, le due basiliche a Roma: chi le indica ai mafiosi?

Il patrimonio artistico come possibile obiettivo di attentati è un tema che entra nella trattativa condotta in quegli stessi mesi da Paolo Bellini, estremista di destra, informatore dei carabinieri, poi nel 2022 condannato in primo grado come uno degli esecutori della strage fascista di Bologna del 1980. I carabinieri del nucleo tutela patrimonio artistico, nei primi anni Novanta, lo incaricano di prendere contatto con uomini di Cosa nostra da lui conosciuti in carcere, per tentare di recuperare alcuni dipinti rubati. Con l'okay del generale Mario Mori del Ros, Bellini riprende i contatti con Antonino Gioè, uno degli esecutori della strage di Capaci, che poi morirà in carcere in un suicidio parecchio anomalo.

«Che cosa succederebbe se Cosa nostra mettesse una bomba alla Torre di Pisa?» Questa frase, pronunciata nel corso della trattativa tra Bellini e Gioè e poi riferita ai carabinieri, resta fino a oggi senza spiegazione certa. È Bellini a portare ai mafiosi l'idea di attentare al patrimonio artistico, per ricattare così lo Stato al fine di ottenere concessioni? Durante il processo sulla trattativa Stato-mafia, Bellini offre un'altra spiegazione: «Non ho mai pensato di organizzare un attentato alla Torre di Pisa. Fu Antonino Gioè che, pensando che non si poteva fare una trattativa reale con chi mi mandava da lui a recuperare le opere d'arte, non ritenendoli seri, buttò lì la storia della Torre di Pisa».

Il partito di Cosa nostra

Faticosa, drammatica, confusa, violenta, sanguinosa, la transizione italiana dalla Prima alla Seconda Repubblica. Nel clima incerto e teso che si respira tra il 1992 e il 1994, molti soggetti, molti poteri devono aver avuto la tentazione d'inserirsi nella partita, per provare a indirizzarla. Massonerie, pezzi dei servizi segreti, uomini politici, settori imprenditoriali, «menti raffinatissime», come le chiamava Giovanni Falcone. A dar retta ad alcuni mafiosi che, compiuto il salto di campo, hanno cominciato a collaborare con lo Stato, anche la Fininvest, in contatto con Cosa nostra già dagli anni Settanta, è tra questi soggetti.

Tra il 1990 e il 1991, quando Cosa nostra decide di cambiare pelle e cercare nuovi referenti, Riina ordina a Totò Cancemi di comunicare a Mangano che deve farsi da parte: di Berlusconi vuole occuparsi personalmente. Nello stesso periodo, secondo le informazioni raccolte dalla Procura di Palermo, la Fininvest era interessata a fare affari nel centro storico del capoluogo siciliano.

Racconta Cancemi: «Riina mi ha mandato a chiamare e mi disse che c'era la Fininvest, appunto di Berlusconi, Dell'Utri, che era interessata a comprare tutta la zona vecchia di Palermo. Io c'ho detto: "Va bene"». E ancora: «Quando si andava nell'argomento di cambiare queste cose, queste regole, specialmente sui pentiti, sul 41 bis e tutte queste cose, lui tirava in mezzo queste persone, diceva: "Noi queste persone le dobbiamo garantire, queste persone ci dobbiamo stare vicino, che questi sono quelli che a noi ci devono portare del bene"».

Dell'Utri, intanto, già dalla primavera del 1992 sta pensando alla nascita di un nuovo partito, almeno secondo la testimonianza di Ezio Cartotto, politico democristiano e consulente di Berlusconi. Misteriose simmetrie della Storia: il sistema politico italiano, dopo Mani pulite, sta cambiando pelle; la Fininvest è rimasta senza punti di riferimento istituzionali; Cosa nostra è alla ricerca di nuovi referenti.

«Nel maggio-giugno del 1992 sono stato contattato da Marcello Dell'Utri» dichiara Cartotto, «perché lo stesso voleva coinvolgermi in un progetto da lui caldeggiato. In particolare Dell'Utri sosteneva la necessità che, di fronte al crollo degli ordinari referenti politici del gruppo Fininvest, il gruppo stesso "entrasse in politica" per evitare che una affermazione delle sinistre potesse portare prima a un ostracismo e poi a gravi difficoltà per il gruppo Berlusconi.»

Il cammino è stato lungo, ma non troppo: alla fine del 1993 nasce Forza Italia. Per arrivare a questo risultato, Dell'Utri ha dovuto lavorare sodo, per preparare le strutture di partito, per convincere Berlusconi, per sconfiggere l'opposizione al progetto-partito interna alla Fininvest (tra i contrari, Maurizio Costanzo, ma anche Gianni Letta e Fedele Confalonieri).

Anche Cosa nostra, negli stessi mesi, stava cercando come abbiamo visto nuovi referenti politici. Maurizio Avola, uomo d'onore catanese dalla credibilità non marmorea, racconta che Riina già nel 1992 intendeva «creare un nuovo partito politico» nel quale inserire uomini di Cosa nostra sconosciuti, puliti, pronti a portare direttamente gli interessi dell'organizzazione nelle istituzioni dello Stato. Riina aveva ipotizzato anche il nome: «Cosa nuova». Ma si era subito reso conto che forse era preferibile puntare su qualcosa di più neutro, come Lega Sud.

Comunque tutto era pronto per l'operazione, tanto che Riina aveva chiesto anche al boss catanese Nitto Santapaola di indicargli persone adatte all'impresa, cioè «uomini nuovi» da poter inserire nel movimento per lanciarli verso una brillante carriera politica. Santapaola non si era tirato indietro. Il suo braccio destro, Aldo Ercolano – stando almeno a quel che raccontano i collaboratori di giustizia – tra la fine del 1991 e l'inizio del 1992 incontra Dell'Utri in una località del messinese (nel 1992 sono ben trentaquattro i viaggi dei fratelli Dell'Utri a Catania). All'incontro partecipa forse anche Santapaola in persona, per scambiare qualche idea sul futuro della politica italiana. «So che Dell'Utri aveva amicizie a Palermo» racconta Avola, «e in quel periodo si parlava già del partito nuovo che stava a cuore a Totò Riina.»

Dell'Utri smentisce. Prove certe non ne sono state trovate. In quei mesi si interrompono gli attentati ai magazzini Standa di Catania (allora proprietà di Berlusconi). Di certo c'è soltanto che qualcosa effettivamente si muove, in alcuni ambienti del Sud. In quel periodo nascono in molte regioni meridionali nuovi movimenti politici. «Sorsero piccole "leghe", dislocate in diverse parti del territorio nazionale» spiega Piero Luigi Vigna, il magistrato allora a capo della Procura nazionale antimafia, che le ha incontrate nel corso delle indagini sulle stragi del 1993. Vigna le enumera con cura: Lega pugliese, Lega marchigiana, Lega molisana, Lega meridionale, Lega degli italiani, Lega sarda, Lega calabrese. E ancora: Lega italiana, Lega delle leghe, Lega sud della Calabria, Lega toscana, Lega laziale, Lega nazional popolare, Movimento Sicilia libera...

A promuoverle sono personaggi per lo più appartenenti alla massoneria «irregolare» che fa ancora riferimento a Licio Gelli, o all'ultradestra neofascista che ruota attorno a Stefano Delle Chiaie e, in qualche caso, vantano rapporti con settori dei servizi di sicurezza. Per alcuni mesi, dunque, nel vuoto di potere italiano, mentre Dc, Psi, Psdi, Pri, Pli languono e poi muoiono, cerca di saldarsi e darsi rappresentazione politica un composito fronte che comprende massoneria irregolare, ultradestra eversiva, criminalità organizzata. A una manifestazione della Lega meridionale è presente don Vito Ciancimino, l'ex sindaco di Palermo già condannato per mafia.

Sicilia libera è invece direttamente creata da uomini di Cosa nostra: la promuove Tullio Cannella, in stretto contatto con il boss Leoluca Bagarella, il cognato di Riina; la guardano con interesse i fratelli Graviano e il costruttore palermitano Gianni Ienna. Ha come scopo dichiarato far diventare la Sicilia una nazione autonoma, nel quadro di un'Italia federalista. Si presenta anche alle elezioni nell'isola, senza grandi successi. È quanto emerge da una complessa indagine sui «sistemi criminali» realizzata a Palermo dai magistrati Roberto Scarpinato e Antonio Ingroia.

Nel corso del 1993, però, Cosa nostra abbandona l'idea di fare politica in proprio. Dentro l'organizzazione circola la voce che i problemi stanno per finire, che sono stati trovati nuovi, più potenti alleati. Malgrado gli arresti dei suoi capi – dopo Riina vengono arrestati anche Santapaola, Bagarella, Brusca – in Cosa nostra torna l'ottimismo. Alla fine del 1993 è Bernardo Provenzano in persona, la più alta autorità dell'organizzazione rimasta libera e attiva, a far sapere alle famiglie: «State tranquilli, ho trovato qualcosa, il vento sta per cambiare».

A Milano, intanto, Dell'Utri è riuscito a vincere le resistenze interne e a persuadere Berlusconi a scendere in campo. Mentre Forza Italia si prepara a vincere le elezioni della primavera 1994, gli uomini di Cosa nostra abbandonano il progetto di un partito in proprio per passare a sostenere la nuova forza politica di Berlusconi.

Le leghe del Sud

C'è un contatto telefonico diretto, nel 1994, agli albori di Forza Italia, tra Silvio Berlusconi e un uomo allora impegnato a costruire il «partito delle leghe», quello che poteva anche diventare il «partito di Cosa nostra». Lo ha raccontato un consulente della Procura di Palermo, Gioacchino Genchi, in una delle udienze del processo Dell'Utri. A telefonare ad Arcore, al numero riservato di Berlusconi, alle ore 18.43 del 4 febbraio 1994, è il principe Domenico Napoleone Orsini.

Esponente dell'aristocrazia nera romana, massone, Orsini è in contatto con il capo della P2 Licio Gelli, che va anche a incontrare a Villa Wanda, ad Arezzo. Dopo una gioventù nell'estrema destra neofascista, nei primi anni Novanta Orsini si scopre leghista. Nel novembre del 1993 accoglie Umberto Bossi che scende nella «Roma ladrona» per incontrare i suoi nuovi sostenitori nella capitale: si riuniscono nella villa di Trastevere di Gaia Sospisio per una cena e un brindisi con Veuve Clicquot, prezzo politico 100.000 lire. Partecipano, tra gli altri, il giornalista Fabrizio Del Noce, la vedova del fondatore del «Tempo» Maria Angiolillo e Maria Pia Dell'Utri, moglie di Marcello. Mentre, alla fine, viene servita la crostata di frutta, Bossi si avventura in un comizio di tre quarti d'ora, che si conclude solo quando la brigata si trasferisce al Piper, storica discoteca romana.

Orsini si impegna nella Lega Italia federale, articolazione romana della Lega Nord. Ma, forte dei contatti con Gelli, lavora per un progetto più ampio: riunire tutti i movimenti «separatisti», tutte le «leghe» nate in quei mesi nel Sud del paese, dalla Calabria alla Lucania, dalla Puglia alla Sicilia, per lo più per iniziativa di uomini della massoneria, con il programma di sostituire i partiti storici, Dc in testa, ormai allo sbando.

Il principe Orsini è tra i più attivi in quei mesi: contatta i notabili che hanno fondato le leghe del Sud, li riunisce, si offre come loro candidato unico alle elezioni, proponendo la costituzione di un'unica, grande Lega meridionale, in rapporti ambivalenti con la Lega di Bossi: contrapposizione polemica, esibendo una voglia di riscossa del Sud contro il Nord; ma sostanziale alleanza e convergenza d'intenti, nel comune progetto di sostituire i partiti della Prima Repubblica e spezzare e frantumare l'Italia.

Nello stesso periodo, qualcun altro era molto attivo negli stessi ambienti. Lo racconta il pentito Tullio Cannella: «Sin dal 1990-1991 c'era un interesse di Cosa nostra a creare movimenti separatisti; erano sorti in tutto il Sud movimenti con varie denominazioni, ma tutti con ispirazioni e finalità separatiste. Questi movimenti avevano una contrapposizione "di facciata" con la Lega Nord, ma nella sostanza ne condividevano gli obiettivi. Successivamente, sorgono a Catania il movimento Sicilia libera e in altri luoghi del Sud movimenti analoghi. Tutte queste iniziative nascevano dalla volontà di Cosa nostra di "punire i politici una volta amici", preparando il terreno a movimenti che prevedessero il coinvolgimento diretto di uomini della criminalità organizzata o, meglio, legati alla criminalità, ma "presentabili"».

È la mafia che si fa partito: dopo aver constatato l'inutilizzabilità della Democrazia cristiana, che aveva lasciato diventare definitive le condanne al maxiprocesso di Palermo, Totò Riina e i suoi cercano figure «presentabili» per varare in proprio una nuova forza politica.

«Nell'ottobre del 1993» continua Cannella, «su incarico di Bagarella costituii a Palermo il movimento Sicilia libera», che apre una sede in via Nicolò Gallo e ha tra i suoi animatori, oltre allo stesso Cannella, anche Vincenzo La Bua, commerciante di preziosi a Palermo. A Catania era nata la Lega Sicilia libera, controllata da Nando Platania, direttore del mercato ittico catanese, e Nino Strano, che in seguito divenne parlamentare di Alleanza nazionale. Programma: la separazione dall'Italia della Sicilia, che doveva diventare «la Singapore del Mediterraneo», con conseguente possibilità di varare leggi più favorevoli a Cosa nostra, bloccare i pentiti, annullare l'articolo 41 bis, formare in Sicilia una Corte di cassazione autonoma.

I fondatori di «Cosa nuova»

Agli uomini di Cosa nostra non sfugge fin dall'inizio che questo progetto è ambizioso e di difficile realizzazione. Per questo si lasciano aperta un'altra possibilità: cercare rapporti e offrire sostegno a nuove forze politiche nazionali che stanno nascendo sulle rovine del vecchio sistema dei partiti. «Le due strategie già coesistevano» racconta Cannella, «e lo stesso Bagarella sapeva della prossima "discesa in campo" di Silvio Berlusconi.»

È Forza Italia, dunque, la carta di riserva di Cosa nostra. I suoi uomini sono informati in anticipo, attraverso canali privilegiati, dei programmi di Forza Italia. Li conoscono addirittura prima che il nome stesso del partito sia lanciato da Berlusconi sul mercato della politica. «Bagarella, tuttavia, non intendeva rinunciare al programma separatista» prosegue Cannella, «perché non voleva ripetere "l'errore" di suo cognato, cioè dare troppa fiducia ai politici, e voleva, quindi, conservarsi la carta di un movimento politico in cui Cosa nostra fosse presente in prima persona. Inoltre, va detto che vi era un'ampia convergenza tra i progetti, per come si andavano delineando, del nuovo movimento politico capeggiato da Berlusconi e quelli dei movimenti separatisti. Si pensi al progetto di fare della Sicilia un porto franco, che era un impegno dei movimenti separatisti e un impegno dei siciliani aderenti a Forza Italia. Si pensi ancora che, all'inizio del 1994, da esponenti della Lega Nord (Tempesta, Marchioni e il principe Orsini), con i quali avevo avuto diretti contatti, ero stato notiziato dell'esistenza di trattative fra Bossi e Berlusconi per un apparentamento elettorale e per un futuro accordo di governo che prevedeva, fra l'altro, il federalismo tra gli obiettivi primari da perseguire. Marchioni mi aveva riferito che un parlamentare della Lega Nord, questore del Senato, aveva confermato che il futuro movimento, che avrebbe poi preso il nome di Forza Italia, aveva sposato in pieno la tesi federalista.»

Giovanni Marchioni è un imprenditore vicino alla Lega Italia federale, articolazione romana della Lega Nord. Conferma che i promotori delle leghe del Sud si sono riuniti a Lamezia Terme. Erano presenti, tra gli altri, La Bua e Strano per Sicilia libera, oltre ai rappresentanti di Calabria libera, Lucania libera e Campania libera. È in questa occasione che il principe Orsini si propone come candidato unico del futuro raggruppamento di tutte quelle organizzazioni. Orsini conferma ai magistrati palermitani e ammette «di avere chiaramente intuito il tipo di interessi che Sicilia libera intendeva tutelare», scrivono i magistrati di Palermo, «specialmente dopo che Cannella gli disse esplicitamente che "occorreva tenere un discorso all'Ucciardone per poi perorare la causa del noto 41 bis dell'ordinamento penitenziario"».

Già verso la fine del 1993, comunque, un boss di Cosa nostra impegnato in prima persona nella strategia delle stragi cerca di frenare gli entusiasmi politici di Cannella e lo avverte che quella del movimento separatista non è l'unica via. È uno dei fratelli Graviano. «Nel corso di un incontro con Filippo Graviano, questi, facendo riferimento al movimento Sicilia libera di cui ero notoriamente promotore, mi disse testualmente: "Ti sei messo in politica, ma perché non lasci stare, visto che c'è chi si cura i politici... Ci sono io che ho rapporti ad alti livelli e ben presto verranno risolti i problemi che ci danno i pentiti".» Graviano e, nell'ombra, Bernardo Provenzano, nei mesi seguenti constatano che la strada separatista non è percorribile. È in questo clima che si intrecciano rapporti frenetici tra esponenti delle leghe e uomini di Forza Italia.

La telefonata del 1994

Il giorno chiave è il 4 febbraio 1994. L'analisi dei tabulati telefonici realizzata dall'allora consulente Gioacchino Genchi permette di ricostruire una sequenza di contatti. Il principe Orsini alle 10.50 telefona a Stefano Tempesta, l'esponente leghista vicino a Sicilia libera. Nel primo pomeriggio, alle 15.55, raggiunge al telefono Cannella, l'inviato di Bagarella nella politica. Subito dopo, alle 16.14, chiama la sede di Sicilia libera a Palermo.

Alle 18.43 chiama Arcore: il numero è quello riservato a cui risponde Silvio Berlusconi. Immediatamente dopo chiama Marcello Dell'Utri. Alle 19.01 telefona di nuovo a Tempesta, poi ancora alle 19.20. Nei giorni successivi i contatti di Orsini continuano. Il 7 febbraio, alle 17.34, chiama Sicilia libera. Il giorno seguente parla due volte con Dell'Utri. Il 10 febbraio alle 13.26 telefona a Cesare Previti. Il 14 febbraio contatta ancora Dell'Utri e, alle 16.04, Vittorio Sgarbi.

L'analisi al computer dei tabulati di migliaia di telefonate, naturalmente, non può far conoscere i contenuti di quelle conversazioni. Non sappiamo che cosa si siano detti Orsini e Berlusconi. Ma quelle analisi rivelano i rapporti, le connessioni. Un deputato regionale siciliano dell'Udc, Salvatore Cintola, per esempio, nel periodo tra il 9 ottobre 1993 e il 10 febbraio 1994 chiama novantasei volte il cellulare di Tullio Cannella. In quei mesi cruciali a cavallo tra il 1993 e il 1994 sono molti i contatti tra la sede di Sicilia libera e i numeri della Lega Nord, a Roma, a Verona, a Belluno.

Poi, quando l'opzione «leghista» tramonta, crescono invece i rapporti telefonici con uomini di Forza Italia. Gianfranco Micciché, Gaspare Giudice, Pippo Fallica, Salvatore La Porta. E Giovanni La Lia, che di Forza Italia siciliana è uno dei fondatori. È lui che dà vita al club forzista di Misilmeri, che anima un gruppo che si riunisce all'hotel San Paolo di Palermo, formalmente posseduto dal costruttore Gianni Ienna, ma considerato dagli investigatori proprietà dei Graviano e per questo confiscato. È sempre lui, La Lia, che cede il suo cellulare a mafiosi di Misilmeri, il giro di Giovanni Tubato (poi ucciso) e Salvatore Benigno (cugino di La Lia, in seguito condannato per le stragi del 1993).

Le analisi dei traffici telefonici mettono in risalto anche gli intensi rapporti tra Marcello Dell'Utri e un gruppo di imprenditori siciliani attivi a Milano nel settore delle pulizie, capitanati da Natale Sartori e Antonino Currò, arrestati qualche anno dopo, nel 1998, a Milano, nel corso di un'indagine del magistrato milanese Maurizio Romanelli. Il gruppo di Sartori e Currò era a sua volta in strettissimi rapporti con il mafioso Vittorio Mangano. Un capomafia del peso di Giovanni Brusca ha testimoniato a Palermo che il tramite tra Berlusconi e Cosa nostra, a Milano, era proprio «un imprenditore nel settore delle pulizie». Chissà, si sono chiesti gli investigatori del caso Sartori-Currò, se ha a che fare con i nostri eroi. Ma finora quell'imprenditore – ammesso che esista – è rimasto senza volto e senza nome. E i Sartori-Currò sono usciti di scena senza conseguenze giudiziarie.

Restano soltanto i fili sottili dei rapporti intrecciati, nel momento forse più drammatico della storia italiana del dopoguerra, tra gli uomini di Cosa nostra, i promotori delle leghe, i fondatori di Forza Italia. Che questi contatti ci siano stati è ormai certo. Che cosa si siano detti non è invece dato sapere. Di certo c'è solo che Cosa nostra abbandona il progetto di farsi partito e di sostenere le leghe e che nel 1994 punta invece su Forza Italia. Di certo c'è anche che il momento fondativo della cosiddetta Seconda Repubblica resta avvolto nel mistero e nel sangue delle stragi. La transizione italiana dalla Prima Repubblica resta uno «gnommero» intricato e ancora tutto da sgarbugliare.

Trattativa, la sentenza e l'«ultimo miglio»

La trattativa intavolata con Cosa nostra da apparati dello Stato (i carabinieri del Ros) diventa oggetto di una lunga indagine della Procura di Palermo. I pm Nino Di Matteo, Roberto Tartaglia, Francesco Del Bene e Vittorio Teresi ipotizzano che chi ha trattato abbia commesso il reato di minaccia a corpo politico dello Stato.

La sentenza di primo grado, nel 2018, riconosce fondate le accuse e distribuisce sonore condanne: dodici anni ai generali dei carabinieri Mario Mori e Antonio Subranni, al mafioso Antonino Cinà e a Marcello Dell'Utri; otto anni all'ufficiale dei carabinieri Giuseppe De Donno e a Massimo Ciancimino, il mediatore tra i carabinieri e il padre Vito, l'ex sindaco mafioso di Palermo, che intanto è morto. La condanna più pesante è per il boss Leoluca Bagarella: ventotto anni.

Ma nel giugno del 2021 la sentenza d'appello ribalta almeno in parte quella di primo grado: condanna solo i mafiosi (dodici anni a Cinà e ventisette a Bagarella, ritenuti colpevoli di minaccia a corpo politico dello Stato), mentre assolve i rappresentanti delle istituzioni, Mori, Subranni e De Donno, perché «il fatto non costituisce reato»: dunque la trattativa c'è stata, Cosa nostra ha minacciato e ricattato con le stragi tre governi – Amato, Ciampi e Berlusconi – ma i carabinieri che hanno trattato con i boss non hanno commesso alcun reato. Non avevano l'intenzione di favorire Cosa nostra – scrivono i giudici – ma volevano soltanto far cessare le stragi.

La sentenza ammette che la loro iniziativa fu «improvvida», però era volta alla «salvaguardia dell'incolumità della collettività nazionale e alla tutela di un interesse generale e fondamentale dello Stato». I carabinieri che avviarono la trattativa «non vollero rafforzare la minaccia mafiosa allo Stato per strappare al governo concessioni favorevoli agli interessi mafiosi, ma semmai avrebbero voluto tali concessioni come male e come mezzo necessario per sventare una minaccia in atto».

La trattativa fu «un'operazione più di intelligence che non di polizia, con l'obiettivo in effetti di disinnescare la minaccia stragista incuneandosi con proposte e iniziative fortemente divisive all'interno di spaccature già esistenti in Cosa nostra e persino all'interno dello schieramento egemone (quello dei corleonesi)», tra favorevoli e contrari alla strategia stragista di Riina. Per i giudici d'appello è «esclusa qualsiasi ipotesi di collusione con i mafiosi, se Mori e Subranni potevano avere interesse a preservare la libertà di Provenzano, ciò ben poteva essere motivato dal convincimento che la leadership di Provenzano, meglio di qualsiasi ipotetico e improbabile patto, avrebbe di fatto garantito contro il rischio del prevalere di pulsioni stragiste o di un ritorno alla linea dura di contrapposizione violenta allo Stato».

Dunque i carabinieri di Mori, in nome di «indicibili ragioni di interesse nazionale», hanno favorito la latitanza di Provenzano, che era contrario alle stragi e dentro Cosa nostra voleva imporre «la strategia dell'invisibilità o della sommersione». Così si spiegano la mancata perquisizione del covo di Riina e la mancata cattura di Provenzano nell'ottobre del 1995 a Mezzojuso.

Uno dei pm del processo sulla trattativa Stato-mafia, Nino Di Matteo, commenta sul «Fatto Quotidiano»: «Sappiamo che l'iniziativa del Ros carabinieri di contattare Vito Ciancimino ha rafforzato in Riina il convincimento che la strategia di attacco alle istituzioni pagasse, inducendolo a fare altre stragi. Mi chiedo con preoccupazione che cosa penserebbero oggi di quella iniziativa le decine di esponenti delle istituzioni, non solo magistrati, ma agenti di polizia, carabinieri, anche politici, che hanno contrastato le cosche mafiose, rifiutando il dialogo e il compromesso, e per questo hanno perso la vita. Temo dunque che la sentenza sulla trattativa possa essere letta come una legittimazione a dialogare con la mafia, facendo passare l'idea che con la mafia si può convivere. Inaccettabile in una democrazia. Ogni qualvolta lo Stato ha cercato il dialogo con la mafia, ne ha accresciuto a dismisura il potere di ricatto».

Un pezzo della trattativa, secondo le accuse della Procura di Palermo, viene avviato da Marcello Dell'Utri nel 1994, in qualità di mediatore tra Cosa nostra e il governo Berlusconi. La sentenza di primo grado lo condanna a dodici anni per minaccia a corpo politico dello Stato, sostenendo che Dell'Utri ha partecipato a quella trattativa. Ammette però che non c'era la prova granitica dell'«ultimo miglio»: cioè del fatto che, dopo aver parlato con i boss, avesse riferito a Berlusconi le loro richieste, facendo così scattare il reato (la minaccia a corpo politico dello Stato). I giudici di primo grado avevano comunque ritenuto sufficiente la «prova logica»: «Vi sono ragioni logico-fattuali che conducono a non dubitare che Dell'Utri abbia effettivamente riferito a Berlusconi quanto di volta in volta emergeva dai suoi rapporti con l'associazione mafiosa Cosa nostra, mediati da Vittorio Mangano (e in precedenza, in altri casi, anche da Gaetano Cinà)».

In appello, scatta per Dell'Utri l'assoluzione piena, «per non aver commesso il fatto». I giudici questa volta non ritengono sufficiente la prova logica e dunque sostengono che non è stata prodotta la prova piena del fatto che nel 1994 abbia veicolato a Berlusconi, diventato ormai presidente del Consiglio, la minaccia stragista e le richieste avanzate da Cosa nostra per sospendere le stragi.

Com'è andato in scena l'ultimo atto della trattativa tra lo Stato e la mafia? La sentenza d'appello lo racconta così: i boss di Cosa nostra impegnati nelle stragi, Giovanni Brusca e Leoluca Bagarella, hanno inviato tramite Vittorio Mangano le loro minacce e le loro richieste a Dell'Utri. Questi le ha ascoltate e fornito rassicurazioni a Mangano che il governo sarebbe intervenuto accogliendole. I provvedimenti promessi, graditi a Cosa nostra, poi invece non sono stati approvati: anche perché il governo Berlusconi dura pochi mesi e nel gennaio del 1995 cade.

Non c'è comunque la prova – sostiene la Corte d'assise d'appello – che la minaccia della mafia sia arrivata al presidente del Consiglio, configurando il reato di minaccia a corpo politico dello Stato. È certo che Dell'Utri nel 1994 abbia incontrato Mangano, una prima volta in estate, una seconda a dicembre. Lo rassicura sugli interventi che il governo starebbe per varare. Mangano torna a Palermo e rassicura a sua volta Salvatore Cucuzza, il boss che guidava con lui il mandamento di Porta Nuova. Lo conferma ai magistrati lo stesso Cucuzza, dopo che viene arrestato e che decide di collaborare con la giustizia.

Nel primo incontro, «Mangano ha appreso, in assoluta anteprima, della modifica del regime processuale dell'arresto per il reato di cui all'articolo 416 bis del codice penale», cioè l'associazione mafiosa: ha dunque riferito a Brusca e Bagarella che Berlusconi prometteva di rendere più difficili gli arresti per mafia. Nel secondo incontro, «ancora una volta in anteprima, una notizia riservata sugli imminenti progetti normativi» del governo passa da Dell'Utri a Mangano e poi ai boss siciliani. «Per onorare il suo impegno assunto in fase pre-elettorale.»

Ma «da tali indici fattuali si può ottenere conferma che anche in questo periodo (cioè dopo che il governo Berlusconi si era insediato) proseguirono gli incontri tra Mangano e Dell'Utri. Viceversa, da questi stessi dati, non è possibile trarre una conferma ulteriore e altrettanto sicura circa il fatto che del contenuto di tali incontri sia stato messo al corrente anche Silvio Berlusconi». Così scrivono i giudici nella sentenza d'appello. Dunque Dell'Utri la trattativa l'ha avviata, ha certamente «incontrato personaggi mafiosi (non solo siciliani)», «per intessere un patto politico-mafioso nel quale si inserivano [...] gli incontri di Mangano con Dell'Utri per recapitargli i *desiderata* di Cosa nostra». Ma non c'è la certezza che ne abbia informato Berlusconi, né che sia stato Berlusconi a raccontargli in anteprima le norme in preparazione: potrebbe anche essere stato qualche altro esponente della maggioranza di governo.

Assoluzione, dunque, per Dell'Utri, «nonostante il suo pesante coinvolgimento nella fase pre-elettorale e anche post-elettorale». Questo «coinvolgimento» potrebbe configurare un altro reato, il concorso esterno in associazione mafiosa: ma i giudici non possono più imputarglielo, perché la sentenza che lo ha condannato per questo reato commesso dal 1974 al 1992 lo ha anche definitivamente assolto per il periodo successivo al 1992.

Silvio Berlusconi esce una volta ancora dalla vicenda, salvato dall'assenza dell'ultimo miglio.

Ignaro beneficiario?

A dipanare il gomitolo aggrovigliato delle stragi ci hanno provato più volte, negli anni, i magistrati, con le loro indagini. Anche Silvio Berlusconi e Marcello Dell'Utri sono stati iscritti nel registro degli indagati in maniera riservata, nel 1998, con i nomi in codice «Alfa» e «Beta», dalla Procura di Caltanissetta che era alla ricerca dei «mandanti a volto coperto» delle stragi del 1992 in cui sono stati uccisi Falcone e Borsellino. Con i nomi «Autore 1» e «Autore 2» sono stati invece iscritti dalla Procura di Firenze che indagava sulle stragi del 1993 a Firenze, Milano e Roma. Non sono stati trovati elementi sufficienti per rinviarli a giudizio e dunque le indagini sono state chiuse con archiviazioni, nel 1998 a Firenze e nel 2002 a Caltanissetta.

Sono state però riaperte alla fine del 2017: la Procura di Firenze – competente per le indagini sulle stragi, perché fu a Firenze che avvenne il più micidiale degli attentati di mafia del 1993 – iscrive di nuovo Berlusconi e Dell'Utri nel registro degli indagati, dopo aver ricevuto dai magistrati di Palermo le intercettazioni del capomafia Giuseppe Graviano, considerato lo stratega militare degli attentati a Firenze, Roma e Milano e per quelle stragi già condannato all'ergastolo.

Sono i procuratori aggiunti di Firenze Luca Tescaroli e Luca Turco a riprendere il filo delle inchieste sul possibile coinvolgimento nelle stragi di mafia di Berlusconi e Dell'Utri. Tescaroli conosce bene le strategie di Cosa nostra tra il 1992 e 1994, perché sono state l'oggetto di sue precedenti indagini quand'era magistrato in Sicilia.

Il puzzle che Tescaroli e Turco tentano di ricomporre ha al centro la figura di Giuseppe Graviano. Capomandamento di Brancaccio, è il boss più direttamente coinvolto nelle stragi di mafia eseguite in continente. Scrivono i due procuratori: «Giuseppe Graviano, nell'interesse di Cosa nostra, ha rappresentato il cuore pulsante dello stragismo, contribuendo a elaborare le finalità, a dare il via all'ondata stragista del 1993-1994, dosandone correlativamente le tempistiche di esecuzione (in particolare, quella dell'attentato allo stadio Olimpico eseguito il 23 gennaio 1994). Ha trascorso parte della sua latitanza al Nord e, segnatamente, a Milano, ove ha riferito di aver incontrato Silvio Berlusconi e ove veniva arrestato il 27 gennaio 1994». Gli agenti lo prendono di sorpresa mentre era a cena, insieme al fratello Filippo e alle rispettive mogli, al ristorante Gigi il Cacciatore, in via Procaccini. L'arresto fa saltare il programma per la serata: dopo cena avevano deciso di andare a teatro, ad assistere allo spettacolo *Aggiungi un posto a tavola* con Johnny Dorelli.

Con la nuova indagine riemerge così ancora una volta la storia carsica dei rapporti tra Berlusconi e Cosa nostra. Come sempre, protagonista assoluto è Marcello Dell'Utri, collaboratore di primo piano di Berlusconi fin dagli inizi della sua avventura imprenditoriale e poi cofondatore di Forza Italia. È Marcello che «scherma» l'amico Silvio per quanto riguarda i rapporti con Cosa nostra: certi per Dell'Utri, sanciti da una sentenza definitiva di condanna; ma sempre negati per Berlusconi, che nella stessa sentenza è indicato non come complice, ma come vittima di quei rapporti, di cui era comunque il beneficiario.

C'è, in astratto, la possibilità che Marcello perseguisse una strategia concordata con il suo capo, ma non è mai stata finora provata. Oppure che andasse oltre il mandato ricevuto, agendo in proprio senza riferire al capo. Certo, Berlusconi non si è mai cautelato prendendo le distanze da Marcello. Anzi, lo ha premiato con un fiume di denaro – secondo i magistrati di Palermo, circa 60 milioni elargiti in una ventina d'anni – e lo ha sempre pubblicamente difeso e sostenuto. «Io su Dell'Utri metto la mano sul fuoco» conferma l'amico Silvio anche nell'intervista del 2003 a Nicholas Farrell dello «Spectator». E gli esibisce le sue prove: «Non ha nessun rapporto di nessun tipo con la criminalità. Perché è un cattolico, un credente, un uomo di cultura, ha una straordinaria famiglia, ha un padre che era un dirigente benestante di un'azienda americana».

Le nuove indagini della Procura di Firenze, ancora in corso quando scriviamo, ora ipotizzano che Berlusconi sapesse. E che abbia incontrato a Milano, nel 1993, Giuseppe Graviano, lo stratega delle stragi mafiose.

Andavamo al bar Doney

Le delicate indagini fiorentine si sviluppano per qualche anno nella massima riservatezza. Nel maggio del 2022 il fiume carsico dell'inchiesta a carico di Berlusconi e Dell'Utri torna di nuovo a riemergere, a causa di una svolta: Tescaroli e Turco nell'ottobre del 2021 fanno perquisire le abitazioni delle mogli di Giuseppe e Filippo Graviano, Rosalia e Francesca, e dei due fratelli Graviano rimasti in libertà, Nunzia e Benedetto. Non sono indagati, ma i pm sono a caccia di documenti che potrebbero essere custoditi nelle loro case o nei loro dispositivi elettronici. In seguito ai ricorsi di Nunzia e Benedetto contro il sequestro dei materiali trovati nelle perquisizioni, i pm hanno dovuto depositare documenti processuali che così sono diventati pubblici. Da questi è ora possibile ricostruire alcune linee dell'indagine.

Sono molto imbarazzanti per Berlusconi, ma cadono, come sempre, nell'indifferenza dei grandi giornali e delle tv, per i quali Silvio è, fino al luglio del 2022, il saggio sostenitore del governo dei «migliori» contro i cattivissimi populisti che inquinano la politica italiana; e, dopo quel luglio in cui toglie la fiducia al governo Draghi, è uno dei tre leader delle destre che si avviano a vincere le elezioni del 25 settembre 2022.

I Graviano, personaggi chiave delle stragi di mafia, arrestati nel 1994 e condannati all'ergastolo, dopo qualche anno di detenzione hanno cominciato a dare segnali d'insofferenza per la loro situazione. Hanno iniziato a mandare quelli che sembrano messaggi a chi sa e può capire. Senza mai diventare collaboratori di giustizia: Filippo ha scelto la «dissociazione», ammettendo di aver fatto parte di Cosa nostra, ma continuando a tacere sulle azioni sue e degli altri associati; Giuseppe ha fatto un passo in più, accettando di rispondere alle domande dei magistrati che sono andati a interrogarlo nel carcere di Terni il 20 novembre 2020 e il 1° aprile 2021.

Ma questa storia comincia molto tempo prima, nel 2004. Quell'anno, Filippo Graviano era chiuso nel carcere di Tolmezzo e si era confidato con Gaspare Spatuzza, uomo di Cosa nostra, suo braccio destro e responsabile operativo del gruppo che ha eseguito le stragi del 1993. Quattro anni dopo, nell'estate del 2008, Spatuzza decide di collaborare con la giustizia. E comincia a raccontare ai magistrati quello che ha visto e ha fatto nella stagione degli attentati. Ammette di essere stato lui nel 1992 a rubare la Fiat 126 che poi, imbottita di esplosivo, ha ucciso Borsellino e la sua scorta. Ma parla anche delle stragi successive, quelle del 1993 in continente.

Sostiene che per quegli attentati c'era un accordo di Cosa nostra con uomini potenti di Milano e che a confidarglielo è stato proprio Filippo Graviano, che nel 2004 in carcere gli dice: «Se non arriva niente da quelle persone da cui attendiamo qualche cosa, è bene che noi iniziamo a parlare con i magistrati». Poi aggiunge che «occorreva farlo sapere anche al fratello Giuseppe». Insomma: se non ci tirano fuori da questa situazione, potremmo cominciare a spifferare tutto, fa capire Graviano a Spatuzza.

Parla il pentito Spatuzza

Chi sono gli uomini potenti di Milano? Potrebbero essere Marcello Dell'Utri e il suo capo, Silvio Berlusconi. Ecco dunque l'ipotesi investigativa su cui lavorano Tescaroli e colleghi, ancora tutta da provare: che le stragi sarebbero avvenute «nel quadro di una reciprocità di interessi» che sarebbe stata «il terreno fertile sul quale si è costruita l'intesa stragista che ha portato all'esecuzione delle sei stragi pianificate nel biennio 1993-1994, nell'arco compreso tra il 14 maggio 1993 e il 23 gennaio 1994».

Le sei stragi sono quelle di cui abbiamo già parlato: l'attentato (fallito) a Maurizio Costanzo in via Fauro a Roma (14 maggio 1993), quello di via dei Georgofili a Firenze (27 maggio 1993), i tre di via Palestro a Milano, di San Giovanni in Laterano e San Giorgio al Velabro a Roma (nella notte tra il 27 e il 28 luglio 1993) e l'attentato (fallito) allo stadio Olimpico di Roma (23 gennaio 1994).

I pm stanno lavorando per provare «l'esistenza di un accordo delineato tra i soggetti aderenti, nei tempi, nei modi e negli interessi reciproci delle parti, con maggiore intensità per l'attentato allo stadio Olimpico, pianificato per il 23 gennaio 1994, diretto a colpire i carabinieri».

È Spatuzza a raccontare questa storia agghiacciante, riferendo le confidenze di Filippo Graviano in carcere, ma anche i due incontri cruciali che ha avuto con il fratello Giuseppe durante la stagione delle stragi. Il primo a Campofelice di Roccella, un paese non distante da Palermo, tra la fine di novembre e l'inizio di dicembre del 1993. Il secondo al bar Doney di Roma, nel gennaio del 1994.

«Incontrai Giuseppe Graviano all'interno del bar Doney in via Veneto, a Roma. Graviano era molto felice, come se avesse vinto al Superenalotto, una lotteria. E mi spiega che si era chiuso tutto e ottenuto quello che cercavamo. Quindi mi spiega che grazie a queste persone di fiducia avevano portato a buon fine questa situazione.» Continua Spatuzza: «Tutto questo grazie a Berlusconi, la persona che aveva portato avanti questa cosa, diciamo». Infatti Graviano – mette a verbale Spatuzza – «mi fa il nome di Berlusconi, io all'epoca non conoscevo Berlusconi, quindi gli dissi se era quello del Canale 5 e mi disse che era quello del Canale 5». E ancora: «Giuseppe Graviano mi disse che la persona grazie alla quale avevamo ottenuto tutto era Berlusconi e c'era di mezzo un nostro compaesano, Dell'Utri... mi disse anche che ci eravamo messi il paese nelle mani».

Al bar Doney, dunque, Graviano conferma a Spatuzza gli incontri e gli accordi stretti con Dell'Utri, che effettivamente in quei giorni era a Roma: alloggiava all'hotel Majestic di via Veneto, proprio di fronte al bar Doney, con altri manager di Publitalia impegnati a selezionare i candidati da mettere nelle liste di Forza Italia per le elezioni politiche del 26 e 27 marzo 1994.

I pm chiedono a Spatuzza: «In ordine alle informazioni da lei ricevute da Giuseppe Graviano nel corso dell'incontro al bar Doney in Roma, lei ha riferito di Silvio Berlusconi e Marcello Dell'Utri come dei soggetti con i quali l'accordo si era concluso, che Giuseppe Graviano le aveva detto che i due erano persone più che affidabili, che l'attentato ai carabinieri allo stadio Olimpico doveva essere portato a compimento nei termini programmati perché "gli dobbiamo dare il colpo di grazia". Può dirci come entrano le stragi nell'accordo? A che cosa doveva servire l'attentato all'Olimpico?».

Spatuzza risponde: «A Campofelice di Roccella, Graviano disse a me e a Cosimo Lo Nigro che bisognava lavorare a un progetto esecutivo di uccisione di un bel po' di carabinieri a Roma. Nell'occasione era presente anche Antonino Mangano il quale però non partecipò al nostro colloquio. Fu in questa occasione che io dissi: "Ci stiamo portando dietro dei morti che a noi non ci appartengono", facendo riferimento alle vittime della strage di via dei Georgofili. A quel punto Graviano, come per dare una risposta alla mia osservazione, ci domandò se capivamo di politica. Noi rispondemmo di no e lui disse che serviva portarci dietro un po' di morti, così si "davano una scossa". Aggiunse che c'era in piedi una cosa che se andava a buon fine ne avremmo tratto dei benefici, anche per i carcerati. Successivamente, Graviano ci fece arrivare un messaggio di incentivare la portata offensiva dell'esplosivo e, per tale ragione, inserimmo dei tondini di ferro nella carica esplosiva che intendevamo utilizzare per l'attentato allo stadio Olimpico. Disse anche, per quanto riguardava il momento dell'esecuzione, di aspettare che lui arrivasse a Roma; e questa è stata l'unica volta che ha fatto una cosa del genere, negli altri attentati a Roma, Firenze e Milano le indicazioni temporali erano già predefinite».

Spatuzza fa notare una particolarità che lo aveva colpito, durante l'incontro al bar Doney di Roma. «Rimasi sorpreso per il fatto che lui mi disse di entrare nel bar Doney, perché la prassi per il latitante era che avrei dovuto farlo salire in auto e portarlo via; quando lo raggiunsi ed entrammo nel bar egli era tranquillo ed euforico e mi disse, come ho più volte riferito: "Abbiamo il paese nelle mani", e compresi che aveva voluto comunicare questo solo a me e non a tutti i componenti del gruppo operativo e, per tale motivo, mi aveva fatto entrare da solo al bar.»

Continua Spatuzza: «L'attentato doveva servire "per dargli il colpo di grazia", nel senso che già la vittima, intesa come lo Stato, al 90 per cento era spacciata, ma occorreva rafforzare quello che noi avevamo già nelle mani e cioè l'accordo con Berlusconi e Dell'Utri». E ancora: «L'incontro doveva servire a Graviano per darci il via all'esecuzione dell'attentato; è stato Graviano che ci disse, forse a Campofelice di Roccella, che ci saremmo incontrati al bar Doney a Roma a una certa data e ora».

I pm chiedono a Spatuzza se Graviano gli ha detto espressamente di aver incontrato Silvio Berlusconi e Marcello Dell'Utri, o uno dei due. Il boss risponde: «No, non mi disse di aver incontrato tali persone, ma da come era euforico posso dire che qualcuno poco tempo prima gli aveva dato informazioni che lo avevano reso così».

Ai magistrati, Spatuzza racconta anche i suoi dubbi sui «morti che a noi non ci appartengono». Li aveva già esternati anche al suo capo, Graviano: «Noi ci stavamo portando avanti un po' di morti che non c'entravano niente con la nostra storia. Per me Capaci... è stata una tragedia che entra nell'ottica di Cosa nostra, però quando già andiamo su, su Costanzo, su Firenze... su... ci sono morti che a noi non ci appartengono, perché noi abbiamo commesso delitti atroci, però terrorismo, 'sti cosi di terrorismo non ne abbiamo mai fatti». La storia si sta ripetendo con l'autobomba che Graviano gli ha ordinato di preparare per lo stadio Olimpico. Il suo capo gli risponde: «Con altri morti, chi si deve muovere si dà una mossa... Significa che c'è una cosa in piedi, che c'è qualcosa che si sta trattando». Spatuzza è insieme a un altro uomo d'onore, Cosimo Lo Nigro. Graviano chiede loro «se capiscono qualcosa di politica». E conclude «che lui è abbastanza bravo, quindi è lui che sta trattando». Come a dire: non preoccupatevi, so che cosa sto facendo e quali garanzie ho avuto.

C'è un verbale in cui Spatuzza esprime la sua preoccupazione per il momento in cui avvia la sua collaborazione con la giustizia e quasi si chiede se non abbia sbagliato i tempi: è l'aprile del 2008 quando comincia a parlare con i magistrati e proprio in quei giorni Berlusconi vince di nuovo le elezioni. Dichiara: «Il soggetto che io dovevo indicare aveva vinto le elezioni perché noi parliamo, aprile... Io arrivo fine... 17 aprile e quindi il soggetto che io dovevo accusare me lo trovo come capo del governo».

Dice la verità, Spatuzza? Le verifiche sono ancora in corso. L'avvocato Niccolò Ghedini, gran difensore di Berlusconi, scomparso nell'estate del 2022, ha definito i racconti del pentito «dichiarazioni totalmente destituite di ogni fondamento, sconnesse dalla realtà e palesemente diffamatorie». Una macchinazione contro il presidente di Forza Italia. Alcuni ritengono addirittura che affermare il coinvolgimento di Berlusconi nella strategia stragista possa essere un depistaggio, per negare o almeno ridimensionare il ruolo di Cosa nostra.

I giudici del processo Dell'Utri non hanno creduto a Spatuzza: infatti la Corte d'appello che nel 2010 ha condannato Dell'Utri per concorso esterno in associazione mafiosa lo ha ritenuto colpevole per i suoi rapporti con Cosa nostra dal 1974 al 1992, ma lo ha assolto per i fatti contestati dopo il 1992. Dunque non ha valutato attendibili i racconti di Spatuzza quando parla dell'incontro al bar Doney. E la sentenza di Cassazione ha poi confermato in via definitiva la condanna per Dell'Utri, indicando però Berlusconi come vittima e non come colpevole degli accordi mafiosi. La Procura di Firenze è al lavoro per verificare se fatti nuovi possano modificare quanto fin qui accertato.

Altri uomini di Cosa nostra hanno confermato le dichiarazioni di Spatuzza. Tra questi, Pietro Romeo e Pietro Riggio, «il quale ha riferito in ordine a narrazioni ricevute da Vincenzo Ferrara circa accordi con Forza Italia, per il tramite di Marcello Dell'Utri, afferenti all'articolo 41 bis dell'ordinamento penitenziario, la chiusura delle carceri di Pianosa e Asinara, nonché in ordine a narrazioni ricevute da Angelo Ilardo circa la partecipazione di Marcello Dell'Utri all'ideazione del progetto stragista di Firenze e Milano».

Anche il boss Giovanni Brusca «ha riferito in ordine a un incontro di Giuseppe Graviano con Silvio Berlusconi». E «il collaboratore di giustizia Francesco Squillaci ha riferito in ordine alla posizione di Marcello Dell'Utri nell'ambito del progetto di attentato al collaboratore di giustizia Totuccio Contorno ideato dai fratelli Graviano, sottolineando che suo padre gli aveva detto che "i Graviano volevano vendicarsi del Contorno perché questi aveva ucciso un loro parente e pertanto facevano di tutto per scoprire dove si trovasse durante la collaborazione con la giustizia"; e che i predetti Graviano gli dissero che erano riusciti a individuarlo a Roma attraverso un politico importante, amico intimo di Filippo e di Giuseppe Graviano, di nome Marcello Dell'Utri, che oltre a essere amico di tanti personaggi delle istituzioni, aveva delle conoscenze importanti anche con i servizi. Il Dell'Utri era una persona molto vicina a Berlusconi e nel 1994 tutta Cosa nostra siciliana fu invitata a votare Forza Italia, tanto che quando Berlusconi vinse le elezioni, presso il carcere di Bicocca si fece festa». Sono dichiarazioni esplosive, ancora tutte da provare, dunque da manovrare con cura.

«Ci volesse una bella cosa»

È lo stesso Graviano, senza volerlo, a confermare ai pm, almeno in parte, le dichiarazioni di Spatuzza. Lo fa tra il 2016 e il 2017, mentre è rinchiuso nel carcere di Ascoli Piceno e parla liberamente con un compagno di cella, il camorrista Umberto Adinolfi, senza sapere di essere videoregistrato. Giuseppe Graviano confida a Adinolfi che Berlusconi è coinvolto nella strategia delle bombe. «Novantadue... già voleva scendere... e voleva tutto». E poi: «Berlusca mi ha chiesto questa cortesia... Per questo c'è stata l'urgenza... Ero convinto che Berlusconi vinceva le elezioni... in Sicilia... In mezzo la strada era Berlusca... lui voleva scendere... però in quel periodo c'erano i vecchi... lui mi ha detto: "Ci volesse una bella cosa"...».

Secondo l'interpretazione della Direzione investigativa antimafia, i «vecchi» che sarebbero intervenuti per cercare di «bloccare gli eventi stragisti (gli omicidi Falcone e Borsellino) e perdurati fino all'estate del 1993 (maggio, strage di Firenze, e luglio, stragi di Milano e Roma)» sono «i rappresentanti della vecchia nomenclatura politica al potere tra il 1992 e il 1994» e in particolare, scrive la Dia, «il senatore democristiano Vincenzo Inzerillo, strettamente legato a Graviano, che si fece portavoce della richiesta di far cessare gli eventi stragisti». Secondo questa interpretazione investigativa, i «vecchi» volevano la fine delle stragi, ma non Berlusconi che – almeno secondo Graviano – voleva invece «una bella cosa» che spianasse la strada al suo arrivo al governo.

Graviano continua le sue confidenze a Adinolfi: «Nel '94 lui si è ubriacato perché lui dice ma io non posso dividere quello che ho con chi mi ha aiutato... Pigliò le distanze e ha fatto il traditore». E conclude: «Venticinque anni fa mi sono seduto con te... Ti ho portato benessere, ventiquattro anni fa mi è successa una disgrazia, tu cominci a pugnalarmi... Per cosa? Per i soldi, perché ti rimangono i soldi... Ma vagli a dire com'è che sei al governo, che hai fatto cose vergognose, ingiuste... Io ti ho aspettato fino adesso e tu mi stai facendo morire in galera».

È il 10 aprile 2016, scrivono gli investigatori, quando, parlando con Adinolfi, «Graviano fa riferimento a una "cortesia" chiestagli da Berlusconi». Qual è la cortesia? Il boss la mima, la spiega a gesti. Per capirla, è dunque necessario fare riferimento alle immagini della videoregistrazione realizzata all'insaputa di Graviano. I pm la spiegano così: «Lui mi disse, dice: "Ci volesse una bella cosa", facendo riferimento a Silvio Berlusconi, e nel contenuto del correlato video, dal quale emerge l'oggetto della richiesta: un evento esplosivo. Egli, infatti, dapprima percuoteva la spalla sinistra di Adinolfi, utilizzando la mano destra in posizione cosiddetta "a taglio", dopodiché la chiude a pugno e la muove ritmicamente due volte orizzontalmente, per poi appoggiarla a palmo aperto sul petto di Adinolfi». Un'esplosione mimata. «Una bella cosa»: quando lo dice, appuntano gli investigatori della Dia, sono le ore 13, 3 minuti e 36 secondi del 10 aprile.

Un anno dopo, il 14 marzo 2017, sempre nel carcere di Ascoli Piceno, Graviano manifesta tutta la sua rabbia per quella che ritiene l'ingratitudine di Berlusconi e – scrivono gli investigatori – «riferisce espressamente a Adinolfi di avere conosciuto e incontrato Berlusconi e, in particolare, di essersi "seduti" insieme e di avere, insieme, "mangiato e bevuto"». Scrivono i pm: «Graviano proferiva una chiara accusa: "E ho aspettato fino adesso perché ho cinquantaquattro anni e i giorni passano, gli anni passano, sto invecchiando, eh no! Tu mi stai facendo morire in galera... Senza io aver fatto niente... Che sei tu l'autore... Io ho aspettato... senza tradirti... ma ti viene ogni tanto in mente... di passarti la mano sulla coscienza... se è giusto che per i soldi tu fai soffrire le persone così?"».

Scrivono i giudici: «Il conseguente risentimento nei confronti di Berlusconi, per non avere questi mantenuto i patti [...], conferma l'esistenza delle assicurazioni che Berlusconi e Dell'Utri avevano dato a Graviano quando nel gennaio del 1994 questi ebbe a manifestare particolare felicità a Spatuzza perché così si sarebbero "messi il paese nelle mani"».

Graviano parla

Pur continuando a non considerarsi certo un pentito, ma tutt'al più un dissociato, Giuseppe Graviano ha accettato a partire dal 2020 di rispondere alle domande dei magistrati. Sono andati a trovarlo nel carcere di Terni l'allora procuratore di Firenze Giuseppe Creazzo e i due aggiunti Tescaroli e Turco. Nel colloquio avvenuto il 20 novembre 2020, ha raccontato una storia di soldi che comincia negli anni Settanta e che ha per protagonista il nonno materno.

> Mio nonno, Quartararo Filippo, che lavorava nel settore ortofrutticolo, mi raccontò che aveva conosciuto Silvio Berlusconi attraverso un tramite il cui nominativo non conosco; Berlusconi gli aveva richiesto di operare un investimento di 20 miliardi di lire per le sue attività, con l'intesa di una partecipazione al 20 per cento a tutte le attività e ai proventi derivanti da tale investimento. Mio nonno non aveva a disposizione la somma intera e allora si rivolse ad alcuni conoscenti coinvolgendoli nell'operazione. Mio nonno investì l'importo di 4,5 miliardi di lire; le altre persone che investirono denaro insieme a lui erano Alfano Carlo per l'importo di 10 miliardi di lire, Serafina, moglie di Salvatore Di Peri, Antonio La Torre detto «Nino il pasticciere» e Matteo Chiazzese, per l'importo residuo. Mio nonno mi ha raccontato di tale vicenda dopo la morte di mio padre avvenuta il 7 gennaio 1982; egli mi disse che mio padre non aveva

voluto sapere nulla di questa situazione e mi chiese di occuparmene insieme a mio cugino Salvatore Graviano.

Soldi, dunque. Miliardi di lire affidati a Berlusconi come investimento. Giuseppe Graviano sembra mettere la sordina sul ruolo di suo padre, Michele, il boss che aveva certamente a disposizione un patrimonio ingente, e indica il nonno come colui che, dopo la morte di Michele, mette in moto la ricerca del tesoro investito a Milano. Giuseppe e il cugino Salvatore cominciano a occuparsene, andando a chiedere consiglio a un boss di peso, Giuseppe Greco, padre di quel Michele Greco che in Cosa nostra era detto «Il Papa»: «Io e mio cugino ci siamo rivolti a Giuseppe Greco, papà di Michele, per essere consigliati da lui, ed egli ci invitò a coltivare il rapporto iniziato dal nonno». Così, qualche mese dopo, «mio nonno portò me e Salvatore a Milano a incontrare Silvio Berlusconi. L'incontro avvenne all'hotel Quark [...]. Presso tale hotel sono tornato per festeggiare il cenone di fine anno 1990-1991 nel corso del quale vi erano ballerine sudamericane».

Ecco il primo incontro con Silvio. In un grande albergo di Milano, costruito negli anni Settanta da Salvatore Ligresti nella zona periferica del quartiere Ripamonti, a sud della città, allora non ancora nobilitata dall'arrivo della Fondazione Prada. La caccia al tesoro continua. Salta fuori – almeno a detta di Graviano – un documento firmato.

Mio nonno ha consegnato a mio cugino Salvatore una carta che quest'ultimo mi mostrò: era firmata da Berlusconi e da tutte le persone che avevano effettuato l'investimento e prevedeva l'impegno di condividere il 20 per cento di quanto era stato realizzato con l'investimento iniziale. La carta era stata predisposta da un professionista, non so dire se un notaio, un avvocato, un commercialista. Mi pare di ricordare che alcuni degli investitori avevano come professionista di fiducia l'avvocato Canzonieri. L'intendimento mio e di mio cugino è sempre stato quello di ottenere da Berlusconi la formalizzazione dell'accordo. L'ultimo incontro che ho avuto con Silvio Berlusco-

> ni è avvenuto nel dicembre del 1993, nel corso del quale ci accordammo per formalizzare l'accordo di partecipazione societaria davanti a un notaio per la data, mi sembra, del 14 febbraio 1994.

Quell'incontro, scrivono i magistrati, doveva servire per «le restituzioni dovute all'originario investimento di 20 miliardi di lire nelle iniziative imprenditoriali di Silvio Berlusconi».

Il verbale contiene molti *omissis*. Ma attenzione: Graviano racconta di aver incontrato Berlusconi proprio tra la fine del 1993 e l'inizio del 1994: mesi cruciali, in cui, da una parte, Silvio sta lanciando Forza Italia per le elezioni del marzo 1994 e, dall'altra, Giuseppe sta eseguendo il suo progetto stragista. Il boss sostiene anche che in quel periodo ha parlato d'affari con Berlusconi e dice di avere una carta che lo prova. L'affare non va in porto – racconta Graviano – perché scatta il suo arresto: il 27 gennaio, poco prima dell'incontro con il notaio previsto per il 14 febbraio. Si è così persuaso che l'arresto non sia stato casuale: «Sono convinto che io e mio cugino Salvatore siamo stati arrestati per impedirci di formalizzare l'accordo economico di cui ho riferito con Silvio Berlusconi; e le stragi sono cessate per addossare tutte le precedenti a me».

I tre magistrati rileggono a Graviano alcuni passi delle sue conversazioni intercettate in carcere nel 2016. Poi gli chiedono: «Si riferiva a Berlusconi?». Il boss risponde: «Sì». Infine, diretti: «Ci dica se Berlusconi è stato il mandante delle stragi». Graviano: «Non lo so se è stato lui». Segue un lungo *omissis*.

Graviano dice la verità? Si sta vendicando di Berlusconi per le promesse non mantenute? Lo sta ricattando? Ha inventato una storia completamente falsa per cercare una via d'uscita dal carcere a vita? Ha davvero incontrato Berlusconi o sta montando un clamoroso depistaggio? Gli investigatori si concentrano sul luogo dove sarebbe avvenuto l'incontro del dicembre 1993. «Tale incontro» spiega il boss «avvenne in un appartamento presso Milano 3, che Berlusconi aveva messo a disposizione di mio cugino Salvo; Berlusconi era accompagnato da due persone di cui non so riferire niente. Era un appartamento posto al primo o al secondo piano di una palazzina; dalla finestra posta sul retro (rispetto all'ingresso) dell'appartamento si vedeva una caserma dei carabinieri; sul davanti della palazzina la strada si attraversava per il tramite di un ponticello (ve n'era più di uno) che conduceva a uno spazio antistante a una piscina e più avanti vi era un albergo e un esercizio commerciale [...]. Era un appartamento piccolo, forse un paio di stanze, era al primo o al secondo piano e c'era l'ascensore.»

Salvatore Graviano non può né confermare né smentire, perché è morto di tumore nel 2002. Dell'appartamento che avrebbe avuto a disposizione a Milano 3, a Basiglio, Graviano aveva già parlato in precedenza. A Adinolfi, nel carcere di Ascoli, tra il 2016 e il 2017 aveva detto: «Mi interessano le chiavi. Quando mi hanno arrestato a Milano, io avevo qui a Milano 3 un [...] che era di lui». E poi era tornato sull'argomento: «Ho bisogno di qualcuno che mi va a pigliare quel mazzo di chiavi», perché sono «chiavi che aprono porte».

Il procuratore Creazzo e gli aggiunti Tescaroli e Turco tornano nel carcere di Terni, a sentire Giuseppe Graviano, il 1° aprile 2021. Vogliono sapere dov'è il documento dell'accordo «firmato da Silvio Berlusconi e dagli altri investitori, che prevedeva l'impegno di condividere il 20 per cento di quanto era stato realizzato con l'investimento di 20 miliardi di lire, di cui ha parlato nel precedente verbale». Graviano risponde: «Questo documento era in possesso di mio cugino Salvatore; mi devo sentire con dei miei parenti che devono mettermi nelle condizioni di recuperare il documento; non ho interesse a recuperare il denaro, ma solo a far rispettare l'impegno e a far emergere la verità».

Il pm Turco chiede: «Lei l'ha vista, questa carta privata?». Graviano: «Sì sì sì, l'ho vista». Turco: «E cosa c'era scritto in questa carta?». Graviano: «Che prima possibile dovevano regolarizzare la società facendo entrare il signor Alfano, c'era la cifra precisa». Con le quote dei soci. I pm chiedono: «Come furono consegnati a Berlusconi i soldi? Chi fece da tramite? Berlusconi era a conoscenza della provenienza di tali soldi?». Graviano non ha risposte nette: «Non lo so, io sono intervenuto soltanto nel 1982; mio nonno non penso che abbia conosciuto direttamente Berlusconi; ha avuto un tramite; anzi, in sede di verbalizzazione riassuntiva preciso che il tramite è la persona che ha fatto conoscere a mio nonno Berlusconi; i due, mio nonno e Berlusconi, si conoscevano».

I magistrati chiedono di nuovo dell'appartamento di Milano 3, dove sarebbe avvenuto l'incontro. Nel frattempo hanno mandato gli uomini della Dia, la Direzione investigativa antimafia, a fare un'ispezione sul luogo e a girare un video su un residence che mostrano a Graviano. Nel verbale annotano: «Si dà atto che, nel corso dell'interruzione, Graviano ha visionato i video (suddivisi in trentuno *frames*) realizzati a Milano 3». Il boss annuisce: «Il residence che ho appena visionato nelle immagini è quello da me indicato, anche se non riesco a individuare esattamente l'appartamento; vi chiedo di effettuare una ripresa che evidenzi l'accesso allo stabile; nell'uscire dallo stesso si arriva alla portineria, si esce, si gira a sinistra, ricordo che sulla destra ci sono delle siepi, si attraversa un ponte pedonale, e tramite un viadotto piccolino che si percorre a piedi tra due stabili, si arriva a uno spiazzo dove c'era una piscina».

La caccia al tesoro, dunque, diventa, anni dopo, caccia a una carta che – almeno secondo Giuseppe Graviano – potrebbe essere la prova degli affari tra i boss e Berlusconi. Ecco perché i pm di Firenze, alla ricerca di quel documento, il 27 ottobre 2021 ordinano di perquisire le abitazioni di sua sorella e suo fratello, Nunzia e Benedetto, e delle due mogli dei Graviano. Subito però bloccati dai ricorsi del loro avvocato, Mario Murano. «Quanto si è ricercato con la perquisizione» scrivono i pm per sbloccare il materiale sequestrato «è strettamente correlato alla verifica della sussistenza di un'intesa stragista finalizzata a rafforzare l'accordo raggiunto da Cosa nostra con Berlusconi e Dell'Utri a ridosso delle competizioni politiche del marzo 1994, nonché alla ricostruzione dei rapporti economici tra i Graviano e gli indagati circa il versamento di 20 miliardi di lire da parte di esponenti di Cosa nostra a favore di Berlusconi».

Se quel versamento c'è stato davvero – continuano – potrebbe non essere soltanto un affare economico, ma il primo passo di un cammino che arriva fino alle stragi. «Proprio nel periodo coincidente con la decisione sull'esecuzione dell'attentato allo stadio Olimpico.»

L'ipotesi investigativa da verificare, dunque, è questa: se «i rapporti preesistenti e protrattisi sino al periodo interessato dalle stragi e la ricostruzione dei flussi finanziari intercorrenti tra gli indagati Silvio Berlusconi e Marcello Dell'Utri ed esponenti di Cosa nostra e Giuseppe Graviano in particolare, nel quadro di una reciprocità di interessi, rappresentano il terreno fertile sul quale si è costruita l'intesa stragista che ha portato all'esecuzione delle sei stragi pianificate nel biennio 1993-1994».

Soldi tra Milano e Palermo

Quello che finora sappiamo con certezza (dalle sentenze definitive di Pierino Di Napoli e poi di Marcello Dell'Utri) è che Fininvest paga ogni anno, almeno dal 1974 al 1992, 200 milioni di lire a Cosa nostra per avere la sua «protezione». Ma anche Cosa nostra gira soldi alla Fininvest, investendo nel più scintillante business del momento, la tv. Come abbiamo visto, il capo dei capi Stefano Bontate, accompagnato da Mimmo Teresi, incontra per un'ultima volta Dell'Utri a Parigi nei primi mesi del 1980 (sarà poi fatto uccidere da Riina il 23 aprile 1981); «Dell'Utri chiedeva ai due esponenti mafiosi 20 miliardi di lire per l'acquisto di film per Canale 5» si legge nella sentenza Dell'Utri. Ora di altri 20 miliardi parla Graviano.

Dei soldi che sarebbero arrivati da Palermo a Milano c'è qualche traccia nei conti della Fininvest? Per rispondere, è necessario tornare a quanto raccontato nelle prime pagine di questo libro, dove sono ricordati i soldi senza paternità certa che entrano nei conti Fininvest tra il 28 febbraio 1977 e il 2 agosto 1978. Sono 16 miliardi e 940 milioni di lire, che arrivano alla Fininvest con una serie di versamenti effettuati da soci e registrati in un elenco stilato da Giovanni Dal Santo, sindaco della Fininvest. È la cosiddetta «lista Dal Santo». Sono soldi che servono all'aumento di capitale della società.

Già nel 2002, durante il processo Dell'Utri, i pm hanno sostenuto l'anomalia di queste entrate, perché «il documento evidenzia, contrariamente alla prassi di un'ordinaria dinamica societaria, versamenti effettuati in giornate anche ravvicinate (per esempio 18 maggio, 19 maggio, 23 maggio, 25 maggio, 26 maggio 1977) e anche per importi modesti». E hanno ipotizzato che siano rimasti senza volto coloro che hanno effettuato quei versamenti. Nella loro requisitoria, i pm Roberto Scarpinato e Antonio Ingroia avevano sostenuto che «quasi 17 miliardi di lire sono stati versati in modo anomalo (piccoli versamenti ripetuti)» e «non vi è alcuna certezza sulla provenienza di questo denaro».

La difesa Dell'Utri e il consulente della Fininvest, il professore della Bocconi Paolo Iovenitti, avevano invece replicato che non c'era alcun mistero e che quelle somme provenivano tutte e sempre da Berlusconi. I soldi della «lista Dal Santo» sono poi restituiti ai mittenti e tra il 20 ottobre e il 7 dicembre 1978 sono intestati alla società Fininvest Roma Srl, che realizza l'aumento di capitale, sottoscritto dalle ventidue società Holding Italiana che stanno a monte dell'arzigogolata architettura del gruppo di Berlusconi, a loro volta controllate dalle fiduciarie Saf e Servizio Italia.

Sono giri di denaro quasi indecifrabili, già analizzati nel 1999 dal funzionario della Banca d'Italia Francesco Giuffrida su incarico della Procura di Palermo: il consulente, nella sua relazione (*Prima nota informativa sui flussi finanziari delle società denominate Holding Italiana 1-22*), aveva indicato i buchi neri nei conti Fininvest, ma non era riuscito a dimostrare riciclaggio o ingresso di capitali esterni.

Nel 2007 Giuffrida, portato a giudizio dalla società di Berlusconi, aveva firmato una lettera in cui aveva escluso qualsiasi irregolarità della Fininvest. Da allora, la società esibisce questo documento come la dimostrazione finale di perfetta correttezza dei suoi iniziali flussi finanziari: «Chiamato in causa dalla Fininvest secondo la quale nella sua consulenza era arrivato a conclusioni errate per grave negligenza, il dottor Giuffrida ha sottoscritto la seguente affermazione: "Riconosce i limiti delle conclusioni rassegnate nel proprio elaborato e delle dichiarazioni rese a dibattimento e inoltre che le operazioni oggetto del suo elaborato erano tutte ricostruibili e tali da escludere l'apporto di capitali di provenienza esterna al gruppo Fininvest"».

Quindici anni dopo, il caso si riapre. Una nuova consulenza tecnica, richiesta questa volta dalla Procura di Firenze e datata 11 maggio 2022, fa emergere – secondo i pm Tescaroli e Turco – «la mancata giustificazione della provvista impiegata per l'iniezione di significative somme di denaro» nei conti Fininvest: «Il bilancio unitamente alla lista Dal Santo inducono a ritenere che il denaro sia entrato nel 1977 per quanto riguarda circa 12 miliardi di lire; nel complesso i consulenti tecnici hanno evidenziato ingressi privi di paternità per una somma di circa 43 miliardi di lire». Tra il febbraio del 1977 e il dicembre del 1980 (cioè in tre anni e dieci mesi) entrano in Fininvest 70 miliardi e 540 milioni di lire.

La Procura di Firenze sta indagando per capire se questi o parte di questi siano soldi investiti negli anni Settanta dai boss di Cosa nostra.

E se quindici anni dopo, nel 1993, ci sono stati nuovi accordi, nuove transazioni che si sono intrecciate con le stragi, proprio alla vigilia dello sbarco vittorioso di Berlusconi nella politica italiana. Se ci sono state «restituzioni» ai boss – scrivono i pm – sarebbero «dazioni», uscite dalle tasche «di chi beneficiava degli effetti derivanti dallo stragismo», cioè Berlusconi. Sarebbero un contributo per la «creazione delle condizioni per l'ingresso sulla scena politica, con attacchi diretti al cuore dello Stato che si sono tradotti nell'indebolimento del governo Ciampi perché incapace di proteggere la collettività in quanto piegato da atti di guerra con finalità ricattatoria».

Frasi pesanti, su un Berlusconi «utilizzatore finale» delle stragi realizzate come «attacchi diretti al cuore dello Stato». Ma sono frasi scritte tutte con il condizionale.

Cronologia del terrore

Mettiamo dunque in fila le date di quel cruciale gennaio del 1994.

18 gennaio: Dell'Utri arriva a Roma, all'Hotel Majestic di via Veneto, dove presiede le riunioni per formare le liste elettorali di Forza Italia.

21 gennaio: probabile data dell'incontro, la mattina, tra Spatuzza e Graviano al bar Doney di via Veneto, in cui Graviano – secondo Spatuzza – racconta al suo colonnello l'accordo con Dell'Utri e Berlusconi e dà l'ordine di eseguire l'attentato allo stadio Olimpico di Roma.

23 gennaio: è il giorno dell'attentato allo stadio. Il telecomando non funziona, l'autobomba non esplode.

26 gennaio: Berlusconi annuncia con un videomessaggio la sua discesa in campo. «L'Italia è il paese che amo.»

27 gennaio: sono arrestati a Milano i fratelli Graviano.

Secondo Spatuzza, Graviano disse che «serviva portarci dietro un po' di morti così si davano una scossa», al bar Doney era «euforico e mi disse: "Abbiamo il paese nelle mani"». L'attentato allo stadio Olimpico doveva servire per dare allo Stato «il colpo di grazia» e «rafforzare quello che noi avevamo già nelle mani e cioè l'accordo con Berlusconi e Dell'Utri».

Per ricostruire i fatti, la Procura di Firenze ha ripescato vecchie dichiarazioni rese in gran segreto nel 1997 da un collaboratore di giustizia molto particolare: Gioacchino Pennino.

Pennino è un personaggio unico, dentro Cosa nostra. Non è un «soldato» né un boss, ma è un medico, un massone, un politico (segretario di sezione della Democrazia cristiana di Ciaculli), un figlio d'arte (il nonno e lo zio erano stati rappresentanti della famiglia mafiosa di Brancaccio), un frequentatore dell'élite mafiosa (da Tano Badalamenti a Giuseppe Greco detto «Scarpuzzedda», fino a Bernardo Provenzano che incontrò, latitante, nel 1983). Fu «combinato» in Cosa nostra alla fine degli anni Settanta, dopo aver soccorso e curato il padre di Giuseppe Graviano, Michele, ferito a una gamba da un'esplosione.

Nel 1997, dunque, comincia a rilasciare dichiarazioni al pm della Procura di Firenze Gabriele Chelazzi e al procuratore antimafia Pietro Grasso. Diciamolo subito: dichiarazioni restate senza conseguenze perché sono *de relato*, un sentito dire da altri uomini d'onore, come Giuseppe Marsala e Giuseppe Ciaccio, senza conferme dirette. Non hanno potuto confermare o smentire né Ciaccio, morto nel 1995, né Marsala, scomparso (suicida) nel 1997.

Furono per questo già considerate inutilizzabili dal gip di Caltanissetta che nel 2002 archiviò l'accusa contro Berlusconi e Dell'Utri (iscritti come «Alfa» e «Beta») per le stragi del 1992. Del resto, lo stesso Pennino se le rimangiò, nel giugno del 2002, nell'aula del processo Dell'Utri, con una testimonianza definita dai pm «suicida», escludendo rapporti di Berlusconi con la mafia. Dunque le dichiarazioni di Pennino non hanno avuto fin qui alcun peso probatorio, ma possono aiutare a ricostruire il clima, a riferire quali voci, o chiacchiere, giravano dentro Cosa nostra negli anni delle stragi.

Il misterioso boss massone

Che cosa racconta dunque Pennino, medico e mafioso, il 6 maggio 1997 a Chelazzi e Grasso negli uffici romani della Procura nazionale antimafia? Riferisce le confidenze ricevute da Giuseppe Marsala, da lui conosciuto come uomo d'onore della famiglia di Santa Maria del Gesù. Nell'autunno del 1993, «manifestando contrarietà e sconcerto perché le stragi avrebbero a suo dire segnato la fine di Cosa nostra e, nuovamente, avrebbero fatto il gioco dei "colletti bianchi"», Marsala gli disse «che tutto quanto stava succedendo nasceva dal fatto che Craxi non era più in grado di avvalersi degli strumenti che precedentemente aveva potuto utilizzare». Pennino pensa ai servizi segreti: «E che allora erano stati Berlusconi e i Caltagirone che si erano rivolti a Cosa nostra».

In seguito, Pennino precisa che i Caltagirone citati non c'entrano con l'imprenditore romano editore del «Messaggero». Poi «chiarisce che non ricorda se Marsala parlando di Berlusconi e dei Caltagirone adoperò proprio il termine di "mandanti" delle stragi, ma precisa che questo era comunque il senso della richiesta che, secondo quanto diceva Marsala, era arrivata a Cosa nostra da Berlusconi e dai Caltagirone. Aggiunge che alle stragi facevano da contropartita promesse di tipo politico, coordinate alle aspettative di Cosa nostra sia sul versante dell'interesse a che fossero modificate le normative speciali carcerarie, sia sul versante degli interessi economici».

Pennino «precisa che le stragi, di per sé, avevano la funzione di dare un messaggio agli ambienti imprenditoriali e a quelli politici – all'epoca era in carica un "governo tecnico" [quello di Ciampi, *nda*] e quindi di transizione – perché nessuno pensasse che si poteva, senza costi, mutare la situazione e gli equilibri preesistenti».

Secondo il collaboratore di giustizia, «i rapporti tra Berlusconi e Dell'Utri e gli ambienti di Cosa nostra erano un fatto risaputo all'interno di Cosa nostra». Pennino riferisce di aver saputo che «tale Peppuccio Contorno, detto "Il Pelato", genero del Citarda Matteo, ma al contempo vicino a Stefano Bontate e allo stesso Marsala Giuseppe, era stato un frequentatore della villa di Arcore di Berlusconi. Altro punto di collegamento tra Berlusconi e ambienti mafiosi era individuato nella persona di un mafioso di Brancaccio, un certo Mafara soprannominato "U Chieccu" (il balbuziente), che era stato durante la latitanza nella villa di Arcore e il cui fratello, "Giovannello", ebbe a offrire proprio a Pennino, in vendita, degli oggetti di pregio che asseritamente il fratello aveva preso ad Arcore».

Non manca la massoneria, nella ricostruzione di Pennino, che riporta anche le confidenze di Giuseppe Ciaccio, «medico radiologo con studio nei pressi del Politeama a Palermo, uomo d'onore di una famiglia di un paese della provincia di Agrigento, nonché massone. Costui» si legge nel verbale, «discutendo delle stragi, se non ricorda male, nella seconda metà del 1993, gli riferì che gli alti vertici della massoneria erano coinvolti nelle stragi avvenute in continente e che proprio Berlusconi, che faceva parte della Loggia P2, aveva avuto un ruolo di rilievo».

Senza conferme, possono essere solo dicerie, calunnie, falsità, depistaggi. Proliferazioni di voci germinate, chissà, dal fatto che Cosa nostra un rapporto con Dell'Utri certamente lo aveva e su questo ha costruito una leggenda di contatti e accordi e trattative buona ad autogiustificare la *hybris* che l'ha portata per la prima volta nella sua storia a dichiarare guerra allo Stato. Oppure...

Il botto per battezzare la Seconda Repubblica

Un punto fermo, in questa storia, c'è: la condanna a sette anni di carcere inflitta nel 2014 a Marcello Dell'Utri per concorso esterno nell'associazione mafiosa Cosa nostra. È stato riconosciuto definitivamente colpevole di aver svolto un'opera di intermediazione per raggiungere «un accordo che prevedeva la corresponsione, da parte di Silvio Berlusconi, di rilevanti somme di denaro in cambio della protezione a lui accordata da parte di Cosa nostra palermitana. Tale accordo era fonte di reciproco vantaggio per le parti che a esso avevano aderito, grazie all'impegno profuso da Dell'Utri: per Silvio Berlusconi esso consisteva nella protezione complessiva sia sul versante personale che su quello economico».

La sentenza mette in rilievo i contributi offerti da Dell'Utri a Cosa nostra in relazione a Berlusconi e alle sue attività, imprenditoriali e politiche: «La pluralità dell'attività posta in essere da Dell'Utri, per la rilevanza causale espressa, ha costituito un concreto, volontario, consapevole, specifico e prezioso contributo al mantenimento, consolidamento e rafforzamento di Cosa nostra, alla quale è stata, tra l'altro, offerta l'opportunità, sempre con la mediazione di Dell'Utri, di entrare in contatto con importanti ambienti dell'economia e della finanza, così agevolandola nel perseguimento dei suoi fini illeciti, sia meramente economici che politici».

E ancora: «Vi è la prova che Dell'Utri aveva promesso alla mafia precisi vantaggi in campo politico e, di contro, vi è la prova che la mafia, in esecuzione di quella promessa, si era vieppiù orientata a votare per Forza Italia nella prima competizione elettorale utile e, ancora dopo, si era impegnata a sostenere elettoralmente l'imputato in occasione della sua candidatura al Parlamento europeo nelle file dello stesso partito, mentre aveva grossi problemi da risolvere con la giustizia perché era in corso il dibattimento di questo processo penale».

Erano già noti vecchi affari realizzati da Cosa nostra con Berlusconi. Uno lo ha riferito il boss (diventato poi collaboratore di giustizia) Francesco Di Carlo: l'investimento di 20 miliardi di lire deciso dal capo dei capi, Stefano Bontate, dopo aver incontrato personalmente Silvio Berlusconi a Milano nel 1974. Miliardi messi insieme da più boss, diventati ricchissimi negli anni Settanta grazie all'eroina raffinata in Sicilia da Cosa nostra e poi venduta soprattutto nel grande mercato nordamericano. Le carte del processo Dell'Utri raccontano, come abbiamo visto, anche un altro affare: la richiesta di «20 miliardi di lire per l'acquisto di film per Canale 5» rivolta da Dell'Utri a Bontate, nell'incontro avvenuto a Parigi nei primi mesi del 1980.

È dunque provato, dicono le sentenze, un accordo tra Dell'Utri e Cosa nostra che è durato dal 1974 al 1992. Che cosa succede dopo quell'anno, quando la Prima Repubblica si sbriciola e Berlusconi si prepara a diventare egli stesso nuovo potere politico? Scrive il magistrato Luca Tescaroli, riferendosi a Cosa nostra: «I vertici dell'organizzazione volevano agevolare un assetto di potere ritenuto funzionale alle loro aspettative». Lo fanno con le stragi del 1993 a Firenze, Milano, Roma. Fino al 1994: «La paura e lo sconcerto generato nella popolazione da un nuovo attentato avrebbe dimostrato l'inadeguatezza del governo in carica a tutelare la sicurezza della collettività e costituito un ulteriore spunto per assicurare l'avvicendamento e creare le premesse per l'affermazione di un "uomo forte". Nel nuovo governo rivestivano un ruolo fondamentale Silvio Berlusconi, alla guida del partito vincitore delle elezioni, e Marcello Dell'Utri, condannato per concorso esterno nel reato di associazione di tipo mafioso per i suoi rapporti accertati con Cosa nostra, il quale ha svolto un ruolo di tramite tra il sodalizio mafioso e Berlusconi nel quadro di reciproci interessi e utilità ed è risultato legato a diversi esponenti di Cosa nostra».

Dunque: dopo il governo Amato, nell'aprile del 1993 è salito a Palazzo Chigi il «tecnico» Carlo Azeglio Ciampi. Graviano e Spatuzza sostengono che ci voleva un violento shock per propiziare il cambio radicale, l'affermazione di un «uomo forte»: un botto per battezzare la Seconda Repubblica. Un «nuovo attentato» destinato, nelle intenzioni di Cosa nostra, a dimostrare l'incapacità del governo Ciampi di «tutelare la sicurezza della collettività». E dunque ad aprire la strada al nuovo governo. Un governo favorevole – almeno secondo quando pensano i boss – ai desideri dei mafiosi.

Il botto sarebbe il fallito attentato allo stadio Olimpico di Roma che, come abbiamo visto, Spatuzza prepara per il 23 gennaio 1994. Il mafioso si accinge a riprovare nelle domeniche successive, ma riceve lo stop dal suo capo Graviano. Perché? Perché accade qualcosa – ipotizzano Tescaroli e Turco – che «induce i vertici dell'organizzazione a ritenere di aver raggiunto l'obiettivo, rendendo non più necessario rimettere in cantiere l'attentato». Solo gli esiti delle indagini in corso potranno diradare la nebbia che avvolge la nascita della Seconda Repubblica.

Le cene eleganti

Per molto tempo, mi sono coricato presto la sera.
Marcel Proust

Dopo il 2010, per qualche anno, l'espressione nata in Italia più diffusa nel mondo è «bunga-bunga». È stata il nostro prodotto più noto nell'intero pianeta. Che cos'è? Che cosa vuol dire? Come è nata questa espressione? Nasce da una barzelletta, una delle tante che Berlusconi ama raccontare in ogni occasione, pubblica e privata. Quella del bunga-bunga l'ha ripetuta molte volte, con infinite variazioni. La ripropone in una versione «politica» nel settembre del 2015, durante la convention di Farefuturo, una fondazione politica di centrodestra fondata da Gianfranco Fini e Adolfo Urso.

La storiella questa volta è raccontata così. Il dittatore libico Mu'ammar Gheddafi chiede all'amico Silvio Berlusconi di mandare una delegazione italiana in Libia. «Chi mando?» si chiede Silvio. «Mando due sfigati: Fabrizio Cicchitto e Sandro Bondi. Questi vanno nel paese nordafricano e cadono nelle mani dell'unica tribù ribelle e finiscono legati al palo al centro del villaggio. Attorno a loro danza un coro di guerrieri, dove si riconoscono solo due parole: bunga-bunga. Lo stregone chiede a Cicchitto: "Morire o bunga-bunga?". E Cicchitto risponde: "Bunga-bunga". Così tutti i guerrieri profittarono di lui e fecero bunga-bunga. Alla fine, lo stregone si rivolge a Bondi: "Morire o bunga-bunga?". Vista la sorte che aveva fatto Cicchitto, Bondi dice: "Morire!". E lo stregone risponde: "Sì, bene morire, ma prima un po' di bunga-bunga".» Seguono risate e applausi del pubblico che credeva di essere venuto ad ascoltare una discussione politica. Tra l'altro, «l'amico Gheddafi» era stato catturato, torturato, stuprato e ucciso solo quattro anni prima, nel 2011.

In precedenza, la barzelletta del bunga-bunga era stata raccontata con altri protagonisti e un altro pubblico. Anche alle ragazze invitate alle tante feste che Silvio dava a Palazzo Grazioli a Roma, a Villa San Martino ad Arcore, a Villa Certosa in Sardegna. L'espressione bunga-bunga era diventata un marchio di fabbrica, un'espressione convenzionale e ammiccante per dire «fare sesso». Ma è nel 2010 che bunga-bunga esce dal giro di chi frequenta Berlusconi e diventa per tutti il modo per riferirsi alle feste a luci rosse del presidente del Consiglio. A rivelarle al mondo intero è l'inchiesta condotta da Ilda Boccassini, Pietro Forno e Antonio Sangermano della Procura di Milano che ha per protagonista una ragazza marocchina di diciassette anni, Karima El Mahroug detta Ruby Rubacuori.

XXX Factor

Il bunga-bunga è una sorta di talent show a luci rosse, un *X Factor* molto sexy – potremmo dire un *XXX Factor* – che Silvio Berlusconi riserva solo a sé stesso, spettatore unico e unico arbitro.

Che cosa succedeva? In una saletta sotterranea della sua villa di Arcore, con l'aiuto di un impresario di spettacolo, Lele Mora, di un giornalista televisivo, Emilio Fede, e di una fanciulla dalle grandi ambizioni, Nicole Minetti, convocava ragazze e ragazzine che si davano da fare, mostravano le loro capacità; si travestivano, cantavano, ballavano, si spogliavano. Selezione durissima. Almeno una ventina le concorrenti a ogni puntata, agguerritissime. Solo poche ottenevano il premio: una notte ad Arcore. Tutte erano pagate, con biglietti da 500 euro stipati dentro una grande busta gialla, ma chi vinceva la selezione e si fermava per la notte insieme a Berlusconi portava a casa un compenso molto più generoso.

La storia affiora nell'ottobre del 2010, quando «il Fatto Quotidiano» rivela che a Milano è in corso una inchiesta giudiziaria segretissima su una ragazza minorenne che racconta di aver partecipato, nella villa di Arcore, alle feste del bunga-bunga. I magistrati milanesi che si occupano di minori sono pieni di dubbi: la ragazza dice la verità? Oppure è una bugiarda o una mitomane? O magari sta cercando di ricattare il presidente del Consiglio con false accuse?

La ragazza si chiama Karima, è marocchina, ha diciassette anni, dagli amici si fa chiamare Ruby. Ha anche una pagina Facebook in cui è Ruby Rubacuori. Posta foto, scrive pensieri, chatta con chi la contatta.

I magistrati di Milano sono costretti a occuparsi di lei per la prima volta il 27 maggio 2010. Una sua amica, Katia Pasquino, una ragazza magra e sempre stretta dentro vestiti attillati, nel pomeriggio la incontra per caso in un centro estetico di corso Buenos Aires 2, Mami Nail, dove si sta facendo le unghie. Quindici giorni prima, Katia aveva ospitato Ruby a casa sua, ma era finita male, con Katia inferocita: «Mi ha rubato 3000 euro e alcuni gioielli». Quando la rivede da Mami Nail, chiama il 113 e la denuncia come autrice di un furto.

Arriva una volante della polizia, gli agenti chiedono i documenti a Ruby che non li ha. Cerca di cavarsela offrendo sesso all'agente Ermes Cafaro, che rifiuta. La magistrata del tribunale dei minori di turno quel giorno, Annamaria Fiorillo, esegue un controllo e poi spiega a Cafaro che la ragazza, identificata come marocchina, di diciassette anni, scappata di casa a tredici e da allora in perenne fuga, risulta evasa da una comunità protetta a cui era stata assegnata. Deve dunque essere portata alla comunità La Zattera o, se questa risulta al completo, trattenuta in questura fino all'indomani mattina.

La pm Fiorillo dispone che si faccia quello che la legge dice di fare in questi casi: identificazione, fotosegnalamento e ricerca di una comunità protetta a cui affidarla. La giovane funzionaria di polizia di turno quella sera in questura, Giorgia Iafrate, non trova una struttura disponibile subito, così la ragazza si prepara nervosamente a passare la notte in questura.

Quelle telefonate nella notte

A questo punto, però, succede una cosa inaspettata: da Parigi, dov'è impegnato in un viaggio di Stato, il presidente del Consiglio telefona al capo di gabinetto della Questura di Milano, Pietro Ostuni.

Che cosa era successo? Katia, dopo aver denunciato Ruby, aveva avvertito una sua amica, la brasiliana Michelle Conceicao. Michelle l'aveva rimproverata: «Hai fatto male, quella ragazzina ci metterà nei guai». Alle 21.20 di quel 27 maggio, Michelle apre la sua ricchissima rubrica telefonica sul cellulare. Ha un sacco di numeri, tra cui quello di «Ruby troia». Ma va alla voce «Berluscone Papi» e chiama il numero personale del presidente del Consiglio. Gli comunica che Karima «è stata presa». Berlusconi è in viaggio di Stato, eppure risponde. Pochi minuti dopo, alle 22.19, Conceicao avverte anche un'altra ragazza, Nicole Minetti.

Dopo le ventitré, Berlusconi in persona telefona da Parigi alla Questura di Milano. Dice a Ostuni che è stato informato del fermo di una ragazza che gli è stata segnalata come la nipote di Hosni Mubarak, il presidente egiziano. Lo invita dunque, «per evitare problemi diplomatici», ad affidare la ragazza a una «consigliera ministeriale» (carica inesistente) che avrebbe provveduto a far arrivare in questura. Arriva Nicole Minetti, che in realtà è una giovane consigliera regionale, eletta per volere di Berlusconi nel listino bloccato del presidente della Regione Lombardia Roberto Formigoni. Ostuni, da casa, chiama la funzionaria di turno quella notte in questura, la dottoressa Iafrate, che intanto era già alle prese con Nicole e Michelle, corse in questura per «liberare» Karima.

Da questo momento, la scena cambia. Il ritmo dei fatti accelera. Le comunicazioni e le telefonate si succedono frenetiche. Ormai è mezzanotte. Berlusconi richiama più volte Ostuni da Parigi. Il presidente del Consiglio, preoccupato che la ragazza possa raccontare le sue partecipazioni a pagamento alle feste di Arcore, fa pressioni sui funzionari perché la lascino andare in fretta. Ma queste pressioni, secondo il codice penale, potrebbero essere una forma di concussione. Iafrate telefona più volte alla pm dei minori, la dottoressa Fiorillo, che però insiste nel chiedere di trattenere Ruby in questura se non si trova posto in comunità. Iafrate capisce subito che Karima è marocchina e che Mubarak, egiziano, non c'entra un bel niente, ma d'accordo con i suoi superiori, e in contrasto con le indicazioni della pm, decide di lasciar andare Ruby. Alle due di notte, la ragazza esce dalla questura: Iafrate l'affida a Nicole Minetti, che appena fuori dalla questura, sul marciapiede di via Fatebenefratelli, la lascia a Michelle, che di mestiere fa la prostituta. La dovrà ospitare a casa sua, sui Navigli.

Questa scena notturna resta – per il momento – sconosciuta al pubblico. La conoscono soltanto i diretti protagonisti che l'hanno vissuta. Ma qualche giorno dopo, il 5 giugno 2010, Ruby e Michelle hanno un furibondo litigio nella notte. La brasiliana cerca di strozzare l'amica con il guinzaglio del suo cane. Urla, strepiti, ognuna dava della puttana all'altra. Ruby riesce a liberarsi, si alza dal letto, ma viene colpita da Michelle con un mocio Vileda. I vicini di casa si svegliano per la baraonda e una signora anziana chiama il 113 chiedendo alla polizia di correre in via Villoresi 19 dove due ragazze si stanno picchiando.

Arriva una pattuglia e Ruby, seminuda, viene identificata come la minorenne che era stata data in affido alla «consigliera ministeriale» Nicole Minetti. I poliziotti la portano per accertamenti sanitari alla clinica pediatrica De Marchi. Due giorni dopo, viene affidata a una comunità per minori a Milano. E qui inizia davvero la saga di Ruby. Perché Karima comincia a raccontare agli assistenti sociali, che trasecolano, storie incredibili. Il suo arrivo a Milano dalla Sicilia, le sue conoscenze altolocate, il giornalista Emilio Fede, l'agente televisivo Lele Mora. E la partecipazione a certe feste di Berlusconi ad Arcore.

La ragazza non ha alcuna intenzione di cambiare la sua vita avventurosa e brillante. Il 10 giugno 2010, con un fax, la comunità spiega ai servizi sociali del Comune di Milano di non essere in grado di ospitare Ruby perché non rispetta le regole della struttura. A questo punto, entra in scena la Procura di Milano.

L'indagine segreta

Del caso comincia a occuparsi il procuratore aggiunto titolare dei reati contro i minori, Pietro Forno. Interroga la ragazza più volte, tra il luglio e l'agosto del 2010, e questa gli racconta un sacco di storie, alcune vere, altre inventate. Dice di essere stata ad Arcore, di aver partecipato a feste notturne nella villa del presidente del Consiglio, di avere ricevuto molti soldi e regali. Forno domanda, la ragazza risponde. Il magistrato cerca di distinguere il vero dal sogno. Potrebbe essere tutto un'invenzione, la fantasticheria di una ragazzina cresciuta troppo in fretta, che confonde principi azzurri e re della tv. O potrebbe essere addirittura un tentativo di ricatto messo in atto da una ragazzina furba che ne ha passate tante. Dice di aver incontrato ad Arcore George Clooney, Cristiano Ronaldo... Personaggi da favola, per la ragazza arrivata da un paesino della Sicilia profonda.

Forno ricostruisce la sua storia. El Mahroug Karima nasce in Marocco, a Fkih ben Salah, il 1° novembre 1992. Quando ha nove anni, la sua famiglia si trasferisce a Letojanni, un piccolo paese in provincia di Messina. Karima vive un'adolescenza travagliata. All'età di tredici anni scappa di casa e denuncia il padre per maltrattamenti (accuse che verranno ritenute non veritiere dai giudici di Messina).

Il 15 novembre 2007, dopo essere stata denunciata per due piccoli furti, entra in una comunità protetta per minori, con l'assenso della sua famiglia. Scappa un mese dopo, il 23 dicembre. Da quel momento inizia una lunga serie di fughe dalle case di accoglienza in cui viene collocata, alternate a brevi ritorni in famiglia. Due anni dopo, il 19 marzo 2009, Karima, scappata dalla comunità La Glicine di Messina, viene rintracciata dalla polizia e riconsegnata al padre. Ma finisce ospite di una donna, titolare di un centro benessere, che verrà denunciata per averla avviata alla prostituzione.

Fra il 3 e il 7 settembre 2009, a Sant'Alessio Siculo, in provincia di Messina, si svolge il concorso «Una ragazza per il cinema», presidente della giuria Emilio Fede, allora direttore del Tg4. È l'incontro destinato a cambiare la vita di Karima. La ragazza partecipa al concorso e racconta sul palco, tra le lacrime, una vita di stenti e soprusi familiari, dice di avere sedici anni e che il suo sogno è diventare carabiniere. Fede confessa la sua commozione di fronte a quella ragazza «di tredici anni» – così dice in un video del concorso – tanto sfortunata e prende l'impegno di «solidarizzare con lei non solo con le parole ma anche coi fatti».

Il 28 dicembre 2009, Karima arriva in treno a Milano. Va ad abitare da una ragazza conosciuta in Sicilia, Simona detta «Loca», pazza, trentatré anni. Karima diventa «Ruby Rubacuori» e con questo nome apre una pagina Facebook. Secondo i racconti che poi farà al pm Piero Forno, Karima viene cacciata di casa dall'amica per aver rifiutato di fare sesso saffico a pagamento per compiacere un anziano in un albergo di lusso. Dichiara di essere stata poi ospitata da un signore che l'aveva soccorsa per strada, di avere lavorato come ragazza immagine in alcuni locali e, infine, come cameriera nel ristorante messicano Masquenada, il cui proprietario, Massimo Samarati, le offre alloggio per qualche tempo. Insospettito dal tenore di vita di Ruby, eccessivo per il suo lavoro «ufficiale» di danzatrice del ventre, e dalle confidenze della ragazza che gli accenna alle frequentazioni con Berlusconi, Samarati ha la conferma che c'è qualcosa di strano nella vita di Karima quando, una notte, sbircia di nascosto il suo portafoglio e vi trova banconote croccanti da 500 euro.

Il pubblico ministero Forno ascolta e indaga. Scoperti i precedenti di Karima, annota i suoi racconti. La ragazza gli dice che il 14 febbraio 2010, giorno di San Valentino, è la sua «prima volta» ad Arcore. A portarla a Villa San Martino sono Lele Mora ed Emilio Fede. Cena con una ventina di ragazze con sottofondo di canzoni di Mariano Apicella, il cantante amico di Berlusconi, poi il padrone di casa invita tutte le ospiti a scendere al «bunga-bunga»: così viene chiamato il locale sotterraneo dentro la villa dove è impiantata una specie di discoteca, con casse, microfoni, un bar e un palo da lap dance.

Qui, secondo il racconto di Ruby al pm Forno, le ragazze ballano e si spogliano, mentre Fede e Berlusconi le toccano nelle parti intime. Karima dice di essere stata l'unica a restare vestita, si era limitata a porgere al presidente – racconta – un vassoio con una bibita: «Un Sanbittèr». Il presidente alle ragazze chiede di essere chiamato «Papi». Alla fine della serata, Ruby riceve da Papi una busta che contiene molte banconote da 500 euro. Nei tre mesi seguenti, Ruby tornerà più volte ad Arcore – dicono i tabulati delle celle telefoniche – fermandosi sette volte anche per la notte.

Il talent show del bunga-bunga

Al procuratore aggiunto Pietro Forno si affianca dapprima il pm Antonio Sangermano, che già sta seguendo un'indagine su un giro di prostituzione nei grandi hotel della città, e poi il procuratore aggiunto Ilda Boccassini. Le indagini sono delicate: ci sono di mezzo una minorenne, alcuni funzionari di polizia della Questura di Milano e soprattutto il presidente del Consiglio. Nell'estate del 2010, una squadra di agenti mette sotto controllo per poche settimane alcuni telefoni ed esamina i tabulati telefonici dei protagonisti di questa vicenda (eccetto quello di Berlusconi).

In un paio di mesi, comincia a delinearsi la storia del bunga-bunga, raccontata in diretta dalle ragazze (intercettate) che vi partecipano. Il format è semplice. La scaletta del programma è lineare. Uno: cena ad Arcore dal menù piuttosto noioso. Due: festa e balli al piano di sotto, nel locale chiamato bunga-bunga. Tre: per le più brave, selezionate nel più esclusivo dei talent show, il «premio» di una ben ricompensata notte negli appartamenti privati di Berlusconi.

Alle feste intervengono ragazze e giovani donne molto diverse tra loro. Alcune sono escort di professione. Altre si arrangiano come possono. Altre ancora sono a caccia di un posto o di un posticino nel mondo rutilante dello spettacolo e della tv. Alcune puntano a partecipare a un programma televisivo, altre si accontenterebbero di fare le meteorine, le belle ragazze che presentano il meteo sulla rete di Emilio Fede. Alla festa di Arcore del 22 agosto 2010, per esempio, partecipano anche due ragazze che vengono da Torino, Ambra Battilana e Chiara Danese: sono due giovanissime aspiranti showgirl portate ad Arcore da Emilio Fede. Ai pubblici ministeri racconteranno poi l'«imbarazzo» provato per quello che avevano visto quella sera a Villa San Martino nella saletta del bunga-bunga: «Alcune ragazze come la Minetti nude, altre semisvestite che si strusciavano su Berlusconi e Fede che le toccavano nelle parti intime». Raccontano anche la scena della statuetta di Priapo, passata di mano in mano a tavola, alla cena che aveva preceduto la discesa al bunga-bunga: le commensali si passavano una statuetta della divinità dal grosso fallo, ridendo, facendo commenti scherzosi, mimando rapporti orali. Ambra e Chiara raccontano di essersi sentite a disagio, intimidite: «Ci veniva da piangere». Se ne stanno in disparte e implorano Fede di riaccompagnarle a casa.

Saranno tra le poche partecipanti a rompere il compatto fronte delle ospiti che negano ogni atto sessuale alle feste di Arcore. Si costituiranno invece parte civile nei processi che seguiranno. Come la modella marocchina Imane Fadil, che diventerà teste cruciale per l'accusa. Tutte lamentano di avere subito danni di immagine per la loro partecipazione alle feste nella residenza del presidente del Consiglio.

«Un puttanaio»

La reginetta del bunga-bunga è Nicole Minetti. Già imposta da Berlusconi come consigliera regionale, partecipa alle feste ma contribuisce anche a organizzarle. Il 19 settembre 2010 chiama al telefono un'amica, Melania Tumini, una ragazza come lei di Rimini, che in tasca ha due lauree, per invitarla ad Arcore. La sua telefonata (intercettata) diventa la più iconica descrizione delle feste di Arcore: «Ti volevo un attimo *briffare* sulla cosa.

Nel senso... Giurami che non ti prende male, nel senso cioè... ne vedi di ogni... cioè, te ti fai i cazzi tuoi e io mi faccio i cazzi miei, per l'amor del cielo, però ne vedi di ogni... cioè, nel senso... la *disperescion* più totale, cioè, capirai: c'è gente per cui è l'occasione della vita, quindi ne vedi di ogni... Ci sono varie tipologie di... di persone, c'è la zoccola, c'è la sudamericana che non parla l'italiano e viene dalle favelas, c'è quella un po' più seria, c'è quella via di mezzo, tipo Barbara Faggioli, e poi ci sono io che faccio quel che faccio, capito?».

Melania accetta l'invito dell'amica. È un'elettrice di Forza Italia, è curiosa, ha piacere di vedere da vicino il politico a cui ha dato il suo voto. Partecipa a una serata e ne resta sconvolta. Subito dopo, manda un sms a un'amica: «Allucinante!». Al padre racconta (intercettata): «A un certo punto, qualcuno ha iniziato a far vedere il culo e da lì la serata è decollata... il *degenero* più totale... un puttanaio».

Berlusconi è il bancomat delle ragazze. Le più scaltre lo tengono sotto pressione. «Bisogna stargli addosso, cazzo! Non bisogna lasciarlo un attimo» dice al telefono Nicole a Marysthell Polanco il 20 settembre. La competizione è fortissima, dietro le quinte di questo *XXX Factor*. Crescono le invidie. Qualche ragazza si lamenta perché Silvio paga di più qualche altra, o le compra una casa più grande o un'auto più bella. Le fedelissime, riunite attorno a Nicole, odiano le «nuove» (come Ruby, o come la montenegrina Katarina) che si mettono in mostra per scalzarle dal talent show del bunga-bunga.

Il giorno di Natale, Nicole Minetti e Barbara Faggioli dicono (sempre intercettate) al telefono: «Ho pensato una cosa. Oltre che per le palle, bisogna prenderlo per il cazzo... Domani se è aperto vado in un sexy shop e prendo un po' di cose, per me e per te. Più troie siamo e più bene ci vorrà. Troie, troie... tanto ormai abbiamo la confidenza per fare qualsiasi cosa».

Le tante ragazze del bunga-bunga tra loro parlano di sesso, ma soprattutto di soldi. «Spero di tornare dalla festa con le tasche piene» dice una. «Ma lui sta peggiorando con l'invecchiamento» incalza un'altra. «Sì, gli sta venendo la manina corta.» C'è competizione, nell'harem del sultano. «C'ho le palle girate perché ieri è arrivata quella con la Mini Cooper che gli ha regalato a luglio, e a me m'ha regalato la Smart a giugno... Adesso giuro che gliela chiedo, un'altra auto!» Qualcuna è preoccupata per questioni di salute e va a fare le analisi del sangue: «Senti amo', tutto a posto?». «Sì, globuli bianchi a posto, non abbiamo nessun Aids.» «Perché, avevi paura?» «Mah sai, quando uno va a letto con ottanta donne, non si sa mai.»

Scoppia lo scandalo

Tutto resta segreto fino al 26 ottobre 2010, quando sul «Fatto Quotidiano» esce il primo articolo che racconta di una minorenne marocchina chiamata Ruby che sostiene di aver partecipato a feste notturne con il presidente del Consiglio e di un'inchiesta della Procura di Milano che coinvolge Berlusconi. Il procuratore della Repubblica Edmondo Bruti Liberati smentisce: «Non ci occupiamo di pettegolezzi». Ma nei giorni seguenti la notizia fa il giro del mondo. L'inchiesta c'è, eccome. E la rivelazione del «Fatto» provoca la reazione di Ruby, già intercettata, che conferma le ipotesi degli investigatori. Quello stesso 26 ottobre, infatti, Ruby dice al telefono a un amico: «È scoppiato un casino». E racconta di aver chiesto a Berlusconi «5 milioni in cambio di fare la pazza» e che lui ha accettato.

Lo hanno ripetuto più volte i sostenitori di Berlusconi: i cronisti lo hanno inseguito con voyeurismo giornalistico, i magistrati lo hanno perseguitato intromettendosi nella vita privata di un cittadino, che a casa sua può fare quello che vuole. Ma Berlusconi non era un privato cittadino, bensì il presidente del Consiglio, e aveva il dovere di servire le istituzioni «con disciplina e onore», come prescrive l'articolo 54 della Costituzione, e di non mettersi in condizione di essere ricattato da decine di prostitute e avventurieri. E poi i reati sono reati. E in Italia i magistrati hanno l'obbligo di perseguirli, pena commettere essi stessi un reato.

Così il 21 dicembre 2010, in segreto, Berlusconi viene iscritto nel registro degli indagati. Per due reati: prostituzione minorile, per aver comprato sesso dalla minorenne Ruby; e concussione, per aver fatto pressioni sui funzionari della Questura di Milano, abusando del suo ruolo istituzionale, affinché la liberassero, nella convulsa notte del 27 maggio. In Italia la prostituzione non è reato, ma lo è pagare una minorenne per avere in cambio sesso. Più grave il reato di concussione, nell'ipotesi che Berlusconi abbia abusato della sua posizione per ottenere un beneficio improprio, come far uscire dalla questura una ragazza di diciassette anni dalla vita difficile.

Che il presidente del Consiglio è indagato lo si saprà soltanto il 14 gennaio 2011, quando i magistrati di Milano gli mandano un invito a comparire, sostenendo di avere già «prove certe della concussione e della prostituzione minorile», tanto da voler procedere con il rito immediato, che accelera il processo. Con lui sono indagati anche Lele Mora, Emilio Fede e Nicole Minetti, per induzione e favoreggiamento della prostituzione, anche minorile: sono accusati di aver procurato e portato ad Arcore le ragazze per compiacere il loro capo.

Le indagini scuotono il paese. I fan lo difendono, ma la sua immagine è compromessa. Gli restano fedeli quasi tutte le ospiti delle feste, soprattutto le più assidue, che negano che quelle serate avessero connotati sessuali. Sono smentite dalle loro stesse parole intercettate dagli investigatori e da alcune, poche ragazze – Imane Fadil, Ambra Battilana, Chiara Danese, Maria Makdoum, Natascia Teatino – che svelano i segreti dell'harem personale del padrone della tv. Gli spogliarelli, i toccamenti, i balli al palo della lap dance, Nicole che si toglie il vestito da suora e resta completamente nuda.

Berlusconi la butta in barzelletta: il 26 febbraio 2011, parlando al congresso dei Cristiano-riformisti a Roma, ringrazia così per l'accoglienza e gli applausi: «Vedo tanti giovani, v'invito tutti al bunga-bunga! Andiamo a scherzare, a vivere, ma sempre con eleganza e rispetto di tutti».

Soldi ai testimoni

Seguono due processi. In uno è giudicato Berlusconi, nell'altro (chiamato Ruby *bis*) Mora, Fede e Minetti. In aula, gran parte delle ragazze chiamate a testimoniare racconta che quelle di Arcore erano feste innocenti, «cene eleganti». La soubrette Marysthell Garcia Polanco racconta di essersi travestita da Ilda Boccassini, con toga e parrucca rossa, e di avere ricevuto qualche regalo per partecipare alle feste, ma non soldi. Dopo le cene eleganti – questa la sua versione – si scendeva nel teatrino di sotto per dare vita a innocenti «spettacoli di *burlesque*»: sexy, ma mai volgari.

Berlusconi parla in aula il 19 ottobre 2012: «Non ho mai avuto bisogno di pagare una donna per farci sesso». Ammette di aiutare molte ragazze coinvolte a cui versa mensilmente 2500 euro: «Aiuto le mie ospiti perché hanno perso il lavoro e i fidanzati».

L'11 marzo 2013, Berlusconi chiede di sospendere il processo per «legittimo impedimento», perché è ricoverato all'ospedale San Raffaele di Milano per problemi agli occhi. I giudici, per verificare, gli mandano una visita fiscale. Ecco allora che succede una cosa mai vista prima: un centinaio di parlamentari berlusconiani, guidati da Angelino Alfano, muovono compatti verso il palazzo di giustizia di Milano, intonano l'inno di Mameli sulla scalinata (qualcuno appare incerto sulle parole), poi tentano di varcare la soglia dell'aula per protestare contro i magistrati. Sulla scalinata del palazzo, si materializza plasticamente una scena eversiva: la politica contro la giustizia, una parte del potere legislativo contro il potere giudiziario. Ilda Boccassini ordina ai carabinieri di chiudere le porte dell'aula dove si celebra il processo, che resta sospeso finché i parlamentari non battono in ritirata.

Il 24 giugno 2013 arriva la sentenza di primo grado: Berlusconi viene condannato a sette anni di carcere per concussione e prostituzione minorile e all'interdizione perpetua dai pubblici uffici: fuori dalla politica per sempre. Per capire il peso dei reati contestati, si deve notare che dei sette anni totali, sei riguardano la concussione, solo uno la prostituzione minorile. Condanne, il

19 luglio 2013, anche per il processo Ruby *bis*: in primo grado, sette anni di carcere per Lele Mora ed Emilio Fede e cinque per Nicole Minetti; in appello, pena ridotta a tre anni per Minetti e quattro anni e dieci mesi per Fede. Ma poi la Cassazione azzera tutto e dispone un nuovo processo, che condanna Fede a quattro anni e sette mesi e Minetti a due anni e dieci mesi.

Intanto, in appello, Silvio è assolto: i giudici questa volta ritengono che non sia certo che sapesse che Ruby era minorenne; e che non abbia esercitato pressioni nei confronti dei funzionari della questura. I garantisti ripetono spesso che i giudici in Italia condannano in base al principio (inesistente) del «non poteva non sapere». In realtà, qui assolvono in base al principio contrario del «poteva non sapere». Che Ruby fosse minorenne lo sapeva di certo Emilio Fede, lo sapevano le sue amiche, ma lui no, forse, chissà. Ma il più pesante dei reati per cui era stato condannato in primo grado, la concussione, salta in appello anche grazie alla riforma, proprio di quel reato, firmata dalla ministra Paola Severino: il reato viene «spacchettato» in due fattispecie, concussione per costrizione e quella per induzione. La prima esige un intervento in qualche modo intimidatorio e violento: e Berlusconi è stato invece amichevole e suadente con il funzionario della questura a cui chiedeva di liberare la «nipote di Mubarak». La seconda deve contenere la promessa al concusso (il capo di gabinetto Ostuni) di un indebito vantaggio, che non risulta ci sia stata. Dunque impossibile condannare Berlusconi.

Gli interventi legislativi di Paola Severino hanno duplici conseguenze su Berlusconi: positive, quando facilitano la sua assoluzione dall'imputazione di concussione nel caso Ruby; negative, quando lo fanno uscire dal Senato dopo la condanna per frode fiscale, in forza della legge che rende incandidabili i condannati in via definitiva.

Il catalogo è questo

Ma la storia di Ruby non è finita. Perché i giudici sono convinti che almeno una trentina di testimoni che sono stati chiamati a raccontare il bunga-bunga nei due processi, dopo aver giurato di dire la verità, abbiano detto il falso. Ricompensati per questo da pagamenti per milioni di euro (in totale circa 10, secondo i pm), più gioielli, auto, case. Un nutrito gruppo di ragazze riceve per mesi uno stipendio mensile di 2500 euro. Al cantante Mariano Apicella e a Danilo Mariani, il pianista del bunga-bunga, arrivano soldi e aiuti. A due ragazze, Barbara Guerra e Alessandra Sorcinelli, viene concesso l'uso di ville da sogno a Bernareggio, progettate dall'archistar Mario Botta.

Le cifre sborsate da Silvio, riportate nell'avviso di conclusione indagini dell'inchiesta Ruby *ter*, permettono di stabilire una sorta di classifica delle ragazze del bunga-bunga. Il catalogo è questo.

Karima El Mahroug detta «Ruby»: 7 milioni di euro promessi per dire di non aver fatto sesso ad Arcore e che Silvio non sapeva che fosse minorenne. Le arrivano attraverso l'avvocato Luca Giuliante, che per la procura è l'«amministratore di fatto del patrimonio illecitamente acquisito». Almeno 800.000 euro in contanti in un anno a cavallo tra il 2014 e il 2015; 2 milioni attraverso l'ex fidanzato Luca Risso che li investe in Messico e per questo è anche accusato di riciclaggio; altri 2 milioni prendono la strada di Dubai, dove Ruby apre conti correnti collegati a banche di San Marino.

Alessandra Sorcinelli: riceve non meno di 237.500 euro, più la villa di Bernareggio da 1 milione di euro in comodato e una Bmw.

Barbara Guerra: 235.000 euro, più la villa di Bernareggio da 1 milione di euro in comodato.

Concetta De Vivo: 209.500 euro.

La sua gemella, Eleonora De Vivo: 170.500 euro, di cui 40.000 «intercettati» dal padre.

Barbara Faggioli: 183.000 euro, più l'affitto di un appartamento sulla via Flaminia a Roma e di un altro al ventiduesimo piano della Torre Velasca a Milano.

Iris Berardi: 147.500 euro più un bilocale a Milano 2 e contratti di lavoro per programmi tv (mai fatti) per 60.000 euro.

Marysthell Garcia Polanco: 142.500 euro più l'affitto di un appartamento a Milano 2 e contratti di lavoro simulati per 125.000 euro.

La meteorina Manuela Ferrera: 114.500 euro, più l'affitto di casa e una Fiat 500.

La sorella Marianna Ferrera: stesso modello d'auto, più l'affitto di casa e 97.500 euro.

La «Pupa» Francesca Cipriani: 105.200 euro.

Aris Espinosa: 104.000 euro, più un appartamento in via Filelfo a Milano.

Raissa Skorkina: 99.000 euro.

Miriam Loddo: 97.500 euro.

Lisney Barizonte: 95.000 euro.

Ioana Amarghioalei: 88.000 euro.

Roberta Bonasia: 80.000 euro, più un appartamento al ventiduesimo piano della Torre Velasca.

Elisa Toti: 55.000 euro, più un appartamento in viale Zara a Milano.

Giovanna Rigato: ultima in questa classifica, con 25.000 euro più 100.000 per lavori mai effettuati.

Soldi arrivano anche ad altri testimoni, come il cantautore Mariano Apicella (98.600 euro) e il pianista Danilo Mariani (117.000).

Ma Silvio è generoso. Ripete di aver aiutato centinaia di persone, di aver dato soldi a un sacco di gente. Per dimostrare che gli aiuti economici non c'entrano niente con le false testimonianze, i suoi difensori spiegano che «ha aiutato negli anni un'ampia platea di persone». E per convincere i giudici, portano in aula una cantante di Sassari, Cristina Ravot, aiutata da Silvio anche se non è mai stata chiamata a testimoniare nei processi Ruby.

Durante la sua deposizione, spiega che Silvio «è un *buonone*», che le sue non erano «cene eleganti», ma «cene *molto* eleganti», racconta di essersi esibita insieme a Mariano Apicella nelle feste di Villa Certosa, in Sardegna, ed elenca i mirabolanti aiuti ottenuti. «Il dottore acquistò per me, nel 2008, un appartamento del

Settecento da 170 metri quadrati in piazza Campo de' Fiori a Roma.» Valore 1,7 milioni di euro. Silvio è fatto così. «Lui aiuta sempre quelli che stanno attorno a lui a comprare un'abitazione. Ci diceva che la casa è la cosa più importante, perché quando era piccolo aveva sofferto, aveva avuto problemi, non so bene di che genere, e quindi ora vuole vedere le persone tranquille.»

La cantante si commuove, spunta la lacrimuccia. «La mia foto andò sui giornali come la nuova fidanzata di Berlusconi e il mio nome fu impropriamente accostato allo scandalo Ruby. Per effetto di questo, non ho avuto il rinnovo di un contratto in tv.» Restava la casa del Settecento. «Ma andava mantenuta, aveva spese di gestione importanti. Quindi gli dissi che dovevo venderla. Lui dal 2011 mi mandò un bonifico mensile di 2500 euro che a me serviva per pagare le rate dell'Agenzia delle entrate per un accertamento fiscale che avevo avuto.» Berlusconi il fisco lo conosce bene. «In questi anni mi ha dato soldi che poi andavano all'Agenzia delle entrate, servivano a togliere l'ipoteca dalla casa e ha sostenuto anche le spese legali, versava 20.000 euro al mese.» Davvero molto generoso. A un certo punto, «per non chiedere altri aiuti, ho chiesto un finanziamento. Io so che lui me li darebbe ancora, ma per anni lo ha fatto per questa ingiustizia tributaria che ho subito. Tutto è nato quando il mio nome è uscito per il processo Ruby, anche se io non ero coinvolta e l'accanimento è partito da lì».

Silvio è galante. «Gli piacevo come bella donna, un approccio può esserci stato, a lui piace corteggiare un po' tutti, donne e uomini, ma io gli ho voluto molto bene.» E come non volergliene? «Prima del 2008 mi fece due bonifici per 50.000 euro»: erano i «rimborsi spese per le serate» in cui cantava. «Berlusconi mi chiamava sempre, poteva avere piacere a vedere una bella ragazza che cantava, ma poi si preoccupava continuamente e mi diceva: "Voglio fare una cosa per te, vorrei che tu stessi tranquilla". Io per un anno intero rifiutai. E lui mi disse: "Sei l'unica persona a cui sto offrendo qualcosa che mi dice no".» Dopo un anno di resistenza, cede e si lascia regalare la casa. «Silvio chiedeva sempre a tutti se avevano bisogno di qualcosa: a me, ma anche ai camerieri.»

Cristina Ravot ha cantato a Villa Certosa in Sardegna, ma anche a Villa San Martino ad Arcore. «Solo una volta, a una cena a cui erano presenti una ventina di ragazze: loro ballavano, ma quella sera io non ho cantato. Però quelle serate non mi piacevano, perché le ragazze erano invidiose tra loro, volevano farsi vedere, ballare e primeggiare. Glielo dissi anche al dottore. Non mi piaceva l'atteggiamento delle ragazze. Quando erano a tavola – ma questo non gliel'ho mai detto – alcune di loro facevano anche delle battutine senza farsi sentire.» Ma che vuoi farci: «Lui è un *buonone*. Invece molti gli stanno attorno solo per farsi vedere». E incassare.

Generoso con tutti

Gli avvocati insistono. Silvio avrà pure pagato circa 4 milioni di euro «di liberalità» alle testimoni del processo, ma ha aiutato anche tante altre persone, in un «quadro di generale generosità», spiega l'avvocato Federico Cecconi. Per farlo capire bene ai giudici, chiama in aula un consulente tecnico, il professore e commercialista Andrea Perini, che squaderna grafici e tabelle. Tra il 2006 e il 2016, Berlusconi ha pagato ben 8,8 milioni «a soggetti terzi»: 3 milioni per ringraziare l'infermiera che si è presa cura della madre, Rosa Bossi, morta nel febbraio del 2008; 1 milione al conduttore tv Marco Columbro; 30.000 euro ad Alberto Torregiani, figlio del gioielliere ucciso nel 1979 dai Proletari armati per il comunismo di Cesare Battisti, 20.000 a Radio Maria, 450.000 alla Fondazione Bettino Craxi. E poi 5,5 milioni ad «associazioni, enti, organismi politici, religiosi».

I conti personali di Silvio, del resto, tra il 2006 e il 2016 hanno avuto movimenti in entrata per un «ordine di grandezza di 2,5 miliardi di euro, entrate che gli vengono da varie società e holding». Che cosa volete che siano, allora, le uscite di 18,5 milioni finiti alle imputate, a soggetti terzi e a enti e associazioni? Il catalogo del consulente Perini è meno ricco di quello dei pm: secondo i suoi conti, alle imputate sono andati 4,151 milioni, «suddivisi tra ogni beneficiaria». Di questi, 3,152 milioni sono arrivati come «prestiti infruttiferi» e «liberalità», il resto come «pagamenti per altre utilità come auto o canoni di locazione». Perini fa notare che i soldi sono arrivati alle ragazze anche prima che diventassero testimoni al processo: dal 1° gennaio 2006 al novembre del 2011, arrivano loro 1,9 milioni, tra cui, per esempio, 415.000 euro alla bionda Raissa Skorkina.

Soldi, soldi, soldi sono arrivati anche a ragazze non imputate nel processo, come per esempio le showgirl Adriana Verdirosi e Carolina Marconi.

Il procuratore aggiunto Tiziana Siciliano chiede: «Può escludere che Berlusconi possa avere dei conti esteri?». Perini risponde: «Non posso escluderlo, io ho analizzato solo questi conti». Conclude la pm: «Se dunque ci fossero stati pagamenti estero su estero in favore di Karima El Mahroug, ciò non è analizzato nella consulenza».

Ruby ter

Non ci crederete, ma anche il processo Ruby *ter*, in cui le ragazze e gli altri testimoni sono accusati di falsa testimonianza e di corruzione in atti giudiziari insieme a Berlusconi che li ha pagati, ha un andamento lento, contorto e avventuroso. Dapprima, nel 2016, viene spezzettato in dibattimenti da celebrare in sette città d'Italia (Milano, Torino, Siena, Roma, Pescara, Treviso, Monza) dove sarebbero avvenuti i pagamenti ai testimoni. Poi vengono riuniti in tre sedi: a Siena viene processato il pianista Danilo Mariani, a Roma Apicella, a Milano tutti gli altri, una trentina di persone, con pm Tiziana Siciliano e Luca Gaglio.

Il processo di Roma si blocca nel 2019. Uno dei difensori di Berlusconi, Franco Coppi, chiede lo stop per la campagna elettorale per le Europee, poi per il Covid, infine per i «seri problemi cardiologici» dell'imputato. Il dibattimento parte sul serio solo a maggio del 2021. Covid, rinvii per problemi di salute e richieste di legittimo impedimento per impegni politici rallentano anche i dibattimenti di Siena e di Milano. Nella città toscana i giudici, per poter andare avanti, dividono il processo in due tronconi: vanno subito a sentenza per il reato di falsa testimonianza, con imputato il solo Mariani, e rinviano a tempi migliori quello per corruzione in atti giudiziari, con imputato Berlusconi insieme a Mariani. Il primo troncone si conclude in primo grado il 13 maggio 2021, con una condanna a Mariani a due anni per falsa testimonianza. «È del tutto evidente che rapporti» economici «con un personaggio come Berlusconi», scrivono i giudici nella sentenza, «costituiscono un movente più che consistente, quasi scontato, per dichiarare il falso su circostanze quali quelle relative ai rapporti sessuali dallo stesso consumati con giovanissime donne, perciò stesso retribuite, in occasione dei ricevimenti nella villa di Arcore che, oltre a poter avere rilevanza sul piano delle responsabilità penali, avrebbero comunque arrecato, quanto meno, imbarazzo a uno degli uomini più potenti d'Italia».

Cinque mesi più tardi, il 21 ottobre 2021, arriva la sentenza di primo grado per le accuse di corruzione in atti giudiziari: Berlusconi e Mariani sono assolti. I giudici del Tribunale di Siena ritengono provato che Mariani avesse mentito. «Falsamente negava di aver assistito ad accadimenti o approcci di natura sessuale», che invece sono stati accertati «con sentenza definitiva, nei riguardi di Fede Emilio, Mora Dario e Minetti Nicole». È certo che «in quei convegni effettivamente gli ospiti venivano intrattenuti, mediante balletti sensuali o esplicitamente erotici da parte di ragazze che, all'occasione, si prestavano anche a compiere con il padrone di casa e con gli invitati atti sessuali di varia natura». Come il pianista del film di Stanley Kubrick, *Eyes Wide Shut*, Mariani non vede sesso nei festini di Arcore. Al massimo, dice, «qualche stretta di mano». Nell'udienza dell'11 gennaio 2013, aveva giurato di non aver visto Nicole Minetti nuda (come invece accertato). «Purtroppo», aveva aggiunto.

Ma secondo i giudici senesi non c'è la prova che il pianista abbia mentito per soldi. «La mendace testimonianza non è affatto univocamente indicativa dell'esistenza di un pregresso e/o successivo accordo corruttivo intercorso tra gli imputati.» È possibile che Mariani abbia deposto il falso non «in esecuzione di un patto corruttivo stipulato con Berlusconi, bensì in ragione del legame professionale e amicale che lo legava, da tempo, a Berlusconi».

Da Berlusconi a Mariani passano 474.000 euro dal 2006 al 2011. Ma il pianista ha «consapevolmente voluto negare circostanze a lui ben note, all'evidente scopo di non pregiudicare il suo rapporto fiduciario con l'ex presidente del Consiglio, la cui conservazione evidentemente valeva ben più della minaccia costituita dalla sanzione penale». Insomma: il pianista ha mentito non perché corrotto dai (tanti) soldi ricevuti da Berlusconi, ma «per il legame professionale e amicale», perché Mariani è un professionista e Berlusconi un amico.

L'assoluzione disinnesca le proteste politiche di esponenti di Forza Italia che, aspettandosi una condanna, erano partiti lancia in resta senza aspettare la sentenza. «A Siena, tradizionale feudo del Partito democratico, il collegio presieduto da Simone Spina, noto esponente di Magistratura democratica, manifesta una ingiustificata fretta di andare a sentenza» aveva messo le mani avanti Pierantonio Zanettin, capogruppo di Forza Italia in commissione Giustizia della Camera. Dimenticando che l'«ingiustificata fretta» si riferiva a un processo che era stato rallentato e bloccato per oltre un anno dalle continue richieste di legittimo impedimento.

Il senatore di Forza Italia Maurizio Gasparri aveva aggiunto: «Si cerca la giustizia, o piuttosto interessa danneggiare un leader politico e interferire anche sul voto per il Quirinale?». Sì, perché nel frattempo Berlusconi, malatissimo quando si trattava di andare in aula a farsi processare, si era dimostrato sanissimo in politica, tanto da candidarsi nel 2022 (senza successo) come presidente della Repubblica.

Nel novembre del 2022 arriva finalmente anche la sentenza per il processo di Roma. È assoluzione per Mariano Apicella, chiesta dallo stesso pubblico ministero: i pagamenti ricevuti da Berlusconi (anch'egli assolto) erano antecedenti ai processi, dunque non è ipotizzabile che fossero connessi alle sue testimonianze processuali.

Verso la sentenza

Non sappiamo ancora, quando questo libro va in stampa, quale sarà la sentenza, se Berlusconi sarà assolto o condannato a Milano dall'accusa di aver corrotto con denaro e regali i testimoni dei processi Ruby. Sappiamo però qual è la sua linea di difesa. Uno dei suoi legali, l'avvocato Federico Cecconi, nella sua lunga arringa difensiva sfodera il cavillo che potrebbe salvare, ancora una volta, il suo assistito. Una bomba che potrebbe disintegrare il processo Ruby *ter*.

«Indagate sostanziali»: ecco la formula destinata a entrare nella storia giudiziaria (e politica) di Berlusconi. L'avvocato Cecconi ha fondato il suo ragionamento sull'ordinanza che il 3 novembre 2021 ha dichiarato inammissibili nel dibattimento le dichiarazioni precedentemente rese delle ragazze. Il collegio di giudici presieduto da Marco Tremolada che sta giudicando Berlusconi e ventotto testimoni per falsa testimonianza e corruzione in atti giudiziari, infatti, accoglie un'eccezione avanzata tre anni prima, nel gennaio del 2019, dai legali di Berlusconi. E stabilisce che le ragazze ospiti dei festini non erano testimoni, nei processi Ruby 1 e Ruby 2, ma le si doveva considerare indagate in procedimento connesso: perché «già nella primavera del 2012» i pm milanesi cominciano a fare accertamenti sui soldi che le ragazze ricevono da Silvio.

Già da quel momento, dunque, la procura «aveva elementi indizianti le elargizioni di Berlusconi in favore delle ragazze». Svapora così il reato di falsa testimonianza, perché – secondo l'ordinanza del tribunale – le ragazze non erano «testimoni», ma andavano subito iscritte nel registro degli indagati e nei processi Ruby e Ruby *bis* dovevano essere sentite come indagate in procedimento connesso, assistite da un difensore e con facoltà di non rispondere.

L'avvocato Cecconi parte da qui e fa un passo avanti. Sostiene che con quell'ordinanza «non solo viene meno la falsa testimonianza, ma anche la corruzione in atti giudiziari»: perché, appunto, le ragazze dovevano essere considerate «imputate sostanziali», dunque non pubblici ufficiali; ma la corruzione in atti giudiziari – per i soldi incontestabilmente pagati da Berlusconi – scatta soltanto quando tenti di corrompere chi ha la veste di pubblico ufficiale e mente sotto giuramento, mentre testimonia in aula. Le ragazze e gli altri testimoni, invece, secondo la difesa erano già «imputati sostanziali», dunque il reato di corruzione evapora, si scioglie come neve al sole.

Il difensore suggerisce ai giudici spiegazioni alternative: l'amico Silvio pagava con legittimi e leciti atti di generosità, con una «causale riparatoria e risarcitoria», le ragazze che avevano «subito un danno reputazionale» perché dipinte dai pm e raccontate dai giornali come prostitute. Oppure, in alternativa, i pagamenti potevano essere il cedimento di Silvio alle richieste estorsive delle ragazze. Vittima di ricatti, sostiene l'avvocato, facendo scorrere un brivido sulla schiena dei legali presenti in aula, impegnati a difendere le ragazze e gli altri testimoni.

Per gli strani casi del destino, proprio in quei giorni del 2022 Giorgia Meloni, impegnata a formare il suo governo e a scegliere i ministri, rifiuta le pressanti richieste di Berlusconi difendendo la sua autonomia di scelta e dicendo: «Io non sono ricattabile». A Roma, Meloni sostiene di non essere ricattabile da Silvio. A Milano, il suo avvocato adombra che a essere ricattato potrebbe essere il fondatore di Forza Italia, assediato da decine di ragazze che gli chiedevano soldi mentre erano chiamate a testimoniare nei processi Ruby. Più in generale, comunque, «non c'è prova dell'accordo corruttivo» tra Berlusconi e le ragazze. Tutti gli imputati vanno dunque assolti «perché il fatto non sussiste».

L'accusa, rappresentata da Siciliano e Gaglio, aveva invece già chiesto, nella sua requisitoria del maggio 2022, condanne per tutti gli imputati, cinque anni per Karima e sei per Berlusconi. E aveva sostenuto che le ragazze erano diventate «pubblici ufficiali» (dunque imputabili di corruzione giudiziaria) già nel momento in cui erano state ammesse dal tribunale come testimoni nel primo processo Ruby: e cioè il 23 novembre 2011 (ben prima, dunque, della primavera 2012 in cui, secondo la difesa Berlusconi e il tribunale, avrebbero dovuto assumere il ruolo di imputate in reato connesso). I pm avevano aggiunto che l'eventuale, successiva «cessazione della qualità di pubblico ufficiale», secondo la giurisprudenza e il codice penale, non fa cadere il reato di corruzione in atti giudiziari, contestato dall'accusa fino al 2015. Alle richieste dell'accusa si erano aggiunte quelle dell'avvocatura dello Stato, che aveva chiesto all'ex presidente del Consiglio, per conto della stessa presidenza del Consiglio che si era costituita parte civile, il versamento di una provvisionale di 10 milioni di euro per i danni causati «dal discredito planetario» che i suoi comportamenti avrebbero gettato sulle istituzioni. Sarà il tribunale a decidere.

Il caso D'Addario

Soldi ai testimoni dei suoi processi per ammorbidire i loro racconti in aula. Non è successo soltanto con David Mills e con le ragazze del bunga-bunga. È accaduto, secondo le ipotesi d'accusa, anche con l'imprenditore barese Gianpaolo Tarantini, che sarebbe stato pagato da Berlusconi per indurlo a mentire ai giudici a proposito di altri festini, quelli celebrati nel 2008 a Palazzo Grazioli a Roma e a Villa Certosa in Sardegna.

Nell'estate del 2008, Tarantini viene intercettato dalla Procura di Bari in un'inchiesta sulle tangenti e le gare truccate nella sanità regionale pugliese. «Gianpi», classe 1975, è titolare di un'azienda che fornisce protesi sanitarie alle Asl. È indagato per corruzione, ma anche per spaccio di cocaina. Punta ad allargare la sua attività e a entrare nel gran giro degli appalti romani. Aggancia Berlusconi, all'epoca presidente del Consiglio, che lo mette in contatto con l'allora capo della Protezione civile, Guido Bertolaso, e con il presidente di Finmeccanica, Pier Francesco Guarguaglini.

Come riesce ad agganciare Silvio? Semplice, usando un'esca irresistibile, una collezione di belle ragazze. Nell'agosto del 2008 affitta una villa hollywoodiana in Costa Smeralda, molto vicina a quella del presidente, e organizza festini con invitate piuttosto note nel radioso mondo dello spettacolo: da Belén Rodríguez a Manuela Arcuri, da Sara Tommasi a Carolina Marconi. Prende contatto anche con una giovane signora che sa essere intima amica di Berlusconi: Sabina Began, detta «l'Ape Regina».

La voce delle feste gira e arriva anche all'importante vicino di casa di Gianpi. L'Ape Regina lo invita a Villa Certosa e gli presenta Silvio. I due diventano amici, tanto che Tarantini è invitato al primo congresso del Pdl, la formazione politica di Berlusconi. Si dà da fare. E nell'ottobre del 2008 manda in dono a Silvio alcune splendide ragazze che partecipano alle feste che si svolgono a Palazzo Grazioli, residenza romana del presidente del Consiglio.

Una di queste è Patrizia D'Addario, che allora ha quarantun anni, barese. Entra subito in confidenza con Silvio, ma di nascosto registra con il cellulare le conversazioni. A cena, seduta a tavola di fronte a Berlusconi, gli spiega che ha bisogno di aiuto per una pratica edilizia bloccata a Bari per trasformare un rustico in un residence. Silvio le promette che provvederà. Segue la festa, con Apicella alla chitarra, balli e una ventina di ragazze, tra cui «due escort che lavorano in coppia». Poi Patrizia torna in albergo, dove Tarantini le allunga un assegno di 1000 euro, «perché non ti sei fermata a dormire con Silvio», altrimenti la tariffa sarebbe stata il doppio.

Al processo, racconta così la festa del 26 ottobre 2008. «C'erano venti-venticinque ragazze e gli unici uomini erano il presidente e Gianpaolo Tarantini, ma Berlusconi aveva puntato me. Dopo cena io e altre ragazze andammo con Berlusconi a fare un giro nel palazzo.» Il gruppo si ferma in camera da letto. «Eravamo quattro ragazze sul letto con Berlusconi. All'improvviso ho sentito che mi accarezzavano in un posto in cui non dovevano. Siccome io un'orgia non l'ho mai fatta, sono corsa in bagno perché volevo andare via. Berlusconi mi ha raggiunto e mi ha calmato perché aveva capito che avevo problemi. Le altre tre ragazze hanno detto: "Amore, vai via?". Dopo avermi tranquillizzato, il presidente mi ha portato in una stanza e mi ha fatto vedere le ville che ha nel mondo, parlammo di materiale edile e del residence che volevo costruire a Bari. Dopo un po' lasciai il palazzo e tornai in albergo.»

Patrizia si tormenta le mani che tremano. Per due volte il giudice sospende l'udienza perché la testimone scoppia a piangere. «La sala da pranzo era allestita con le farfalle che erano dappertutto, sulle bottiglie, sui tovaglioli, sui lampadari: mi spiegarono che erano il simbolo della parte più intima delle donne.»

L'occasione si ripresenta il 4 novembre 2008. Berlusconi chiede a Tarantini di mandargli Patrizia, che arriva con due ragazze immagine reclutate da Gianpi: Barbara Montereale, ventitré anni, e Lucia Rossini, venticinque. Le due giovanissime si fotografano nel bagno privato del presidente, con selfie che poi faranno il giro del mondo. Ricevono in dono anelli e collane a forma di farfallina («Li ho disegnati io» dice Berlusconi), poi lasciano il campo a Patrizia, che si ferma con lui per la notte, passata sul «lettone di Putin», un letto a baldacchino dono del dittatore russo. Patrizia registra tutto. Le chiacchiere, i rapporti sessuali, le docce seguenti.

«Quella sera decisi di restare a Palazzo Grazioli. Berlusconi mi portò nella sua camera da letto, mi mostrò il letto che gli aveva regalato Putin. Avemmo rapporti sessuali, chiacchierammo e lui mi dedicò poesie.»

È la notte dell'elezione di Barack Obama a presidente degli Stati Uniti, il capo del governo è atteso a una cena con cinquecento ospiti organizzata dalla Fondazione Italia-Usa. Ma non vi arriverà mai, ha altro da fare. «Al mattino dopo facemmo colazione insieme e il presidente mi diede consigli sul sesso: mi disse che per provare piacere avrei dovuto acconsentire che al rapporto partecipasse una donna.» «Mi posso permettere?» le dice Silvio, dandole consigli sull'orgasmo. «Tu devi fare sesso da sola. Devi toccarti con una certa frequenza.» Dopo colazione, Silvio – secondo il racconto di Patrizia – le regala un ciondolo a forma di tartarughina, le ripromette di inviare due suoi uomini a Bari per risolvere il suo problema edilizio e la fa riaccompagnare all'albergo. Qui la raggiunge Tarantini che le passa una busta con 2000 euro.

Nelle settimane seguenti, Patrizia si arrabbia con Silvio: malgrado le promesse, il suo progetto edilizio non si sblocca. Invece la sua collega Barbara Montereale, a fine novembre, viene invitata con altre venti ragazze a una festa a Villa Certosa e pagata con 10.000 euro in contanti. Tarantini organizza altre feste, con ragazze sempre nuove, nella beauty farm di Mességué a Todi. Intanto i telefoni di Gianpi sono intercettati. Così restano registrate anche le sue conversazioni con Berlusconi: progetti d'affari, ma anche i commenti piccanti dei due uomini sulle prestazioni sessuali delle ragazze.

Il 17 ottobre 2008, Tarantini e il presidente del Consiglio parlano di soldi: della «retribuzione data alle ragazze che venivano accompagnate nelle residenze di Berlusconi per partecipare a cene galanti ed eventualmente fermarsi nel dopocena», spiega poi ai magistrati l'ufficiale della guardia di finanza impegnato nelle indagini. Al telefono, Berlusconi tranquillizza l'imprenditore: «Guarda che hanno tutto per pagarsi tutto da sole queste qua, eh. Sono foraggiatissime».

Queste qua sono foraggiate, anzi «foraggiatissime» con tanti soldi. Ma anche con la speranza di ottenere un lavoro in tv. Berlusconi lo spiega a Tarantini a proposito della cena che vuole organizzare a Palazzo Grazioli per il 23 settembre 2008: ha l'idea di invitare anche Carlo Rossella, presidente di Medusa cinematografica, e Fabrizio Del Noce, ex direttore di Rai 1 diventato il responsabile della fiction Rai. «Che cosa dici» chiede Silvio a Gianpi, «se chiamiamo anche Rossella e Del Noce? Così le ragazze sentono che c'è qualcuno che ha il potere di farle lavorare.»

Intanto Patrizia D'Addario è diventata una mina vagante. Nei primi mesi del 2009 tempesta Tarantini di telefonate. Vuole vendicarsi di Berlusconi, che cerca di calmarla promettendole una candidatura alle elezioni europee previste per il giugno del 2009. Ma a questo punto succede un avvenimento inaspettato.

«Ciarpame senza pudore»

La moglie di Silvio Berlusconi, Veronica Lario, il 28 aprile 2009 mette per iscritto le sue risposte ad alcune domande che le erano state poste dall'agenzia Ansa a proposito delle annunciate candidature elettorali di donne che suo marito si stava apprestando a formalizzare. Nei giorni seguenti le precisa con altre dichiarazioni alla stampa. È un addio pubblico, senza possibilità di revoca.

> Sono convinta che a questo punto sia più dignitoso che io mi fermi. La strada del mio matrimonio è segnata: non posso stare con un uomo che frequenta le minorenni. Chiudo il sipario sulla mia vita coniugale. Io e i miei figli siamo vittime, non complici, di questa situazione, dobbiamo subirla, e ci fa soffrire. Non posso più andare a braccetto con questo spettacolo. Qualcuno ha scritto che tutto questo è a sostegno del divertimento dell'imperatore. Condivido. Quello che emerge dai giornali è un ciarpame senza pudore, tutto in nome del potere: figure di vergini che si offrono al drago per rincorrere il successo, la notorietà e la crescita economica. E per una strana alchimia il paese tutto concede, tutto giustifica al suo imperatore. Mio marito insegue lo spirito di Napoleone, non di un dittatore. Il vero pericolo è che in questo paese la dittatura arrivi dopo di lui, se muore la politica come temo stia succedendo. Nel corso del rapporto con mio marito ho scelto di non lasciare spazio al conflitto coniugale, anche quando i suoi comportamenti ne hanno creato i presupposti. Questa linea di condotta incontra un unico limite: la mia dignità di donna [...]. Io ho fatto del mio meglio, tutto ciò che ho creduto possibile: ho cercato di aiutare mio marito, ho implorato coloro che gli stanno accanto di fare altrettanto come si farebbe con una persona che non sta bene. È stato tutto inutile. Credevo avessero capito, mi sono sbagliata. Adesso dico basta.

Nei giorni precedenti era emersa sui giornali la notizia della partecipazione di suo marito a una festa in una discoteca di Casoria, nei pressi di Napoli, di una ragazza che compiva diciotto anni, Noemi Letizia, e che chiamava Berlusconi «Papi». «Che cosa ne penso? La cosa mi ha sorpreso molto» risponde Veronica, «anche perché non è mai venuto a nessun diciottesimo dei suoi figli pur essendo stato invitato.»

Due anni prima, nel gennaio del 2007, Veronica Lario aveva mandato al quotidiano «la Repubblica» una lettera che conviene riportare per intero.

> Egregio direttore,
> con difficoltà vinco la riservatezza che ha contraddistinto il mio modo di essere nel corso dei ventisette anni trascorsi accanto a un uomo pubblico, imprenditore prima e politico illustre poi, qual è mio marito. Ho ritenuto che il mio ruolo dovesse essere circoscritto prevalentemente alla dimensione privata, con lo scopo di portare serenità ed equilibrio nella mia famiglia. Ho affrontato gli inevitabili contrasti e i momenti più dolorosi che un lungo rapporto coniugale comporta con rispetto e discrezione. Ora scrivo per esprimere la mia reazione alle affermazioni svolte da mio marito nel corso della cena di gala che ha seguito la consegna dei Telegatti, dove, rivolgendosi ad alcune delle signore presenti, si è lasciato andare a considerazioni per me inaccettabili: «Se non fossi già sposato la sposerei subito», «Con te andrei ovunque».

Continua Veronica:

> Sono affermazioni che interpreto come lesive della mia dignità, affermazioni che per l'età, il ruolo politico e sociale, il contesto familiare (due figli da un primo matrimonio e tre figli dal secondo) della persona da cui provengono, non possono essere ridotte a scherzose esternazioni. A mio marito e all'uomo pubblico chiedo quindi pubbliche scuse, non avendone ricevute privatamente, e con l'occasione chiedo anche se, come il personaggio di Catherine Dunne, debba considerarmi "La metà di niente". Nel corso del rapporto con mio marito ho scelto di non lasciare spazio al conflitto coniugale, anche

quando i suoi comportamenti ne hanno creato i presupposti. Questo per vari motivi: per la serietà e la convinzione con la quale mi sono accostata a un progetto familiare stabile, per la consapevolezza che, in parallelo alla modifica di alcuni equilibri di coppia che il tempo produce, è cresciuta la dimensione pubblica di mio marito, circostanza che ritengo debba incidere sulle scelte individuali, anche con il ridimensionamento, ove necessario, dei desideri personali. Ho sempre considerato le conseguenze che le mie eventuali prese di posizione avrebbero potuto generare a carico di mio marito nella sua dimensione extra familiare e le ricadute che avrebbero potuto esserci sui miei figli. Questa linea di condotta incontra un unico limite, la mia dignità di donna che deve costituire anche un esempio per i propri figli, diverso in ragione della loro età e del loro sesso. Oggi nei confronti delle mie figlie femmine, ormai adulte, l'esempio di donna capace di tutelare la propria dignità nei rapporti con gli uomini assume un'importanza particolarmente pregnante, almeno tanto quanto l'esempio di madre capace di amore materno che mi dicono rappresento per loro; la difesa della mia dignità di donna ritengo possa aiutare il mio figlio maschio a non dimenticare mai di porre tra i suoi valori fondamentali il rispetto per le donne, così che egli possa instaurare con loro rapporti sempre sani ed equilibrati. Ringraziandola per avermi consentito attraverso questo spazio di esprimere il mio pensiero, la saluto cordialmente.

Segue la firma: Veronica Lario.

L'«utilizzatore finale»

Dopo la denuncia di Veronica Lario della primavera 2009, le candidature di alcune ragazze nelle liste di Berlusconi saltano. Altre passano dalle liste per il Parlamento europeo a quelle delle elezioni regionali e comunali. Così anche per Barbara Montereale e per Patrizia D'Addario, che entra nella lista di Raffaele Fitto La Puglia prima di tutto.

Ma ancor prima del voto, D'Addario viene chiamata in procura, dove Tarantini ormai è indagato anche per induzione e favoreggiamento della prostituzione. Patrizia conferma quello che i magistrati hanno già saputo dalle intercettazioni. Aggiunge i dettagli. Consegna le registrazioni dei suoi colloqui con Silvio.

Il 17 giugno 2009, passate le elezioni, il «Corriere della Sera» rivela l'inchiesta di Bari e intervista Patrizia D'Addario, che racconta la sua storia. Berlusconi smentisce. «È spazzatura.» Il suo avvocato, l'onorevole Niccolò Ghedini, nega con uno strepitoso periodo ipotetico del secondo tipo: «Il presidente Berlusconi non ha mai incontrato la signora D'Addario e non c'è alcuna registrazione dell'incontro. A meno che qualcuno non la inventi. Ancorché fossero vere le indicazioni della ragazza, e vere non sono, il presidente del Consiglio sarebbe l'utilizzatore finale e quindi mai penalmente punibile».

Berlusconi «utilizzatore finale»: di prostitute, e la prostituzione non è reato. Ma Tarantini? La sua posizione si aggrava nei mesi successivi, quando la Procura di Napoli, indagando sul faccendiere latitante Valter Lavitola, legato a Berlusconi e al senatore da lui «comprato», Sergio De Gregorio, scopre che Tarantini e Lavitola stanno tentando di ricattare Berlusconi. «Dobbiamo tenere sulla corda il presidente, metterlo con le spalle al muro, in ginocchio» dice il secondo. I soldi arrivano: il leader di Forza Italia regala a Gianpi, attraverso Lavitola, 500.000 euro in nero, l'uso di un appartamento a Roma e un pool di avvocati gratis. Il ricatto poi non viene dimostrato, ma i magistrati ritengono che Berlusconi paghi Tarantini per indurlo a mentire ai pm di Bari – dove l'inchiesta viene poi trasferita – sui suoi rapporti e affari con il presidente: le escort mandate alle sue feste, le promesse di appalti in Finmeccanica e alla Protezione civile.

Tarantini nel frattempo viene condannato in primo grado a sette anni e dieci mesi per favoreggiamento e sfruttamento della prostituzione. E Berlusconi e Lavitola nel 2017 sono accusati di «induzione a tacere o a mentire dinanzi ai giudici». Ma il processo a Bari è lento, quasi eterno.

La fidanzata

Per far dimenticare il bunga-bunga, dopo i clamori (e le inchieste giudiziarie) del 2010 arriva il fidanzamento ufficiale. E infine addirittura un quasi-matrimonio. La fidanzata ufficiale è Francesca Pascale. Napoletana, fondatrice del circolo «Silvio ci manchi», eletta nel 2009 al consiglio provinciale di Napoli nelle liste del Popolo della libertà, si fidanza con Berlusconi – racconta – nel Natale del 2011, a ventisei anni. La notizia viene comunicata ufficialmente da Silvio in persona il 16 dicembre 2012 in tv, nel programma di Barbara D'Urso, *Domenica Cinque*.

Comincia subito a circolare un video musicale in cui Francesca succhia un gelato Calippo, andato in onda qualche anno prima nel programma *Telecafone* dell'emittente tv napoletana Telecapri. Ma ad Arcore Francesca subisce una trasformazione: riceve lezioni di bon ton e di dizione, modifica il look passando ai tailleur e alle camicette di seta. Marina Berlusconi la mette sotto l'ala protettiva della deputata berlusconiana Mariarosaria Rossi.

Il rapporto dura una decina d'anni, fino al marzo del 2020, quando l'ufficio stampa di Forza Italia – sì, l'ufficio stampa di un partito politico – diffonde una nota ufficiale che comunica la fine della relazione. Francesca replica così: «Al mio presidente vorrò sempre un bene infinito. Gli auguro tutta la felicità del mondo e spero che possa trovare una persona che si prenda cura di lui come ho fatto io».

Si fa da parte. Riceve – dicono le cronache – una buonuscita di 20 milioni di euro, un vitalizio mensile di poco meno di 100.000 euro, più l'uso come residenza di Villa Maria, in Brianza. «Ho dedicato al presidente i miei migliori anni» afferma in un'intervista, «mi ha sempre trattata come una regina, ora non posso mica tornare alla vita di prima.»

In seguito Francesca rende nota la sua nuova relazione, con la cantautrice Paola Turci, e il 2 luglio 2022 le due celebrano a Montalcino la loro unione civile. Durante la campagna elettorale dell'estate 2022, Pascale posta su Instagram frasi contro la destra di

Salvini, Meloni e Berlusconi: «Mai con i sovranisti», «Via dall'Italia subito», «Se dovessero vincere: sogni, speranze e bagagli pronti!».

Il non-matrimonio

Intanto è entrata in scena la nuova fidanzata di Silvio, Marta Fascina. Ha trentadue anni, è nata in Calabria, a Melito di Porto Salvo, ma è cresciuta a Portici, nei pressi di Napoli. Ha una laurea in Lettere e un seggio in Parlamento, eletta nel 2018 nelle liste di Forza Italia al posto di Nunzia De Girolamo, uscita dal cerchio magico di Berlusconi. Ha lavorato come addetta stampa al Milan.

Se tutor di Francesca Pascale era Mariarosaria Rossi (che poi ha rotto con Berlusconi), la protettrice di Marta Fascina è Licia Ronzulli, nuova e potente assistente tuttofare di Silvio, nonché persona di fiducia della figlia Marina.

Un matrimonio vero no, perché avrebbe sconvolto il già difficile equilibrio sull'asse ereditario trovato tra i figli del primo e del secondo matrimonio di Berlusconi (patrimonio stimato: 6 miliardi di euro). Ma una grande festa nuziale, un «non-matrimonio», sì: è celebrato tra Silvio e Marta il 19 marzo 2022 a Villa Gernetto, dimora nobiliare a Lesmo, in Brianza, che Silvio aveva comprato nel 2007 per impiantarci la sua Universitas Libertatis. Distratto negli anni seguenti da altre feste, in altre ville, all'Università della Libertà non ha mai dato la luce; in compenso la dimora di Lesmo è tornata al centro delle cronache berlusconiane proprio per le finte nozze con Marta Fascina.

Lei indossa un abito bianco in pizzo francese di Antonio Riva, stretto in vita che si allarga fino ai piedi, pelle bianchissima, capelli biondissimi raccolti in uno chignon. Lui, abito blu di Armani. Come le feste del bunga-bunga, anche il quasi-matrimonio ha due fasi. La prima, più intima, con la presenza dei soli parenti, avviene la mattina nella cappella settecentesca di Villa Gernetto, dove i quasi-sposi si scambiano la promessa d'amore tra loro, senza alcun officiante. La seconda fase, più festosa, si dipana tra il salone delle feste della villa e il bel giardino all'italiana, ornato da centocinquanta statue, da fontane e giochi d'acqua.

Gran cerimoniere, Licia Ronzulli. Una sessantina gli invitati. Tra questi, Anna Maria Bernini, Antonio Tajani, Alberto Barachini, Niccolò Ghedini con moglie e figlio, Andrea Orsini, Valentino Valentini, Vittorio Sgarbi. E naturalmente il cerchio magico di Silvio: Fedele Confalonieri, Marcello Dell'Utri, Adriano Galliani, Gianni Letta, il medico Alberto Zangrillo, Renato Della Valle e gli uomini Fininvest Danilo Pellegrino e Stefano Sala. A sorpresa arriva anche Matteo Salvini. La famiglia di Silvio è quasi al completo: ci sono i figli Marina, Barbara, Eleonora, Luigi, con i nipoti. Non c'è Pier Silvio: ha paura di prendere il Covid – spiegano – cercando di far dimenticare in questo giorno di festa che Pier Silvio era stato anche il più fermamente contrario alla celebrazione.

Il pranzo, curato dagli chef del ristorante stellato Da Vittorio, prevede mondeghili con crema di sedano rapa, gnocchetti di ricotta e patate allo zafferano, paccheri «alla Vittorio», tagliata di manzo al vino rosso con patata fondente, kermesse di dolci. Tra i vini, Pinot bianco e Pinot nero dell'Alto Adige. Al dolce, poco dopo le quindici, Silvio si alza in piedi e guarda negli occhi la quasi-sposa: «Ringrazio il cielo per aver trovato questa magnifica donna che mi vuole davvero bene. Sei la persona giusta al mio fianco in questo momento della mia vita, soprattutto perché mi doni grande serenità. Ti amo». Applausi, un bacio.

Poi, musica: canzoni francesi al pianoforte, canta Silvio con l'amico Fedele Confalonieri; canzoni napoletane con Gigi D'Alessio, che intona *'O Sarracino*, *'O surdato 'nammurato*, *Malafemmina*; conclusione milanese, con *O mia bela Madunina*. La festa termina in giardino con il taglio della torta bianca a tre piani. Silvio chiama i vecchi amici più intimi – Confalonieri, Dell'Utri, Galliani, Letta, tutti ultraottantenni – per la foto di rito: «Questi sono i giovanotti con cui io penso di fare ancora molta strada». Poi, brandendo il lungo coltello per il taglio della torta, scherza con

Sgarbi, che si era intrufolato nella foto di gruppo dei vecchi amici: «Tu, fuori dalle palle!». Infine mette una mano sulla spalla del leader della Lega: «Allora, signori, questo è Matteo Salvini, l'unico leader vero che c'è in Italia!». Lui, un po' imbarazzato, risponde: «Olé!». E poi: «Viva il Milan!». A festa finita, gli ospiti se ne vanno con il regalino di rito: invece della solita bomboniera, una cravatta firmata «Silvio Berlusconi» e, per alcuni, un orologio Tissot d'oro.

Andando a scartabellare le cronache, si scopre che non era proprio la prima volta che Silvio Berlusconi inscenava un finto matrimonio. Nella primavera del 2008, il fotografo Antonello Zappadu, appostato all'esterno di Villa Certosa, in Sardegna, aveva immortalato – poi querelato da Berlusconi – non soltanto il gran viavai di ragazze, normale negli anni del bunga-bunga, ma anche una curiosa celebrazione: «Nel giardino» racconta Zappadu «si celebrò un finto matrimonio tra Berlusconi e una ragazza: c'era il bouquet di fiori e un gruppo di altre giovani donne intorno ad applaudire». Un gioco, durato lo spazio di una notte. Marta Fascina invece si è installata ad Arcore e Berlusconi le ripete: «Ringrazio il cielo per averti trovato. Sei la persona giusta in questo momento della mia vita. Ti amo».

Il lettone di Putin e il mausoleo di Arcore

Patrizia D'Addario, quando racconta con voce sempre venata di tristezza le gesta erotiche di Silvio, spiega che il suo modo di fare sesso non è tradizionale. Chissà se si riferisce agli aiuti chimici o chirurgici a cui si dice facesse ricorso. Sono questioni personali e riservatissime che non sarebbe lecito neppure sfiorare, se non fosse per il ruolo pubblico e politico rivestito dal protagonista di queste vicende; e per la sua esibizione del corpo come icona di seduzione personale e politica. Dai trapianti di capelli alla bandana, dalle scarpe con rialzo al ritocco fotografico, fino alla chirurgia estetica, il «corpo del Capo», come scrive Marco Belpoliti, «è diventato la metafora vivente della nostra stessa idea di corpo, del suo valore e del suo sfruttamento economico».

Quanto al sesso e alla potenza erotica, hanno sempre accompagnato Silvio come una colonna sonora personale in tutto l'arco della sua vita, punteggiata dalle barzellette che racconta in pubblico e in privato. Sono leggende, gli aiuti chimici e chirurgici di cui si è per anni favoleggiato sui giornali? Di certo c'è solo che all'ospedale San Raffaele di Milano operava l'équipe del professor Francesco Montorsi, specialista in disfunzioni erettili postchirurgiche, superate con l'applicazione ai pazienti di impianti idraulici capaci di risolvere i problemi di cui soffrono, per esempio, gli uomini che hanno dovuto sottoporsi a interventi alla prostata.

A Berlusconi la prostata è stata asportata nel maggio del 1997. Lo ha raccontato tre anni dopo, nel luglio del 2000, all'allora cronista di «Repubblica» Mario Calabresi: «Tempo fa ho avuto un cancro. Potete immaginare come stavo. Ho vissuto mesi da incubo. Però non mi sono abbattuto e li ho superati con volontà».

Ne aveva parlato, prima che a Calabresi, ai ragazzi ospiti di una comunità di ex tossicodipendenti.

> Volevo far capire a quei ragazzi che bisogna avere coraggio, che anche da un male si può uscire, se si ritrovano energia e determinazione. Che si può tornare alla vita. Da ogni male, gli ho detto, bisogna saper venir fuori facendo nascere un nuovo bene, nuove energie. Ho anche citato una frase di Giacomo Casanova. Diceva: «Ogni uomo, se lo vuole davvero, può diventare anche re». Io aggiungo che ognuno può diventare re di sé stesso. Bisogna essere ambiziosi, darsi dei traguardi, certo non cose irraggiungibili, ma non bisogna neanche accontentarsi. Io mi sono sempre dato la regola di vita di puntare al nove per arrivare al sette. Se uno invece punta al sei, rischia di non raggiungere neppure la sufficienza. Ecco, quello che voglio dire e volevo spiegare ai ragazzi è che bisogna avere coraggio, non mollare.

Dopo la malattia – continua il racconto a Calabresi – «ho dato alla mia vita un indirizzo diverso. Sono tornato a lavorare con maggiore intensità, ma il cambiamento è stato un altro: oggi do meno importanza di un tempo alle cose terrene, ai soldi, alle proprietà. Dopo aver avuto paura di morire ed essere tornato alla vita ho trovato nuove energie. La vita in quei momenti cambia».

In quegli attimi così delicati, il richiamo di Berlusconi è a Casanova, avventuriero, scrittore, poeta, alchimista, esoterista, diplomatico, agente segreto della Serenissima Repubblica di Venezia, ma soprattutto libertino e gran seduttore. Berlusconi lo evoca a proposito di un passaggio così drammatico della sua vita. Seduttore di uomini e donne, Silvio lo è stato in tutta la sua vita. I suoi comportamenti diventano però meno controllati, più compulsivi, dopo la morte di mamma Rosa, che si spegne il 3 febbraio 2008 a novantasette anni. Da allora si apre la fase del bunga-bunga. Quella citata dallo psicoanalista Massimo Recalcati proprio trattando di Casanova e del desiderio come «ricerca compulsiva e seriale»:

> Collezionare i corpi di giovani donne, passando dall'una all'altra, verificando con ciascuna la propria potenza fallica, la propria capacità di prestazione, spogliare il godimento pulsionale da ogni orpello amoroso, farsi macchina pura del godimento, significa provare a resuscitare l'illusione dell'eternità, della sospensione del tempo, dell'immortalità, significa esorcizzare lo spettro sempre incombente della caducità. Lo scongiuro della morte appare allora come il vero significato dell'operazione seduttiva e dell'incubo fallico della prestazione.

Ecco che allora lo psicoanalista mette in connessione il bunga-bunga con il «sacrario monumentale che Silvio Berlusconi ha edificato nella sua villa di Arcore per ottenere un posto nell'eternità». È il mausoleo opera dello scultore Pietro Cascella in travertino e marmo rosa, privo di croci e simboli cristiani, ma ricco di sfere, piramidi ed evocazioni che paiono massoniche. «È lo sforzo supremo per consegnare la sua immagine all'eternità» scrive Recalcati, «sottraendo la sua potenza fallica ai tarli del tempo.

Una specie di *viagra di marmo* che dovrebbe permettere all'uomo, mortale come tutti, di erigersi come un fallo gigante al di là della corruzione del tempo. La tragica (e farsesca) verità del bunga-bunga è tutta in questo esorcismo affannato dello spettro della morte, nel rifiuto del tempo che passa, nell'ostinato attaccamento a un'immagine di sé che non è quella di un uomo anziano, minato dal passare irreversibile del tempo, ma di un giovanotto in perenne calore. È la grande lezione della clinica psicoanalitica della perversione: il vero luogo del bunga-bunga non è il lettone di Putin, ma il sacrario, il mausoleo cimiteriale dove viene preparato illusoriamente un posto nell'eternità.»

Fonti

A Silvio Berlusconi sono stati dedicati tanti libri da riempire una biblioteca. Alcuni sono irrinunciabili, come: *Berlusconi. Inchiesta sul signor tv* di Giovanni Ruggeri e Mario Guarino; *L'odore dei soldi. Origini e misteri delle fortune di Silvio Berluscon* di Elio Veltri e Marco Travaglio; *L'intoccabile. Berlusconi e Cosa nostra* di Leo Sisti e Peter Gomez; *Le gesta del Cavaliere* di Paolo Madron; *Ad personam* di Marco Travaglio. Ma anche *Il venditore. Storia di Silvio Berlusconi e della Fininvest* di Giuseppe Fiori; *Citizen Berlusconi. Il cavalier miracolo* di Alexander Stille; *Il cavaliere nero. La vera storia di Silvio Berlusconi* di Paolo Biondani e Carlo Porcedda; «*Operazione Botticelli*». *Berlusconi e la terza marcia su Roma* di Ezio Cartotto. Apparentemente meno «politici», *Il corpo del capo* di Marco Belpoliti e *Ritratti del desiderio* di Massimo Recalcati. E come non ricordare i libri e gli scritti di Franco Cordero, insigne giurista e raffinato giocoliere delle parole, che per Berlusconi inventò il soprannome di «Caimano», ma anche di «Egoarca», «Re Lanterna», «l'Olonese», «il Mago di Arcore», «Silvius Magnus Fraudulentus»?

Fonte diretta e imperdibile è *Una storia italiana*, il fascicolo illustrato distribuito per posta da Berlusconi a tutte le famiglie prima delle elezioni del 2001. Al periodo di Tangentopoli è dedicato il volume *Mani pulite. La vera storia* di Gianni Barbacetto, Peter Gomez e Marco Travaglio.

Molti documenti politici e giudiziari sono disponibili nel mio libro *B. Tutte le carte del presidente*. Sui complicati flussi contabili iniziali delle sue aziende, è necessario consultare la (poi contestata) *Prima nota informativa sui flussi finanziari delle società denominate Holding Italiana 1-22* redatta nel 1999 dal consulente della Procura di Palermo.

Un'altra biblioteca intera potrebbe essere riempita dalle carte giudiziarie che lo riguardano, a partire dalle trascrizioni delle intercettazioni realizzate nel 1986, fino alle innumerevoli sentenze dei suoi processi, *in primis* quelle del processo Mediaset per frode fiscale, quelle dei processi Ruby e quelle del processo a Marcello Dell'Utri per concorso esterno in associazione mafiosa. Istruttivo su quest'ultimo punto il *Dossier Dell'Utri* del 2005, che mette a disposizione gli atti dell'accusa al suo processo di Palermo. Sono stati consultati anche i documenti delle inchieste di Palermo, Caltanissetta, Milano e Firenze sulle stragi del 1992-1993, in particolar modo la memoria del pubblico ministero di Firenze del 30 maggio 2022 e l'ordinanza del Tribunale del riesame di Firenze del giugno 2022 su Nunzia e Benedetto Graviano. Utilizzati anche i verbali d'udienza dell'esame testimoniale di Enrico Manca al processo Sme di Milano, il 28 maggio 2001.

Sui documenti riservati di WikiLeaks sono stati consultati i libri di Stefania Maurizi, in particolar modo *Il potere segreto*.

Sul Milan e Berlusconi, gli scritti di Massimo Fini citati sono oggi disponibili sul suo sito massimofini.it.

Questo libro è stampato col sole

Azienda carbon-free

Finito di stampare
nel gennaio 2023 presso
Grafica Veneta – via Malcanton 2, Trebaseleghe (PD)